Amelie de Boer

Abenteuer Hippie Trail

Auf dem Landweg nach Indien

Vorwort

Wenn unser VW Bus nicht kaputt gegangen wäre, hätten wir womöglich nie den Frosch gekauft. Und wenn unser Vermieter uns nicht das Haus gekündigt hätte, weil es abgerissen werden sollte, wären wir womöglich nie nach Indien aufgebrochen. Aber manchmal spielt das Schicksal eben seine Rolle und Dinge fügen sich so, dass man gar nicht mehr genau weiß, wann man eigentlich beschlossen hat, auf dem Landweg nach Indien zu fahren. Bei uns war es auf jeden Fall irgendwann zwischen Haus-Kündigung, Überland-Recherche im Internet, die wir „rein Interesse halber" betrieben und Finanzplanung, wie man innerhalb kürzester Zeit ein vernünftiges Reisebudget zusammenbekommt. Alles nur Spinnerei? Kann man das wirklich machen? Und irgendwann war man von dem Gedanken, es in die Tat umzusetzen, einfach nur noch angefixt. Dazu ein Frosch vor der Tür, der permanent rief: „Fahrt mit mir los!" Und ein Job, über den sich auch gerne ein anderer ärgern durfte. Beste Voraussetzungen sich auf ein Reiseabenteuer zu begeben!

Warum gerade Indien? Indien spielte schon immer in unserem Leben, auch unabhängig voneinander, eine Rolle. Bei mir in der Kindheit drehte sich vieles um Meditation, Ayurveda, Gurus, indische Götter, vegetarisches Essen. Ein typischer Geruch meiner Kindheit sind Räucherstäbchen. Später kamen bei mir noch die Goa-Partys dazu, deren Atmosphäre ich einfach liebe. Und auch bei Till ist es ähnlich. Vielleicht fing sein Indien-Interesse nicht unbedingt in seiner Kindheit an, aber Meditation spielte ebenfalls ab einem bestimmten Zeitpunkt eine große Rolle in seinem Leben, ebenso die besagten Goa-Partys, vegetarisches Essen, Ayurveda und so weiter. Im Gegensatz zu mir, war Till vor vielen Jahren schon einmal in Indien. Allerdings mit dem Flugzeug. Und über Land nach Indien zu fahren wurde ganz plötzlich ein großer Traum, den wir uns erfüllen wollten.

Indien, man liebt es oder man hasst es, sagt man. Ich hatte Angst davor, es zu hassen, enttäuscht zu sein und damit auch meine Kindheitserinnerungen und den Räucherstäbchengeruch aufgeben zu müssen. Aber das musste ich nicht. Ich hatte mir dieses Land zwar sehr viel spiritueller vorgestellt, doch ich bin nicht enttäuscht, einfach nur schlauer, dass dem nicht unbedingt so ist und dass dieses Land nicht mit Logik zu erklären ist. Und man es auch nicht mit Logik erklären muss. Indien ist halt einfach Indien.

Inhalt

Ist nicht schlimm!

„Wir sind gespannt, in welchem Land das Abenteuer dann richtig losgeht!", hieß es noch von meiner Tante und ihrem Freund bei unserem Abschiedsabend in Hameln. „In Deutschland und zwar in 9 Stunden", hätte ich antworten können, wenn ich´s gewusst hätte. Aber dass es uns gleich in der ersten Nacht trifft, damit hätten wir niemals gerechnet...

Müde und erschöpft waren wir vor Mitternacht noch nach Alfeld gefahren. Hier hatten wir am nächsten Morgen beim Mercedes Benz Nutzfahrzeuge Classic Center unseren TÜV Termin, um mit neuer Plakette und einem guten und sicheren Gefühl unsere Reise zu starten. In der Nacht wachte ich auf und wunderte mich, warum Till und ich immer wieder in meine Ecke kullerten – wir hatten doch nun wirklich gerade geparkt. Aus der Ahnung wurde Bestätigung und Till weckte mich morgens lachend mit den Worten: „Eine herrliche Überraschung wartet auf uns!" Wir hatten unseren allerersten Platten! Bingo. Natürlich hatten wir das Reifenwechseln vorher nicht mehr geübt. Aber so kaputt und müde wie wir von den letzten Wochen der Reisevorbereitung,

Reifenwechsel auf deutsch

dem Umzug und der Abschiedsparty noch waren, konnten wir wirklich nicht anders als nur noch darüber zu lachen. Was blieb uns auch anderes übrig? Übel sah der platte Reifen aus. Aber Till konnte ihn wieder aufpumpen und so fuhren wir noch vorsichtig die 2km weiter zu Mercedes. „Klassischer Fall von Loch im Schlauch", wurde uns sofort mitgeteilt. Und nun? Kein Problem: Ein paar Straßen weiter war ein Reifen-Profi, der sich auch mit LKW-Reifen auskennt. Der würde uns den Schlauch schon flicken. Aber nun stand erst einmal TÜV auf dem Plan. Und was gab es hier zu bemängeln? Natürlich einen weiteren Reifen! Und zwar zu dem links hinten nun auch noch den rechts hinten. Dicker Riss bis aufs Gewebe. Der muss getauscht werden. Bei Mercedes in Alfeld ist auch dies kein Problem! Herr Hitzer vom Classic Center holte den Gabelstapler, während Till das Reserverad auf dem Dach losschraubte. Gemeinsam wuchteten sie den Reifen auf den Stapler. Anstrengendes Gewuchte, aber dennoch sehr bequeme und einfache Lösung mit diesem Gerät. Und nun kam er hinten rein und auf ging es zum Reifen-Profi. Hier wartete bereits Herr Franz auf uns, der in Null-Komma-Nix beide Reifen runter und das Reserverad hinten rechts drauf hatte und nun dabei war den Schlauch zu flicken. Auch hier ging alles ratzfatz und wir bekamen von Herrn Franz unmittelbar einen Crash-Kurs in Sachen Reifenwechseln und Schlauchflicken. So eine Reifenpanne und TÜV-Prüfung am ersten Reisetag? Ist nicht schlimm. Wirklich nicht! Nun wußten wir tatsächlich, wie man bei unserem Frosch den Reifen wechselt. Dann konnte ja jetzt auch nichts mehr schief gehen! Und die neue TÜV-Plakette hatten wir natürlich auch.

Leben auf acht Quadratmetern

Seit einer Woche bestritten wir nun unser neues Leben auf 8qm. Das waren 312qm weniger als die letzten zwei Jahre und trotzdem war alles wie immer und doch ein bißchen anders. Hatten wir vorher schon den Ansatz einer klassischen Rollenverteilung, lebten wir in unserem Frosch nun wie Mann und Frau in den 50er Jahren. Der Mann geht arbeiten - in unserem Fall fährt er den Frosch und kümmert sich um Motor, Elektrik und allen Pi-Pa-Po, der zu dieser Maschine gehört - die Frau frönt dem Leben einer Hausfrau, macht Essen und den Abwasch, räumt auf, bringt den Müll raus, fegt die Stube durch, macht das Bett und die Wäsche und kümmert sich um die Kinder (Hund Ole). Das Leben kann so schön sein!

Was sich natürlich kein bißchen änderte, war unser Luxusverhalten in punkto Internet. Oder sollte ich besser schreiben, unsere Sucht? Wobei Till eher generell internetsüchtig ist (Was machst du so? Ach, ich recherchiere dies und das...) und ich ein typischer Kommunikationsjunkie bin (Facebook, Twitter, Skype, Facebook, Facebook, Facebook, Emails, Facebook...). Aber dank unserer WLan-Antennen war all das kein Problem. Der nächtliche Stellplatz wurde möglichst nach gutem WLan-Empfang ausgesucht. Selbst in Slowenien zwischen den Bergen an einem Fluss gab es eine wunderbare Internetverbindung.

Damit wir auf den acht Quadratmetern keinen Koller bekamen, haben wir im Vorfeld eine Hausordnung aufgestellt. Diese hatte genau zwei Regeln:
1)Müll sofort in den Müllbeutel
2)Dinge sofort wieder in den Originalzustand zurück.
Damit wir auch wußten, wie der Originalzustand ist, hatten wir uns komplett durchsortiert. Jedes Teil hatte seinen eigenen Platz, damit es auch gar keine Chance hatte, durch die Gegend zu fliegen. Teil 1 der Sortierung erfolgte in unserer zweiten Reisenacht, Teil 2 der Sortierung, das sogenannte Fine-Tuning, erfolgte heute in Rovinj, Kroatien, auf dem Campingplatz. Nun war die Hausfrau glücklich, denn das morgendliche Aufräumen vor der Abfahrt sollte nun richtig fix von der Hand gehen.

Der Mann und sein Technik-Verständnis wurden diese Woche gleich zweimal herausgefordert. Als wir gerade gefühlt durch den Groschenroman „Heimatglocken läuten schöner" und über die Landstraßen Österreichs kurvten, um Maut zu sparen, planten wir eine kurze Mittagspause auf einer Wiese. Ole sollte sich mal seine vier Beine vertreten und eines davon heben und wir wollten einen Kaffee und einen Snack. Plötzlich hörte die Wasserpumpe nicht mehr auf zu pumpen und zudem lief Wasser aus der Außen-Klappe auf Höhe unserer Wassertanks. Heißes Wasser, wie wir kurzerhand feststellten. Schlaubi-Till hatte innerhalb Sekunden geschlussfolgert: Das Überdruckventil hat funktioniert: „Wir haben einen Fehler gemacht und den Frosch nach der Bergfahrt einmal zu schnell abgestellt. Das hatte natürlich zur Folge, dass das Kühlwasser das Warmwasser im Boiler auf eine Temperatur von über 100 Grad brachte, dann das Überdruckventil öffnete und deswegen Wasser austrat. Der Motor hätte noch ein wenig laufen müssen, um... naja wieder abzukühlen..." Und da der Tank, in den das Wasser eigentlich ausweichen kann,

Wohnzimmer, Schlafzimmer und Büro

bis oben hin gefüllt war, lief es nun über und dann an der Seite raus. Also musste ein bißchen Wasser raus aus dem Tank, um im Wiederholungsfall keine Überschwemmung bei den Tanks zu haben, sondern einen normalen Ausweich-Lauf in den Tank zu garantieren. Alles easy.

Ein zweites Mal kam Schlaubi-Till zum Einsatz, als die Elektronik-Versorgung im Frosch komplett versagte. Wir kannten das schon aus dem Baltikum und hatten deshalb extra bei Bosch in Hannover unsere Batterien checken lassen. Die sind ganz o.k., hieß es. Nachdem aber nun abends schon immer der Strom fehlte, weil die Sicherung raus war, ging die Sicherung nun auch gar nicht erst wieder rein, was sonst kein Problem war. Hieß also: erst einmal Kerzenlicht und am nächsten Tag weitersehen. Da leuchtete am nächsten Morgen auch schon wieder das grüne Lämpchen. Grünes Lämpchen hieß: Ladevorgang von den Solarzellen läuft. Okay, dachten wir, dann ist ja alles wieder gut. Leider nein. Die Sicherung knallte immer wieder raus. Schade, dass wir bei Kissmann (Kühlschrank & Solar) in München doch nichts haben überprüfen lassen, so wie wir es eigentlich geplant hatten. Aber Till wäre nicht Schlaubi-Till, wenn er nicht einfach alle Drähte aus dem Sicherungs-Umwandlungs-Kasten-Ding rausnehmen und neu einsetzen würde. Und schon ging alles wieder. Also mal wieder ein klassischer Fall von: ist nicht schlimm! Da waren durch die Ruckelei wohl einfach nur die Drähte verrutscht. Apropos Ruckelei. Der Frosch wurde in den Alpen wunderbar herausgefordert! Österreich verließen wir über den Wurzenpass und der hat 18% Steigung. Für Mädchen, die das nicht wissen: 18% Steigung ist heftig. So heftig, dass die Strecke hier für LKWs ab 7,5t oder für Autos mit Wohnwagen verboten ist. Wie gut, dass wir offiziell nur 7,49t sind! Also stürzten wir den Frosch in unser erstes Berg-Serpentinen-Abenteuer und er fuhr hervorragend! Und zwar hervorragende 8km/h im ersten Gang. Und das hoch in Schlangenlinien. Er ächzte und krächzte an allen Ecken, er war laut und er war langsam, aber er war großartig, wie ein Frosch nur sein kann! Berg runter kam dann die Motorbremse zum Einsatz und in Schlangenlinien ging es wieder hinab. Wir waren in Slowenien! Und im Internet (wo auch sonst) hatten wir Bilder eines Nationalparks gesehen, da wollten wir jetzt hin! Was wir nicht wussten, wir hatten einen weiteren Berg zu erklimmen, diesmal ging es sogar auf 1.611m. Aber nur 14% Steigung, also mit 20km/h den Berg hoch! Monika (unser Navi) lotste uns perfekt durch die Serpentinen: „Bitte jetzt links abbiegen. Bitte jetzt rechts abbiegen." Was für ein Spaß!

Der Nationalpark war ein Traum. Es erinnerte mich an British Columbia in Kanada. Eine großartige Berglandschaft und zwischendrin ein Fluss mit türkisfarbenem Wasser, dann wieder nur Felsen, dann beides. Wenn im Frühjahr der Schnee schmilzt muss das Wasser hier bombastisch herunter rauschen! Sloweniens Natur ist herrlich! Aber wir wollten weiter nach Kroatien und eierten raus aus Slowenien, kleine Stippvisite in Italien (Trieste), zurück nach Slowenien und rein nach Kroatien!

Schon standen wir in Rovinj, einem Ort, an dem ich mit meiner Familie als Kind immer die Sommerferien verbrachte. Wir gönnten uns einen Tag ohne Fahren, standen auf einem Campingplatz, der auch Hunde erlaubt. Wir luden die Froschbatterien und unsere eigenen Batterien auf, denn trotz Entspannungsmodus, steckte uns der Stress der letzten Vorbereitungswochen immer noch im Körper. Wir genossen die Sonne, ca. 24 Grad, und während ich bloggte und dabei genüsslich Prosecco trank, werkelte Till am Frosch herum und versuchte das Quietschen des Lenkrads zu beheben. Und am Abend? Wir schauten mal wieder eine Folge Verbotene Liebe – via Internet ist alles möglich und wir konnten unseren Gewohnheiten wunderbar erliegen. Danke liebes Luxusleben auf acht Quadratmetern!

„Keep on Trucking" mit Hindernissen

Nach zwei Tagen in Rovinj juckte es wieder in den Fingern, wir wollten weiter! Die Batterien waren komplett aufgeladen (unsere sowie auch die des Frosches) und wir konnten nicht länger stillsitzen und rumhängen, wir wollten zurück auf die Straße. Gesagt getan. Sachen zusammengepackt, Stromkabel abgeklemmt, Wassertanks aufgefüllt und ins Navi „Split" eingegeben. Bis dorthin würden wir es zwar an einem Tag nicht schaffen, aber zumindest ein Stückchen näher ran. Wir kurvten durch die Berge, genossen die herrliche Sonne und waren wunderbarer Dinge. „Schwimmen in der Adria, das wäre es jetzt", dachten wir und fuhren von der Küstenstraße ab in Richtung Campingplatz. Diesen hatte Till ausfindig gemacht und dieser sollte direkt am Wasser liegen.

Doch die verschlossenen Tore sprachen eine andere Sprache: Saison beendet, Campingplatz zu, kein Stellplatz direkt am Wasser. Kein Schwimmen in der Adria. Doch! Wir ließen den Frosch oben am Tor stehen, packten unsere Badesachen ein – ein verschlossener Campingplatz hält uns doch nicht vom Baden ab! Was uns allerdings doch davon abhielt war die schon etwas niedrigere Wassertemperatur (19 Grad). Zumindest vorerst. Aber nach langem Geplansche und meinen Forderungen „Was krieg ich von dir, wenn..." war ich als erste untergetaucht und es war herrlich! Genau das Richtige!

Zurück am Frosch freuten wir uns auf eine heiße Dusche! Aber unsere großartige Stromversorgung machte uns einen Strich durch die Rechnung. Das Batterie-Laden hatte nichts genutzt. Das Problem war nach wie vor vorhanden. Scheibenkleister. Wir duschten uns mit kaltem Wasser direkt aus dem Tank ab und verkrochen uns in unsere Frosch-Höhle. Es hatte zu regnen begonnen!

Der nächste Vormittag war mal wieder Zwangspause. Till musste die Ursache finden, damit wir das Strom-Problem endlich in den Griff bekamen. Auch der Kühlschrank sprang trotz Generator nicht mehr richtig an. Ich schlussfolgerte, dass dies beides irgendwie im Zusammenhang stehen müsste, bequatschte Till, dass dies bestimmt die Batterien wären und wurde nach oben aufs Froschdach geschickt. Sonnenbaden. Somit hatte Till seine Ruhe und ich herrlichste Aussicht, Sonne und natürlich Internet.

Till hatte den Solar-Lade-Regler auseinandergebaut und nach diversen Tests am Mittag ohne Deckel wieder angeschraubt. So konnte er besser beobachten. Der Fuchs. Und er stellte fest, dass wir nun tatsächlich einen Wackelkontakt im Regler hatten. Das Ding war also schuld an der Misere! In Split würde es bestimmt einen Yachtzubehör-Laden geben, der sowas verkauft, schließlich werden diese Regler auch sehr gerne im Bootsbau verwendet. Also auf nach Split!
Nach meinem ewigen Internet-Surfen war ich froh, dass es nun weiterging. Ich hatte meine komplette Favoritenseiten-Liste durch, wusste über alles Neue bei Facebook Bescheid und bei Skype war auch gerade keiner online. Bevor also Langweile aufkommen konnte, waren wir wieder unterwegs. Wunderbar! Wir fuhren und fuhren und fuhren. Es fing an zu regnen. Es wurde Nachmittag, es wurde Abend, es wurde dunkel. Wir fuhren. Ich wurde

Yachthafen von Split

müde. Nach 10 Stunden im Frosch verspannte mein Nacken und ich wurde ein klitzeklitzekleines bißchen quengelig. Wir fuhren weiter. Bis nach Split. Ich war froh über den ersten Parkplatz, den Till ansteuerte. Endlich schlafen! Aber Till sagte der Parkplatz dann doch nicht zu und er fuhr weiter. Mich verfrachtete er kurzerhand schon mal ins Bett und ich folgte seiner Anweisung prompt! Dass es in der Nacht noch ein heftiges Unwetter gab, habe ich nicht mitbekommen.

Der nächste Morgen war weiterhin verregnet. Aber was sollten wir machen, wir konnten dem Regen ja nicht davon fahren, es war schließlich Sonntag und der Marine-Laden an der Ecke hatte natürlich geschlossen. Also zogen wir uns Gummistiefel und Regenjacken an und gingen auf eine kleine Sightseeing-Tour durch die Altstadt von Split. In meinem Sommer-Sonntags-Kleidchen mit meinen Baumarkt-Gummistiefeln wurde ich von einigen belächelt. Ich lächelte zurück! Ich fand uns super in unserer Regen-Kluft! Hörbuch und Mittagsschlaf folgten, danach ein bißchen die Zeit beim Frisbee Spielen vertreiben und eigentlich konnte man ja auch mal wieder eine Prosecco-Dose aufmachen! Schwupps war es Abend und der Tatort flimmerte über den Livestream der ARD auf unserem Laptop-Bildschirm. Zwangspause mal wieder bestens überstanden!

Um 8 Uhr marschierten wir am Montagmorgen in den Marine-Laden, 5 Minuten später zeigte uns der nette Verkäufer sein einziges Solar-Lade-Regler-Gerät! Gekauft! Schon lange nicht mehr so gut 100 Euro investiert! Nun müsste ja auch der Kühlschrank wieder laufen. Aber die Hoffnung stirbt ja bekanntlich zuletzt: Ein weiterer Vormittag verging mit Technik statt mit Fahren. Über Handy telefonierte Till mit der wirklich kompetenten und hilfsbereiten Firma Kissmann in München (wenn ihr einen 12V Kühlschrank braucht, kauft ihn da!) und gemeinsam gingen sie die Ursachen-Liste durch. Tills Voltmeter kam zum Einsatz. Und auch hier war irgendwann der Fehler klar: Ventilator kaputt. Richtig kaputt? Till kappte die Kabel, hielt den kompletten Ventilator an die Batterie – er drehte sich. Also lernte ich an diesem Tag, was ein Kabelbruch war, dass man so etwas ganz schnell reparieren kann und nun hatten wir endlich wieder kühlen Prosecco! Wir verfrachteten den Kühlschrank wieder an seinen Platz zurück und konnten endlich weiter fahren!

Weiter ging es bis nach Dubrovnik und zum größten Teil durch ein riesiges Flächen-Gewitter, das uns kilometerlang Wasser wie aus Kübeln und Blitze vor unseren Augen oder Blitze direkt über uns bescherte. Nicht zu schweigen von dem Sturm, der über das Land fegte. Und wir mitten drin entlang der Küstenstraße. Anhalten war hier einfach nicht möglich. Keine unnötigen Zwangspausen mehr, wir waren on the road again!

„Is this an Entlebucher?"

Ole ist ein absoluter Reise-Hund. Jedes Mal, wenn wir anfingen, den Frosch für Kurztrips oder eine Reise zu packen, saß er Sekunden später in seinem Körbchen und wartete darauf, dass es los ging. Auch wenn wir an dem Tag noch gar nicht starteten, Ole stieg nicht aus. Er könnte ja etwas verpassen. Nun wohnte er seit zwei Wochen mit uns im Frosch und hatte inzwischen gemerkt, dass dieser Zustand wohl von Dauer sein könnte. Hatte er am dritten Tag unserer Reise seinen neuen Knochen noch draußen irgendwo verbuddelt, muss er gemerkt haben, dass wir hierher nicht zurückkommen werden. Inzwischen „vergräbt" er seine Knochen in seinem Körbchen. Etwas mühselig, sein Spannbettlaken umzugraben, aber irgendwie ist der Knochen dann immer verdeckt und Ole glücklich.

Ole hat seit neuestem ein Halti. Das sieht aus wie ein Maulkorb, ist es aber nicht, sondern es unterstützt wunderbar die Art des Gassigehens an der Leine und so geht er damit perfekt bei Fuß. Keine Drei-Meter-Arme mehr! Dank dieses Haltis ist Ole immer und überall dabei und ein sehr beliebter Anziehungspunkt und Aufmerksamkeitsmagnet.
Dubrovnik zum Beispiel: Wir haben Ole auf unsere Sightseeing-Tour durch die Altstadt mitgenommen. So eine Dubrovniker Altstadt ist für einen Hund wie Ole schon etwas Besonderes. Erstens fühlt man sich sofort ins Mittelalter versetzt, sobald man innerhalb der Stadtmauern ist. Welcher Hund kann schon von sich sagen, dass er mal im Mittelalter war? Die dort herumlungernden Katzen haben allerdings etwas gegen Hunde. Wird normalerweise eher die Katze vom Hund gejagt, so ist es dort anders. Hier haben ganze zwei Katzen das Sagen in der Stadt! Ole und ich flüchteten die Treppen hoch, während wir von eben diesen zwei Katzen verfolgt wurden, die es mehr als

Ole der Entlebucher

offensichtlich auf den kleinen Entlebucher Sennenhund abgesehen hatten. Till versuchte die Katzen zu verscheuchen, an der Treppe hatten wir sie abgehängt. Glück gehabt!

Zurück auf dem großen Platz vor der alten Turm-Uhr und beim Roland (ja, nicht nur Bremen hat einen Roland!), sprach mich ein sehr amerikanisch klingendes Ehepaar an: „Excuse me, is this an Entlebucher?" „Oh yes, it is!" erwiderte ich voller Stolz und wurde gleich ein paar Zentimeter größer, denn Entlebucher Sennenhunde werden nie erkannt. Mal abgesehen davon, dass sie nicht zur Trend-Rasse wie Berner Sennenhunde, Golden Retriever o.ä. gehören, ist Ole ja zudem auch noch größer als ein normaler Entlebucher. Wenn also jemand Ole als Entlebucher erkennt, ist das schon etwas sehr Besonderes! Quasi „Muttis ganzer Stolz". Nicht so wie in Split, da fragte uns einer: „Ist das Schäferhund?" Ich musste lachen und antwortete: „Nein, Schweiz." Ich fand die Antwort ausreichend. Der Mann scheinbar auch. Gerne wird Ole auch als Rottweiler-Mischung erkannt, die beste Idee hatte aber mal eine ältere Dame in Hamburg: „Ach, da steckt doch auch ein bißchen Dackel drin, oder?" Genau. Ole, der Dackel! Nein, er ist ein „real Entlebucher" und die zwei Amerikaner in Dubrovnik flippten schier aus vor Freude. Und Ole gleich mit ihnen. Als hätte er seine besten Freunde aus den USA schon ewig nicht mehr gesehen und zufällig in Kroatien wiedergetroffen. Sie feierten ein großartiges Wiedersehen. Wir erfuhren, dass sie ihre beiden Entlebucher in der Heimat so sehr vermissen würden und wie ähnlich Ole ihnen wäre, auch seine Stimmlage ähnelte ihren Hunden. Ole schmiss sich auf den Rücken, um gekrault zu werden und natürlich entsprach man seinem Wunsch. Wir verabschiedeten uns von den beiden, drehten uns um und schon kraulte der nächste Touri unseren Hund. Typisch Ole. Das Highlight sollte aber noch folgen.

Wir wollten die Stadtmauer und den typischen Touristen-Rundgang! Ob wir mit Hund da oben langgehen dürften? Wir fragten nach und wir durften! Brav an seinem Halti machte er mit uns die große Runde um die herrliche Altstadt. Den schönen Ausblick konnte er nicht so genießen, dafür aber wir. Die Sonne schien und Ole jagte wie immer Schatten. Aber dank Halti hielt sich auch das ganz gut in Grenzen. Zum Schluss ging es noch ganz oben auf den Turm hinauf. Ich setzte mich mit Ole in den Schatten und plötzlich waren wir bzw. Ole das begehrteste Fotomotiv, was sich Chinesinnen vorstellen konnten. Sie hockten zu dritt vor uns, hielten ihre Digitalkameras auf Ole gerichtet und riefen die ganze Zeit etwas, das ich als „say cheeeeeeese“ interpretierte. Ich konnte nicht mehr. Dank meiner großen Sonnenbrille konnten die Fotografinnen nicht sehen, dass ich Tränen lachte. Als die eine dann auch noch auf Ole den „Handsome Boy 1“ zeigte und danach auf Till, den „Handsome Boy 2“, hatte die Situation ihren Höhepunkt erreicht! Wir platzten vor Lachen, was die Chinesinnen aber umso mehr freute und sie natürlich herzhaft mitlachen ließ. Die Herrschaften streichelten Ole zum Dank wie ein batteriebetriebenes Plüschtier und waren unglaublich glücklich! Ole, the real Entlebucher!

Grenzübergänge und Sprachbarrieren

Ordentlich sortiert in meinem Mäppchen im Handschuhfach lagen nun unsere Papiere: Reisepässe, Oles Pass, Fahrzeugschein sowie die Grüne Versicherungskarte. Wir waren auf direktem Weg zur Grenze nach Montenegro, freudig und etwas aufgeregt. Ob wir mit den Massen an Hundefutter einfach so passieren dürften? Ob sie wegen Ole Probleme machen würden? Ob wir die vollen 100 Euro für die LKW Vignette bezahlen müssten? Hoffentlich nicht.

Kurz vor der Grenze haben wir den Frosch Grenz-Übergang-bereit gemacht und unsere „Tourist"-Magnet-Schilder angebracht. Und dann ging es los: Passkontrolle Teil 1: Dokumente angeguckt, durchgewunken. Passkontrolle Teil 2: Dokumente angeguckt, Dokumente eingescannt und dann folgte eine Diskussion über unser Fahrzeug. Wir wären ja ein LKW und müssten 100 Euro bezahlen. Wir zeigten unser Carnet de Passage auf dem „Camper Car" stand, sagten, wir wären ja Touristen. Der Grenzbeamte sprach von 50 Euro. Wir weiterhin von 30 Euro. Alles überaus freundlich und nett. Till zeigte dem Beamten ein Merkblatt des ADAC über Montenegro und erzählte, dass hier irgendwo stehen würde, dass Camper Cars auch nur 30 Euro zahlen müssten. Till konnte die Stelle allerdings gerade nicht mehr finden. Es gab auch keine. Der Grenzer schaute sich das Merkblatt an, blätterte darin und erklärte sich einverstanden! Wir bekamen eine „Car Vignette" für 30 Euro! Nach dem Hundefutter wurde ganz kurz gefragt und ob wir für Ole auch einen Pass hätten. Natürlich. Aber sehen wollte er ihn nicht und winkte uns durch. Geschafft! Wir waren in Montenegro.

Lange blieben wir hier allerdings nicht, um genau zu sein nur eine Nacht. Aus der Froschperspektive heraus hatte sich Montenegro landschaftlich gesehen gegenüber Kroatien an der Küste nicht viel verändert, die Häuser sahen im Vergleich dazu jedoch ziemlich abgewrackt aus und zwischen fertigen Häusern, die gerade zu gammeln begonnen hatten, waren Baustellen, die fast fertig gegammelt hatten. Langsam wurden wir auch auf den Müll eingestimmt, der einfach so in der Gegend herum lag und niemanden interessierte. Wir verließen am nächsten Tag die Küstenstraße auf dem Weg zur Albanischen Grenze. Die Landschaft änderte sich schlagartig und wir befanden uns mitten in einem Nationalpark mit Sumpfgebieten und Bergen am Horizont. Die Straße hatte teilweise tiefe Spurrillen, schnell fahren konnte man nicht. Wir kamen wieder in die Berge und die Straße wurde langsam aber sicher zur einspurigen und kurvigen Landstraße. Es war ein kleiner Nervenkitzel, denn man wusste nie, was einem hinter der nächsten Kurve erwarten würde: ein 123er Mercedes oder vielleicht ein entgegenkommender

LKW? Denn dieser Grenzübergang war, auch wenn es nicht eine Sekunde den Anschein hatte, eine Hauptverkehrsstraße des Güterverkehrs zwischen Montenegro und Albanien. Und dann stand der Frosch plötzlich Nase an Nase mit einem riesigen LKW mit Anhänger! Die Straße war gerade mal so breit, dass nur noch ein Fahrrad entspannt hätte vorbeifahren können. Alles was rechts vom Frosch kam, war der direkte Abgrund – ohne Leitplanken, versteht sich. Der Frosch musste zurücksetzen bis zu einem Stück, an dem es irgendwie breiter war. Ein offensichtlich breiteres Stück, wo beide locker aneinander vorbei passen würden, gab es nicht. Ich lotste Till zurück und dort, wo es gerade so passen konnte, fuhr Till den Frosch so nah wie möglich nach links an den Berg. Die Seitenspiegel wurden eingeklappt und das große lange Ungetüm schob sich ganz langsam Zentimeter für Zentimeter zwischen Abgrund und Frosch hindurch. Es passte. Haargenau. Ich fragte mich, ob LKW-Fahrer im Himalaya genauso langsam und entspannt sind. Hoffentlich werden wir diese Antwort nie herausfinden müssen.

An der Grenze dann wieder ein ähnliches Spiel. Wir reihten uns hinter den 123ern in die Autoschlange ein. Keiner meckerte dank „Tourist“-Schildern. Ausreise aus Montenegro: Passkontrolle. Fertig. Dann kam die Einreise nach

Frosch trifft Frosch

Albanien. Da ich ja eh schon in Aktion war und die Pässe in der Hand hielt, dachte ich nicht weiter darüber nach, dass so etwas hier in Albanien vielleicht Männersache ist. Ich stieg aus. Am Blick der Grenzbeamten konnte ich sehen, dass sie etwas überrascht waren, dass eine blonde Frau ausstieg und den Papierkram erledigten wollte. Der Grenzbeamte im Häuschen redete mit albanischen Sätzen auf mich ein. Ich verstand nichts. Ich lächelte mein schönstes Lächeln. Ihm schien es zu gefallen, er grinste breit zurück und tippte auf der Tastatur herum. Dann schickte er mich mit Tills Pass und den Autopapieren zum Zoll. Es bedurfte drei Erklärungsanläufe, bis ich verstanden hatte, was er von mir wollte. Aber dann hatte ich kapiert, was er meinte. Er lachte, ich lachte und ich ging ins Zollbüro. Hier wurde ich nach gar nichts gefragt, es wurde weder gesprochen noch gelächelt. Ich bekam einen Zettel. Diesen zeigte ich dann wieder dem Mann im Häuschen, der wieder anfing zu reden. Gleiche Situation wie zuvor: ich verstand nichts, zeigte mein schönstes Fotolächeln, er redete weiter und lächelte zurück. Vielleicht belächelte er mich auch, weil ich blondes Ding nichts verstand. Aber egal. Ich hatte nun auch meinen Pass zurück, stieg entzückt in den Frosch. Der Mann war aus seinem Häuschen herausgekommen, stand nun ebenfalls auf der Straße und winkte uns mit seinen Kollegen hinterher. Herzlich Willkommen in Albanien! Herzlich Willkommen in einer anderen Welt!

Albaner und die Liebe zum Stern

Skurril, ungepflegt, vermüllt bis in die letzte Ecke – unser erstes Stück Albanien. Die Straße wird prompt nach dem Grenzübergang mies, aber davon hatten wir im Vorfeld gelesen. Wir scannten nicht nur die Straße nach fiesen Schlaglöchern und fehlenden Gullideckeln, sondern auch Landschaft und Leute. Überall fuhren oder standen 123er Mercedes! Unsere Herzen schlugen höher, auch wenn die Benze ihre besten Zeiten lange hinter sich hatten. Wir wurden von 123ern in Erbswurst-Grün überholt, uns kamen Curryfarbene und Rostrote entgegen. Einige hatten auch noch die klassischen Hufeisen vorne am Kühler. Sie fuhren ohne Licht und in einer den Straßenverhältnissen nicht angepassten Geschwindigkeit. Sie waren gammlig und fielen manchmal fast auseinander. Aber sie waren allesamt Mercedes! Wir fuhren vorgeschriebene 40km/h – schneller ging es mit dem Frosch auch nicht bei diesen Schlaglöchern – und staunten. Über Esel-Fuhrkarren und alte Damen, die ihre einzige Kuh am Seil an der Straße Gassi führten, über 123er Schrottplätze und die offensichtliche Armut dieses Landes.

Unseren ersten Schlafplatz in Albanien suchten wir vorerst etwas abseits der Straße. Wir wählten letztlich aber doch einen Parkplatz direkt neben einer Bar an einer Hauptstraße. Aus Sicherheitsgründen, nachdem Kinder uns in der Dunkelheit auf einem Feldweg entdeckt hatten und hinter uns her gelaufen waren. In einer unbeobachteten Minute hatten sie unsere Treppe hinten herausgezogen. Wir stellten dies allerdings erst fest, als wir ein äußerst merkwürdiges Geräusch wie „Metall auf Schotter" bemerkten. Es hörte sich an, als wäre etwas mit der Achse passiert. Aber es war nur die Treppe, die wir komplett ausgeklappt hinter uns her schleiften. Ich schob sie wieder rein, gab den Kindern die Schuld und stieg schimpfend wieder ein. Rollerfahrer überholten uns. Als wir ein paar Meter weiter fuhren, gab es plötzlich ein dumpfes Geräusch. Ich stieg aus und sah: Wir hatten die Treppe nun komplett verloren! Waren diese Kinder also wieder hinten dran gewesen und wieder hatten wir nichts bemerkt! Zur Sicherheit packten wir die Treppe nun in unser „Wohnzimmer" und parkten an der Hauptstraße. Hier würde kein Kind unbemerkt auf unseren Frosch klettern können.

Die Straßen in die Hauptstadt Tirana und in die Hafenstadt Durres waren dank europäischer Investitionen für albanische Verhältnisse eine glatte Eins, wir kamen sehr schnell voran. Musik, Autos, Häuser, Kleidung – alles war irgendwie ein Mix aus sämtlichen Jahrzehnten gepaart mit einem Charme aus Ostblock-Fieber. Einige konnten Deutsch, weil ihre Kinder in Deutschland lebten. Alle waren nett und freundlich. Wir kamen an den offensichtlichen Hauptgeschäftsbereichen des Landes vorbei: Möbel, Beerdigungsinstitute und natürlich Autos, denn es reihten sich nicht nur diverse Schrottplätze aneinander, sondern auch alle paar hundert Meter eine Tankstelle, alle 10m eine Waschanlage (bestehend aus einem Hochdruckreiniger und einem riesigen Schild „Lavazho") und wenn es keine Waschanlage war, war es ein Felgen- und Radkappen-Handel. Dazwischen überdurchschnittlich viele Möbelhäuser. Mal italienische Möbel, mal griechische, mal einfach nur „Mobileri".

Fuhr auf dem Land jeder einen 123er, wurde diese Modellreihe in der Hauptstadt spärlicher, dafür häuften sich jüngere Modelle wie 124er oder auch S-Klassen, zum Teil sogar nagelneu! Auch die quietschgelben Taxen waren ausschließlich von der Marke Benz. Ein Führerschein scheint in Albanien ein unbedingtes Muss zu sein, denn alle zehn Minuten sahen wir eine „Auto-shkolle". Das große Schild prangte natürlich ausschließlich auf Fahrzeugen mit Stern! Als weiteres scheinbar Geld bringendes Gewerbe, haben sich überall Beerdigungsinstitute angesiedelt. Gestorben wird immer, auch in Albanien, was auch die Marmor-Gedenksteine samt Foto an diversen Straßenrändern verraten. Und neben eben diesen vielen Beerdigungsinstituten standen die Leichenwagen, die die letzte Fahrt auf die zahlreichen Friedhöfe mit den hübschen Plastikblumen machten. Und auch die Leichenwagen waren natürlich von Benz. Was lernen wir daraus? Ein Albaner fährt immer, aber auch wirklich immer, Mercedes - von Anfang bis Ende!

Albanien - beautiful & powerful!

„Albanien - a beautiful nature and a powerful spirit" - so stand es gedruckt auf der Rückseite einer Postkarte. Und der Teil mit der Natur stimmt tatsächlich. Das mit dem Spirit können wir nicht unbedingt beurteilen, bisher haben wir nur ein paar Albaner etwas näher kennen gelernt, aber wenn es auf der Karte steht, wird es schon stimmen!

Die Natur hat uns das erste Mal so richtig beeindruckt, als wir den ersten Pass hinter Vlore erklommen hatten und runter auf die Küste Albaniens schauten: leicht bewachsene und schroffe Berge mündeten an einen hellen Strand, der direkt ins türkisfarbene Wasser ging. Türkisfarben! Wer hätte denn damit gerechnet? Wir jedenfalls nicht. Die Sonne und der blaue Himmel mit seinen weißen Wölkchen machten das Naturspektakel perfekt. Sämtliches Ostblock-Fieber war verschwunden und ich war das erste Mal (Vorher war ich mir ehrlich gesagt noch nicht so sicher) wirklich begeistert von Albanien. In Serpentinen ging es runter ans Meer, hier wollten wir die Nacht verbringen, einsam und allein. Doch so einsam und allein war es da unten dann doch nicht, mussten wir feststellen. Je näher wir kamen, desto aufgeregter wurden die drei Menschen dort unten. Sie konnten unsere Ankunft kaum mehr erwarten. Und dann sahen wir auch warum: der Mercedes Transporter hatte sich im Sand festgefahren und sie hatten weder ein Abschleppseil (zusammengebundene Plastiktüten an der Stoßstange ließen darauf schließen) noch jemanden, der sie dort befreien konnte. „Differencial? Differencial?", rief uns der eine hektisch entgegen. „Ja, Differencial." Die Differenzialsperre musste nicht zum Einsatz kommen, die Jungs waren innerhalb von 5 Minuten befreit. Irgendetwas in Richtung „da müssen erst Deutsche kommen und uns rausziehen", wollte er uns wohl mit Händen und Füßen mitteilen, und als er eine „5" in den Sand schrieb, wussten wir auch, wie lange sie hier bereits fest saßen: fünf Stunden! Die drei waren glücklich, tranken mit Till einen Raki und wir hatten drei neue albanische Freunde!

Nun konnten wir uns wieder ganz auf die Natur einlassen. Es war wirklich atemberaubend, trotz der überall herumstehenden Pickel-Bunker. Eigentlich sind es Einmann-Bunker und ich nannte sie Pickel-Bunker, weil sie aussahen wie Pickel, die überall aus der Landschaft sprossen wie böse und unschöne Gesichtspickel, die man nicht will. Aber einer wollte sie damals in den 70ern und das war der paranoide Diktator Enver Hoxha, der nach Austritt aus dem Warschauer Pakt große Angst vor einer Invasion hatte. Also ließ er über 700.000 von diesen Stahlhelm-artigen Pickel-Bunkern erstellen. Danach war er beruhigt und die schöne Natur ziemlich versaut. Mal stehen sie zu dritt nebeneinander, dann sind sie einzeln in Berghänge eingelassen oder in Reih und Glied zehnfach schon vom Berg zu erkennen. Sie sind überall und sie sind aus so gutem Beton gegossen, dass man sie aus der Natur nicht mehr entfernen kann und nun stehen sie herum, bemalt oder in Zweitnutzung als Futterbunker oder Geräteschuppen für Bauern.

Jede Nacht hatte die Natur Regen, Sturm und heftige Gewitter für uns parat. Der Frosch wackelte heftig und sogar unser Solar-Lade-Regler sprang bei jedem Blitz auf grün um „Sonne ist da, ich lade jetzt eure Batterien!" Kurzfristig hatte ich in dieser Nacht, die gleich drei schlimme Gewitter vorbei schickte, überlegt, in einen der benachbarten Pickel-Bunker umzuziehen. Ich ließ es sein. Es regnete zu stark. Am nächsten Morgen war alles wie immer freundlich und sonnig, bis sich am Nachmittag und Abend wieder Gewitter ankündigten, aber nicht, ohne vorher wieder einmal einen wunderschönen runden Regenbogen zu spannen oder uns in der Dunkelheit mit dem wohl schönsten Sternenhimmel zu beglücken. Wir wohnen nämlich doch unter einer Käseglocke, denn sonst könnte ein Sternenhimmel niemals so gekrümmt im Meer bzw. hinter den Bergen verschwinden!

Gewitter und Regenbogen

Die Postkarte hatte also vollkommen Recht, wobei man es auch in „Albanien – a beautiful and powerful nature" umwandeln könnte.

Wenn das Navi griechisch spricht...

Es kam uns vor, als würden wir noch einmal kurz auftauchen, um ein letztes Mal kräftig Luft zu holen, bevor wir wieder in uns unbekannte Länder abtauchen würden. Wir empfanden den ersten Tag in Griechenland als Insel der Normalität zwischen Albanien und der Türkei. Eine Insel des Bekannten und Unbeschwerten und der Leichtigkeit, Dinge mal eben schnell zu erledigen. Albanien hatte schon einiges von dem zu bieten, was uns in der nächsten Zeit bevorstehen würde. Allerdings in der absoluten Light-Version der schlechten Straßen, der Sprachbarrieren, der frei umher laufenden Kühe, der Mentalität, die von der europäischen abweicht und der Light-Version der Müllberge in der Natur. Eine Poststelle zu finden, dauerte in Albanien seine Zeit, in Griechenland hingegen konnten wir innerhalb von ein paar Minuten einen Computerladen ausfindig machen und noch schneller ein Netzwerkkabel kaufen. Einfach und ohne großen Aufwand. Doch dieser Zustand der

Leichtigkeit war nicht von Dauer. Und Schuld war unser Vertrauen in unser Navi Monika.

Wir tippten „Athen“ in unser vor der Reise mit frischen Karten upgedatetes Aldi-Navigationssystem ein und kamen zu folgendem Ergebnis: 430km bis zum Ziel. Zu lang, um mal eben schnell innerhalb von ein paar Stunden mit dem Frosch dort anzukommen. Aber wir fuhren erst einmal los, einen Übernachtungsplatz findet man ja immer irgendwo.

Monika lotste uns in die Berge, trotz der hübsch beleuchteten Autobahn, die parallel lief. Es schien sogar eine Autobahn mit Tunneln durch die Berge zu sein! Sie blieb uns verwehrt. Monika lotste uns konsequent erst über den ersten, dann über den zweiten Berg. Von dort hatten wir immer den besten und schönsten Blick auf die wunderbare hell erleuchtete Autobahn mit ihren Tunneln. Aber wir kamen nicht hin. Irgendwann hörte ich auf, die Berge zu zählen, und streckte mental meine Arme nach der tollen Straße aus, die immer wieder neben uns erschien. Ich schimpfte mit Monika. Und dann kamen wir plötzlich doch bei der Autobahn raus. Fälschlicherweise ließen wir uns von den Straßenschildern beirren, die nicht Athen anzeigten, sondern eine Stadt in ganz anderer Richtung. Also vertrauten wir doch wieder Monika. Ein Fehler, denn Monikas Strecke landete später doch noch direkt auf eben dieser Autobahn! Hätten wir ja auch gleich haben können. Nun gut. Ab jetzt keine Serpentinen mehr, keine 10km/h bergauf, sondern die hell erleuchtete Straße mit Tunneln. Wunderbar. Plötzlich war Monika wieder verwirrt. Wir sollten abfahren. Nein, doch nicht. Und dann änderte sie wieder ihre Meinung und wir waren an der Ausfahrt vorbei. Vielen Dank für den weiteren Umweg!

Auf Euböa kannte sich Monika überhaupt nicht aus. Hier fuhr sie auf blauem oder wahlweise grünem Untergrund, sie zeigte aber ab und an ein paar Namen an. Permanent in griechischen Buchstaben - versteht sich von selbst. Lateinische Buchstaben verwendete sie seit Grenzübergang nur noch in der Menüführung. Moni ist halt multilingual und passt sich den Gegebenheiten an! Nicht ganz zu unserem Vorteil. Wir versuchten per Karte und Straßenschildern den Weg zum Strand zu finden. Aber wir endeten im totalen Wirr-Warr mit griechischen Buchstaben auf Straßenschilder, zwei nicht ausführlichen Straßenkarten mit lateinischen Buchstaben und Monika, die auf

Wo geht's lang?

Griechisch noch wieder etwas anderes anzeigte. Und nun? Wir fuhren also in die Richtung, in der wir das Meer vermuteten, aber was bekamen wir? Täler und noch mehr Berge und irgendwann dann doch mal Strand! Danke!

Nach Athen waren es jetzt nur noch rund 110km. Ein Leichtes. War es auch. Bis Athen. Dann wartete die nächste und heftigste Tour auf uns: Die Parkplatzsuche. Athen hatte gefühlte 800.000 Fahrzeuge, die die Straßen am Freitagnachmittag verstopfen. Manchmal sollte man seinem Reiseführer, auch wenn er noch so blöd geschrieben ist, einfach glauben. Sein Hinweis nämlich: in Athen gibt es keine Parkplätze. Wäre es fett gedruckt, hätten wir es vielleicht geglaubt. Aber so waren wir mal wieder lustig unterwegs, frei nach dem Motto: wir gucken uns das jetzt erst einmal selber an und wenn wir nichts finden, nehmen wir halt den Campingplatz. Ist ja ganz einfach. Wir quälten uns und den Frosch stundenlang in einer Blechlawine quer durch die Stadt und wieder zurück, um dem Reiseführer 100% Recht zu geben. Es gibt hier keine Parkplätze. Weder für Autos noch für Mopeds, denn auch die werden einfach abgeschleppt. Also tippte ich in voller Hoffnung den Straßennamen des Campingplatzes ins Menü von Monika ein und siehe da, sie kannte die Straße! Wir waren begeistert! Sie kann ja doch was! Drei lange

Stunden hatte die Odyssee gedauert, bis Monika, nach Erreichen der Stadtgrenze Athens und der Irrfahrt durch die Stadt, endlich sagte: „Sie haben ihr Ziel erreicht." Und jetzt? Hilfe, wir standen auf einem Lidl-Parkplatz! Wenn das Aldi wüsste. Monika hatte also entweder mal wieder keine Ahnung oder Lidl hat den einzigen Campingplatz in dieser Stadt aufgekauft, um da den hundertsten Lidl in Athen hinzusetzen. Die Irrfahrt riss also nicht ab. Wir fragten uns durch, aber wir kamen nicht an. Mit Reiseführer, Straßenkarte und Monika versuchten wir ansatzweise das Ziel zu lokalisieren. Wir kamen in die Nähe. Aber nicht zum Campingplatz. Weitere zwei bis drei Stunden durch einen fiesen Verkehr und Till fragte nach einem Ersatzknie. Man durfte weder einen U-Turn machen, noch links abbiegen und alle 20m war die Ampel wieder rot. Endlich, ein Parkplatz vor einem Fabrikgebäude! Wir waren dankbar und verbrachten dort dank unerträglicher Hitze, unerträglicher Lautstärke (wir standen an der wohl lautesten Hauptstraße Athens) und unerträglicher Mücken die vorerst schlimmste Nacht unserer Reise. Mithilfe von Google Earth (ja, wenigstens hatten wir an diesem Stellplatz Internet) und den im Internet irgendwo gefundenen GPS Koordinaten fand Till dann den Weg zum Campingplatz am nächsten Morgen. Wir waren nur 1,5km entfernt!

Am Puls der Zeit

Gesehen hatten wir sie schon auf unserer Tour einmal quer durch die Stadt. Sie tauchte im Straßengewirr plötzlich am Horizont auf. Es hatte schon etwas leicht Mystisches, als wir direkt auf die bedeutendsten Tempel Athens zu fuhren, mitten drin im Verkehr, links und rechts alte, nicht wirklich schön anmutende Hochhäuser, der heftige Geräuschpegel und ganz hinten ganz klein und leise auf ihrem Berg: die Akropolis. Oft schon auf Bildern gesehen, war sie natürlich Pflichtprogramm und am nächsten Tag waren wir tatsächlich auf den Spuren der Antike.

Wir fuhren mit den Öffentlichen Verkehrsmitteln in die Stadt – wir hatten ja dazugelernt. Und dank des perfekt organisierten Campingplatzes, konnten wir unsere Bustickets direkt an der Rezeption kaufen und bekamen dazu auch noch einen Flyer mit bester Busverbindungsbeschreibung in die Hand gedrückt. Wir wählten den direkten Weg zur Akropolis. Schon als wir aus der U-Bahn-Station die Treppen heraufkamen, waren wir umringt von Touristen, die in den ansässigen Shops ordentlich Souvenirs kaufen oder sich bei den Straßenverkäufern bedienen sollten, denen jede Menge Regenschirme am Arm baumelten. Nein danke, brauchen wir nicht! Später, als der Regen dann doch so heftig vom Himmel kam, brauchten wir ihn natürlich doch und mussten mal wieder einen kaufen. Schön, dass wir nun statt zwei noch einen dritten Regenschirm im Frosch haben und mindestens nochmal zwölf weitere in Kartons in der Heimat.

Bevor der Regen allerdings am Nachmittag über uns herfiel, besuchten wir als erstes das Akropolis-Museum. Hier sind diverse uralte ausgebuddelte Schätze zu bewundern und teilweise auch Bestandteile der Akropolis, die man hierher gerettet hat, zum Schutz vor dem Zerfall durch Umwelteinflüsse. Ein Teil, z.B. die sechs Mädchenstatuen, ist auch in London im Museum zu finden. Ein bisschen weit entfernt, um in London Akropolis-Feeling aufkommen zu lassen. Till war begeistert von den vielen wieder zusammengesetzten Statuen und den alten Dingen, die hier ausgestellt waren. Ich fand es hingegen spannender, diese Dinge direkt am Ursprungsort bewundern zu dürfen, statt hinter Glasscheiben oder auf Sockeln in einem Raum. Also raus aus dem Museum und hoch auf den Berg, die Akropolis begehen!
Doch leider konnte man auch hier nicht richtig in die Antike eintauchen – die vielen Baugerüste waren zu sehr Neuzeit. Am Puls der Zeit zu sein, hatten wir uns anders und aufregender vorgestellt. Entsprechend ist unser Motto über Athen nun erstmal: „been there, done that!"

In Athen ließen wir den Regen, in Thessaloniki begrüßte uns herrlichster Sonnenschein. An der Uferpromenade wimmelte es vor jungen Leuten, die alle schick und aufgebrezelt zu Hauf ihren Kaffee in den zahlreichen Szene-Bars tranken. Was hier los war! Im Reiseführer hatten wir schon gelesen, dass Saloniki (wie die Griechen es nennen) eine Studentenstadt wäre. Aber dass die Studenten hier alle super schick und ultra trendy (manchmal auch zu trendy) herumlaufen, stand im Reiseführer nicht. Neben dem Studieren, müssen sie scheinbar alle nicht arbeiten, dachten wir, denn es waren einfach zu viele junge Leute auf einmal. Die Hörsäle mussten leer sein. Semesterferien? Nein! Nationalfeiertag, wie wir später feststellten! Deshalb auch die große „Bedrock Night“ Party mit John Digweed und Guy J am Dienstagabend. Und genau da wollten wir hin. Die Club-Kultur musste schließlich auch begutachtet werden!

Durch unsere Parkplatzsuche lernten wir Thessaloniki ziemlich schnell kennen. Auch die schmuddeligen Seiten. Denn wie heißt es so schön? „Vorne hui und hinten pfui!“ Und genauso war auch das Flair beim Club. Nach vorne hin zur großen Hauptstraße war alles hell erleuchtet und die Club-Area hübsch angestrahlt, alles neu, schön und modern. Hinten war dann ein Puff neben dem nächsten, schmuddeliges Industriegebiet, heruntergekommene Häuser, bei denen die eine oder andere Wand fehlte. Innen im Club war dann aber alles wieder hui. Mich erinnerte das Ganze allerdings zu sehr an eine Disco aus meine Teeniezeit. Eine Großraumdiskothek, die mit ihrem weißen Marmor wirbt. Nur hier in Thessaloniki war alles schwarz. Schwarze säulenartige Geländer, die den Sitz- und Stehbereich von der Tanzfläche trennten, schwarzer Fußboden, alles glänzte irgendwie ein bißchen. Egal, es ging um die Musik und wir wollten tanzen! Und das taten wir auch. Wir waren die einzigen zwischen den vielen auf der Tanzfläche herumstehenden Griechen, überwiegend Männer. Kopfgenicke war das Äußerste, was sie anfänglich

Akropolis

zu der wirklich hervorragenden, elektronischen Musik zustande bekamen. Schade, denn uns hat der Abend wirklich Spaß gemacht. Wahrscheinlich fehlte den Griechen zum Tanzen das letzte Fünkchen an Lautstärke, das aber nicht lange auf sich warten ließ. Plötzlich war es in diesem Laden unglaublich laut und die Griechen flippten völlig aus und tanzten! Vielleicht hatten sie aber inzwischen auch einfach den gewissen Pegel erreicht. Was sie auf den Toiletten dennoch nicht locker machte. Unglaublich aber wahr: Vor der Herrentoilette war eine endlos lange Schlange! Das, was man sonst immer nur von den Mädchenklos kennt, war hier endlich mal anders herum. Woran das lag? Jeder ging einzeln in die zwei vorgesehenen Kabinen und alle anderen warteten brav an der Tür. Alles klar, Pissoirs haben definitiv nicht die Griechen erfunden, wenn sie sich so sehr schämen, diese vorhandenen Dinger auch zu benutzen!

Etwas verkatert schafften wir es am nächsten Morgen tatsächlich aufzustehen, um uns die Parade anzusehen! Hinter dem weißen Turm, dem Wahrzeichen von Thessaloniki, platzierten wir uns neben Hunderten von anderen, die mit Fähnchen bewaffnet auf die marschierenden Gruppen warteten. Wir waren wieder mittendrin. Die marschierenden Gruppen kamen in sämtlichen Trachten, in Rock und Pumphose und in Neoprenanzügen! Denn spätestens als die ganzen Schützen- und Trachtenvereine vorbei waren, wurde es spannend. Da kamen sämtliche Rettungsdienste, die Bergwacht in kompletter Montur und die Tauchereinheit stand mit Anzug und Flasche (bestimmt auch Schwimmflossen, wir haben sie nur nicht gesehen) auf ihren Booten, die hinter Fahrzeugen wie z.B. einem Hummer, hergezogen wurden. Till wollte Panzer. Er bekam sie! Und das nicht zu knapp. Thessaloniki hat an diesem Tag ganz groß aufgefahren und alles an uns vorbei geschickt, was im Fuhrpark dieser Stadt zu finden ist. Wirklich alles! Diverse Panzer, Kettenfahrzeuge, Jeeps und Unimogs fuhren in einem ziemlichen Tempo an uns vorbei, auf den Fahrzeugen die Soldaten, teilweise auch mit Gasmasken. Es war unendlich laut, die Panzer ratterten, es stank nach Abgasen, es war unglaublich. Auch als Mädchen stand man mit offenem Mund und aufgerissenen Augen dort! So eine Parade hatte ich noch nicht gesehen! In einem riesigen LKW mit rotem Kreuz außen drauf, konnte man durch die offenen Fenster und Türen sehen, wie die Ärzte in ihrer OP-Kleidung samt Mundschutz am OP-Tisch standen. Um dem ganzen Lärm und Gestank noch einen drauf zu setzen, gab es als i-Tüpfelchen noch eine Düsenjet-Formation, die immer wieder zu viert über uns herüber knallte und den Schall durchbrach. Till hoffte noch auf einen Kanonenschlag von dem Kriegsschiff, das vor Thessaloniki herum fuhr. Doch dieser blieb aus. Nach zwei Stunden war alles vorbei und jeder ging in die nächste Szenebar oder nach Hause. Wir wählten Letzteres, wir waren müde vom Vorabend und den Eindrücken der Parade.

Der Reiseführer schreibt, dass man für Thessaloniki einen halben Tag braucht. Wie gut, dass wir wieder nicht darauf gehört haben!

Verzauberndes Istanbul

Früher unter dem Namen Byzanz und Konstantinopel bekannt, ist Istanbul heute eine quirlige Stadt, die Altes und Neues so bunt miteinander vermischt, dass man davon nicht genug bekommen kann. Istanbul, die Stadt zwischen zwei Kontinenten, sollte ein perfekter Einstieg in die islamische Kultur werden.

Mit dem Gesang des Muezzins, der aus dem Lautsprecher des Minarett Turms hinter uns zum Gebet aufrief, wurden wir am Montagabend auf unserem Parkplatz begrüßt. Der Muezzin singt mehrmals am Tag. Wer denkt, dass die Stadt dann still stehen würde, hat sich getäuscht. Lediglich das Radio wird ausgemacht oder beim Fernseher der Ton abgedreht, ansonsten geht alles weiter seinen gewohnten schnellen Gang.

Den hohen Eintrittsgeldern sei dank, wird hier schnell die Reisekasse geplündert. Aber wir beschlossen, dass wir Istanbul sehen und erleben wollten und gönnten uns herrliche Tage mit sämtlichen Attraktionen, die dazu gehören. In der Blauen Moschee fiel Tills Blick nach unten, während alle anderen nach oben guckten und die blau-weißen Fliesen in der Kuppel bewunderten, nach denen das Gotteshaus benannt ist. Für Till jedoch war der riesige Teppich, der den ganzen Boden der Moschee bedeckt, viel interessanter und forderte seine ganze Aufmerksamkeit. In der Haiga Sofia, berühmt und bewundert für ihre Bauelemente, zog statt dessen eine Katze nicht nur uns, sondern einen ganzen Pulk von Leuten in ihren Bann. War sie die Inkarnation von Sultan

Blick auf den Galata-Turm

Ahmet? Wieder steckte ich, wie vor drei Jahren, als ich mit meiner Schwester die Metropole am Bosporus besuchte, meinen Daumen in die Salzsäule und drehte. Ob es mir wieder Glück bringen wird? Drei Wochen nachdem ich das erste Mal meinen Daumen in der Säule drehte, lernte ich Till kennen!

Im Topkapi Palast bestaunten wir den Harem, den Privatbereich des Sultans. Seine Gemächer und die seiner schwarzen und weißen Eunuchen, seiner Frauen und vor allem seiner Mutter waren prunkvoll. Wunderbar erhalten, kann man sich das Leben in diesem Palastteil sehr gut vorstellen. Wie z.B. der Sultan mit seinen klappernden Schuhen durch die Bereiche gelaufen ist. Klappernd deshalb, weil sämtliche Frauen ihn nicht ohne Aufforderung sehen durften und somit genügend Zeit hatten, das Getuschel zu unterbrechen und in ihre Gemächer zu verschwinden. Oder, dass die Valide Sultan, die Mutter des Sultan, hier das Sagen hatte und alle Frauen sich um die Mutter bemühten, damit diese sie als Favoritin ihrem Sohn empfahl. Die Favoritinnen konnten dem Sultan dann einen Sohn gebären und würde der Sultan dann einen von ihren Söhnen zum Nachfolger erklären, würde eben diese Mutter die neue Valide Sultan werden. Und die Valide Sultan herrscht über die „Großfamilie"! Ach, es wimmelte hier mit Sicherheit bestimmt nur so vor Intrigen unter den Frauen. Bestimmt besser als Fernsehen!

Wir ließen die alten Sehenswürdigkeiten fürs erste außen vor und tauchten ein in die neue Welt von Istanbul. Von der Einkaufsstraße war er kaum zu erkennen, doch als wir in dem hinterhofartigen Teegarten standen, waren wir hin und weg von der Atmosphäre. Wir waren mittendrin in Istanbul - ohne andere Touristen! Hier waren teetrinkende Istanbuler, überwiegend ältere Herren, die entweder Backgammon spielten oder Wasserpfeife rauchten oder beides gleichzeitig. Wir setzten uns in eine Ecke, bewunderten die großartigen Lampen, beobachteten das Geschehen. Ebenfalls bei einem Tee kamen wir ins Gespräch mit einem Türken, der derzeit seinen Cousin besucht, den Teehaus-Betreiber. Er selbst lebt mit seiner ganzen Familie in Braunschweig und zeigte uns ganz stolz die Aufenthaltserlaubnis in seinem Pass. Seine Arbeit beim Gartenamt hatte er leider verloren. Am Donnerstag würde er wieder zurückfliegen nach Deutschland. Deutschland, das war für uns in unserem Istanbulrausch ganz schön weit weg.

Im Lonely Planet suchten wir nach einer Wäscherei, denn bei den kalten Außentemperaturen, würde unsere Wäsche niemals trocknen. Tatsächlich empfahl uns der Reiseführer eine Wäscherei direkt um die Ecke und voll gepackt mit Bettwäsche und Co. betraten wir sein kleines Waschcenter. Was für ein Typ! Als Cay und Seker (Tee und Zucker) verließen wir wieder den Waschsalon, durften ihn von nun an Mister Cucumber nennen. Wenn er uns schon neue Namen gab, die er sich besser merken konnte, musste also für ihn wohl auch ein neuer Name her. Zu dem ganzen Spaß waren wir viel Geld los, dafür hatten wir am nächsten Tag zusammengelegte, frische, trockene Wäsche, die weder verwaschen, noch eingelaufen war. Mister Cucumber war sein Geld wert.

Nach einem Besuch im Hamam und bei einem Frisör ging es am späten Nachmittag auf den großen Basar. Hier gab es alles, was das Herz begehrte, wofür im Frosch aber niemals Platz wäre. Wir verschoben die große Einkaufs-Tour auf unseren Istanbul-Besuch auf der Rückfahrt und schauten uns trotzdem jede Gasse an. „Good Copy", wie man uns immer wieder erzählen wollte. „Good Copy" war auch die Cola, die wir uns bestellten. Da musste selbst die Verkäuferin lachen, als sie uns, statt wohl wie üblich 1 Lira, 2 Lira abknöpfte. Für eine Cola, die von außen so aussah, aber kein Stück so schmeckte. Egal. Neben der Cola und den Augen Allahs blieb es bei einer Strickjacke für Till und ich liebäugelte mit einem Bademantel, der mir derzeit wirklich fehlte. Ich ließ ihn hängen, bald werden wir 30 Grad im Frosch haben, da würde ich keinen Bademantel brauchen und er würde im Schrank nur unnötig viel Platz wegnehmen, den man mit anderen schönen Dingen aus Indien füllen könnte...

Da es draußen in Strömen goss, hatte ich meine Gummistiefel an, die an diesem Abend zum Basar-Gespräch Nummer eins wurden. Überall wurde auf meine Stiefel gezeigt und dann heimlich getuschelt. Einer sprach mich tatsächlich an, ob ich das ernst meinen würde, ich wäre doch ein klitzkleines bißchen crazy oder ob ich gleich fischen gehen würde. Ich bin mir sicher, auf unserem Rückweg sehe ich meine Gummistiefel als „Good Copy" genau hier!

Nach diesem ganzen Sightseeing taten unsere Beine weh. Doch wir hatten den Galataturm noch auf unserer Liste für den letzten Tag. An der Galatabrücke aßen wir ein typisches Fischbrötchen und wanderten frisch gestärkt Richtung Turm, der an der Spitze des neuen Istanbul zwischen den Häusern und engen Kopfsteinplastergassen herausragte. Zum Glück gibt es hier einen Fahrstuhl! Oben angekommen schoben wir uns, mal wieder mit einem Haufen von Touristen mit Lonely Planet unterm Arm, im Uhrzeigersinn um den Turm.

Es ist schon eine beeindruckende Aussicht, die man hier hat. Unser Blick fiel auf die 1km lange Bosporusbrücke, auf der wir am nächsten Tag den Kontinent wechseln würden. Wahnsinn, dass mitten in der Stadt ein neuer Kontinent anfängt!

Hamam - wir nehmen ein türkisches Bad

Da standen wir, in einem großen, dreistöckigen Raum mit Kuppel, oben die Männerkabinen und auf Wäscheleinen hingen zahlreiche gestreifte Hamam-Handtücher zum Trocknen. Ca. 55 Euro hatten wir hingeblättert für eine traditionelle Behandlung. Ich musste rechts durch den Gang hindurch, Männer und Frauen baden getrennt voneinander.

Ich war noch nie in einem Hamam und wusste von Tills erstem Besuch in diesem Bad vor zwei Tagen folgendes: Man wird an die Hand genommen, bekommt ein Handtuch und eine Seife in die Hand gedrückt und wird nach oben in die Umkleidekabinen geschickt. Danach geht es, mit Handtuch umwickelt, wieder runter und man wird ins Bad geführt. Hier legt man sich auf den großen heißen Stein. Irgendwann kommt dann der Bademeister und schrubbt einen ein bisschen hier, ein bisschen da (wirklich nur ein bisschen) und seift einen mit einem riesigen Schaummeer ein. Danach spült man sich selbst mit Wasser ab. Alles gar nicht schlimm... Und bei Frauen dann doch alles ein bisschen anders:

Zu meiner Seife und dem Handtuch bekam ich auch noch eine neue und verpackte Unterhose in die Hand gedrückt. Im Lonely Planet hatte ich schon gelesen, dass die Damen dort oben ohne herumlaufen, aber niemals unten ohne. Sollte mir Recht sein. Meine Umkleidekabine war einen Quadratmeter groß, viereckig und mit kleinem Hocker statt mit Entspannungsliege, wie Till sagte. Die hatten scheinbar nur die Männer. Umschlungen mit meinem Handtuch versuchte ich mir noch passende Gummilatschen auszusuchen, die dort bereit standen, und quetschte meine Füße in eine gefühlte Größe 37. Größer gab es nicht. Türkinnen haben eben keine großen Füße wie ich mit Größe 42. Ich schlurfte in meinen viel zu kleinen Schuhen mit einem etwas unwissenden Blick die Treppe hinunter. Die Damen verstanden und zeigten mir, wo ich hin musste. Hinter der Holztür verbarg sich also der heiße Stein. Wie gut, dass hier schon vier weitere Frauen lagen. So wusste ich, was ich zu tun hatte: Handtuch ausbreiten (oben ohne interessiert hier wirklich keinen), hinlegen und entspannen. Ich schaute an die Kuppel, von der es herunter tropfte. Dann kamen die Bade-Damen herein. Till hatte extra nachgefragt, hier wurden tatsächlich die Frauen nur von Bade-Damen betreut (der Lonely Planet hatte gewarnt). Auch sie spazierten nur in Unterhose herum, in den gleichen schwarzen Schlüpfern, die auch wir herumliegenden Frauen trugen. Partnerlook für alle! Ich beobachtete, wie die erste Frau (scheinbar genauso unwissend wie ich) ihren Waschgang bekam. Das sah alles doch etwas anders aus, als Till es beschrieben hatte. Und nun quälte mich wie selbstverständlich plötzlich auch noch meine volle Blase... Ich hatte keine Zeit dafür, ich war jetzt dran! Ich legte mich auf den Bauch und meine persönliche Bade-Dame rubbelte mich heftig von oben bis unten mit dem rauhen Waschhandschuh ab. Der schwarze Schlüpfer wurde in die Po-Ritze geklemmt, hier wird keine Stelle ausgelassen! Mit einem Klaps auf den Po wurde verdeutlicht, ich sollte mich umdrehen. Und nun bekam ich das Geschrubbe von vorne. „Sit!“ „Yes, Mam!“, dachte ich und nun wurden meine Arme und mein Hals bearbeitet. Mit einem fragenden Blick zeigte sie mir danach den dreckigen Handschuh. Ich grinste blöd (als ob ich mich nicht waschen würde, ts!), nickte und musste immer noch so dringend! Von Till erfuhr ich später, dass ihm auch der dreckige Handschuh gezeigt wurde. Das gehörte also zum Programm. Kein Grund sich zu schämen! Weiter ging es mit kalten Spülgängen und liegend wurde ich dann in eine riesige Seifenblase gehüllt. Das war wirklich herrlich. Eine mir etwas zu schmerzhafte Massage von Kopf bis Fuß folgte, aber bei Massagen bin ich ein bekennendes Weichei. Danach wurde ich in einem der kleinen separaten runden Nischen abgespült und bekam auch noch die Haare gewaschen. „Finish!“ Und nun durfte ich endlich zur Toilette! Danach hüpfte ich mit meiner zarten, reinen Babyhaut in einen 38 Grad warmen Jacuzzi und war richtig entspannt.

Ich kletterte aus dem warmen Becken, holte mir ein Handtuch aus dem Schrank und ging mich umziehen. In der großen Eingangshalle wartete ich auf Till, um ihm zu erzählen, wie unterschiedlich zu seinen ersten Erzählungen mein Ausflug ins türkische Bad war. Auf das Jacuzzi-Becken war er ein wenig neidisch – das hatten tatsächlich nur wir Frauen. Seine Badeerfahrungen hingegen waren heute morgen ähnlich wie meine. Er war dieses Mal an einen etwas rabiaten Bademeister geraten, der ihm auch erst alle schmutzigen Hautschuppen vom gesamten Körper rubbelte, um dann sämtliche Knochen zurechtzurücken, bis alles erst ausgerenkt und dann wieder eingerenkt war! Ein türkisches Bad – wenn man weiß, was auf einen zukommt, kann man das wunderbar noch einmal machen!

Ab Mitte Türkei bist du nicht mehr allein

„Ab Mitte Türkei bist du nicht mehr allein“, diesen Satz hatten wir in einem der vielen Reiseberichte gelesen. Und genau dieser Satz fiel uns jetzt wieder ein, denn wir waren nun etwa in der Mitte der Türkei und nicht mehr ganz so unbeobachtet wie sonst.

Die ersten Erfahrungen machten wir hinter Ankara, als wir in einem kleinen Dorf einen Brunnen mit Wasserhähnen entdeckten. Wir waren auf der Suche nach einer Möglichkeit unsere komplett leeren Tanks aufzufüllen, aber die Moschee hinter dem Brunnen verriet: hier halten Moslems ihr Waschritual ab. Hier 500l Wasser für unsere Tanks abzwacken? Sehr fragwürdig. Wir standen mitten auf dem Dorfplatz und man schaute schon aus der sicheren Ferne, warum denn der große grüne LKW hier plötzlich gelandet ist samt Mann, blonder Frau ohne Kopftuch und dem großen schwarzen Teufel mit Halsband. Höchst interessant!
Wir überlegten kurz, ob wir weiterfahren oder nachfragen sollten und entschieden uns für Letzteres. Mit Händen, Füßen und gemalten Zahlen auf dem Frosch versuchte Till einem der Dorfbewohner zu erklären, dass wir unsere Wassertanks auffüllen wollten. Der Mann hob die Arme ausgestreckt zum Himmel, sagte etwas auf Türkisch und lachte uns freundlich an. Ich interpretierte, dass der Brunnen so viel Wasser hat, wie wir wollen. Er ging weg und kam zurück mit Obst als Geschenk für uns und einer 2l Fantaflasche. Oh. Ich wollte jetzt nicht 100 mal die Flasche füllen. Wir zeigten ihm unseren Schlauch. „Tamam (o.k.)?", fragte ich. „Tamam!" Er lachte, hatte verstanden und befestigte den Schlauch am Wasserhahn. Till übernahm und unser

Der Frosch mitten in der Türkei

Helfer zückte sein Handy und schoss erst ein Foto von Till und dann eins von Ole hinterm Steuer. So ein Happening in diesem kleinen Dorf muss natürlich festgehalten werden! Von mir machte er kein Foto, ich bin ja auch eine Frau. Wir schenkten ihm zum Dank einen unserer Frosch-Pins. Dann war er weg und beobachtete uns vermutlich weiter aus der Entfernung.

Kaum war der eine weg, umkreiste uns der nächste. Der ältere Mann entschied sich dann, näher zu kommen und ein Gespräch anzufangen. Er fragte Till, ob ich sein Weib wäre, ob wir Kinder hätten. Alles in gebrochenem Deutsch. Ja, ich wäre sein Weib, aber nein, Kinder hatten wir noch keine, nur den „Wau-Wau". Er lachte. Natürlich war auch er schonmal in Deutschland, in Frankfurt Hanau. Irgendwie sind alle, die wir bisher kennengelernt haben, schon einmal in unserer Heimat gewesen, oder haben Verwandte oder Freunde dort. Ein paar Minuten später kamen die nächsten Interessierten zum Frosch: zwei Jungs mit einem Tablett und zwei Gläsern Cay-Tee für uns! Denn ohne Tee läuft in der Türkei gar nichts! Tee ist hier das Nationalgetränk Nummer 1, bei dem Kaufpreise für Teppiche ausgehandelt werden, Verträge geschlossen, Backgammon gespielt, sich nach einem Werkstattbesuch bedankt wird oder Kontakt zu Frosch-Reisenden aufgenommen wird. Tee wird den ganzen Tag getrunken und am besten mit 2 Stückchen Zucker, sonst ist er zu bitter. So taten auch wir es und freuten uns sehr über die wirklich nette Geste.

Am Abend suchten wir ein Plätzchen in einem Dorf in der Nähe von Sivas. Wir standen in einer Siedlung, hier hatten wir Internet. Während wir noch mit unserer Antenne hantierten, hielt ein Autofahrer an. „Woher kommst du, was machst du hier?" Wir dachten, wir wären hier etwas versteckt hinter den Häusern. Aber Pustekuchen. Natürlich hatte man uns gesehen! Wir erklärten, dass wir hier übernachten wollten. Das wäre gar kein Problem, meinte er, und nach einem kurzen Gespräch (er lebt auch in Hannover – aber in Sachsen Anhalt) war er genauso schnell wieder verschwunden, wir er gekommen war. Die Polizei wollte dies dann auch nochmal genau wissen und hielt mit Blaulicht neben uns. Sie schalteten auch kurz ihre Sirene ein, ganz nach dem Motto: Sofort Aussteigen! Till folgte der Aufforderung und erklärte wieder freundlich, was wir hier machen würden. Alles kein Problem, schönen Abend. Auf Wiedersehen. Weg waren sie wieder. Und wir wieder alleine.

300km weiter fanden wir am nächsten Abend wieder einen schönen Parkplatz (natürlich mit Internet) in einem Wohngebiet in Erzincan. Wir hatten es uns gerade gemütlich gemacht, da wummerte es heftig an die Tür. Till schaute durchs Fenster und sah zwei Typen, die türkisch mit ihm sprachen. Till erklärte, dass wir hier nur übernachten wollten. Aber sie verstanden ihn nicht und riefen stattdessen die Polizei! Diese kam und verstand genauso wenig. Da stand Till nun draußen auf der Straße mit zwei Polizisten und den zwei anderen Männern und ich beobachtete die Situation durchs Fenster. Dann machte der Polizist deutlich, dass er in den Frosch gucken wollte. Ach herrjee. Schnell habe ich die Hose angezogen, die Laptops zugeklappt und die Bettdecke über die Computer geworfen und schon ging die Tür auf. Ab hier übernahm dann Ole das Kommando und Till und ich freuten uns, dass unser Plan so wunderbar funktionierte. Ich tat so, als würde ich den beißenden Hund mit aller Kraft an seinem Halsband zurückhalten müssen. Ole knurrte in seinen herrlichsten Tönen und als der Polizist dann auch noch Anstalten machte, bei uns einzusteigen, knurrte Ole noch einen Tick heftiger als zuvor. Oscarreif! Der Polizist machte einen Schritt zurück, hatte seine Neugier ziemlich schnell befriedigt und gestattete uns, die Nacht hier verbringen zu dürfen. „Cay-Tea?", fragte er Till dann. Till lehnte ab und stieg zurück in unseren Frosch und gab unserer Alarmanlage erst einmal zur Belohnung einen leckeren Hundekeks!

Alle Wege führen zu Murat Camping

Dass eine kleine unscheinbare Wiese am Ende der Türkei eine große Bedeutung in der Welt der Overlander hat, würde wahrscheinlich selbst die Wiese nicht für möglich halten, wenn sie es nicht besser wüsste. Sie ist Dreh- und Angelpunkt der Reisenden aus oder in den Iran, das erste oder letzte kleine Stückchen Türkei, je nachdem, von wo man gerade kommt. Die meisten kommen aus Westen und wollen, so wie wir, weiter nach Osten, nach Indien und Nepal. Wenn keine Camper Cars oder Allrad-LKWs auf ihr stehen, würde man sie lediglich für den mehr oder weniger hübschen Outdoorbereich des ansässigen Restaurants halten. Aber Murat Camping, so ihr offizieller Name, wurde nicht nur in einem unserer Reisebücher erwähnt, sondern auch wärmstens von Dani und Uwe empfohlen, unseren beiden Overlander-

Bekannten, die uns vor der Abfahrt mit sämtlichen Informationen ausgestattet hatten. Dass wir auf der Wiese von Murat Camping allerdings Reisende treffen würden, dachten wir nicht. Wir waren die Nachzügler. Alle, von denen wir wussten, waren früher losgefahren und bereits in Indien angekommen.

Wir ächzten mit unserem Frosch den Berg hinter der Grenzstadt Dogubayazit hoch. Ob das hier wirklich noch kommt? Die kleine, unscheinbare Wiese schien etwas schüchtern zu sein, nur ein einziges Plakat auf dem Weg verriet, dass wir richtig sein mussten. Vielleicht wollte sie dem Ararat, dem höchsten Berg der Türkei, an dem einst die Arche Noah anlegte, auch nicht den Rang ablaufen. Der schneebedeckte Ararat, direkt hinter Dogubayazit, hatte schon etwas von gewaltiger Schönheit, vor der man ein paar Minuten innehalten musste. Dann waren wir da, an der kleinen Wiese mit den Plastikstühlen und Tischen. Wir waren mehr als richtig. Schon beim ersten Blick erkannten wir die Hilde! Die Hilde ist der MAN LKW von Anja und Chris, die das Reisefeld von hinten aufgerollt hatten und den Weg über Russland, Mongolei, Kirgistan, Usbekistan, Tadschikistan, Turkmenistan in den Iran und von hier direkt zum bedeutenden Murat Camping gemacht hatten! Sechs Monate hatten sie bis hierher gebraucht und hatten ihr Erlebnisbuch für abendfüllende Geschichten mehr als gesprengt. Wir hatten per Email schon Kontakt gehabt und uns locker für den Iran verabredet. Meine Email vom Vortag, wo sie denn stecken würden, hatten sie noch gar nicht lesen können. Wer braucht schon Emails oder Rom, wenn eh alle Wege zu Murat Camping führen? Im Dunkeln hatte ich das Hymermobil der Holländer noch gar nicht erkannt. Doch am nächsten Morgen stellte ich fest: in den hellgrünen Oldschool Camper hatte ich in Thessaloniki schon ganz neugierig durchs Fenster geschaut, als er direkt hinter uns am Straßenrand stand. Und wohin führt der Weg der Holländer nach Murat Camping? Natürlich nach Indien! Die Holländer verließen uns am nächsten Tag, doch die Hilde und der Frosch blieben nicht lange allein. Ein Fahrrad gesellte sich zu ihnen, bepackt von und mit Matthias. Ein Deutscher mit Gitarre auf dem Gepäckträger, der mal einfach so nach Indien radelt. Okay, ab und an würde er auch mit Bus und Bahn fahren, ganz verrückt sei er ja nicht. Dennoch kamen wir LKW Fahrer uns dann doch plötzlich so normal langweilig vor, einfach nur in den eigenen vier Wänden zu fahren und dann noch nicht mal Platz für eine Gitarre zu haben

- und er klemmt sich das sperrige Instrument einfach auf den Gepäckträger. Verrückte Welt! Er erzählte uns von einem Schweizer Busfahrer samt Motorradgruppe, die er vor ein paar Wochen getroffen hatte. Schweizer? Reisebus? Motorradgruppe? Ganz klar Marco! Mit ihm stehen wir seit einigen Monaten in Kontakt und konnten erzählen, dass er und die Motorradfahrer sicher in Indien angekommen waren. Über Marco hatten wir Kontakt zu einer Engländerin mit Ambulance-Bus, die eine Zeit mit zwei Belgierinnen unterwegs war. Nach diesen ganzen Zufällen scherzten wir mit Anja und Chris bereits über unsere Neuankömmlinge. Zwei Mädchen hatten im Appartement eingecheckt. Ob das wohl die zwei Belgierinnen sind? Natürlich waren sie es. Jetzt fehlte eigentlich nur noch die Engländerin, die von uns wusste, dass wir in Dogubayazit auf dem Campingplatz waren. Aber scheinbar funktioniert diese Wiese nur per Zufall. Die Engländerin kam nicht.

Drei herrliche Tage verbrachten wir mit strahlendem Sonnenschein und drei Nächte mit Eiseskälte, Standheizung, Schnupfen und Halsweh. Statt aber, wie Anja und Chris tagsüber einfach zu entspannen oder ein Buch zu lesen, muddelten wir den ganzen Tag herum. Ein Anblick, über den Anja herzlich lachen konnte, kam er ihr doch sehr bekannt vor. Es gab einiges für uns zu tun, schließlich mussten wir die wertvollen Tipps der beiden ja sofort in die Tat umsetzen. Wir spielten Fälscherwerkstatt vom Feinsten: ich scannte unsere Dokumente ein, druckte sie aus und endlich kam auch mal das Laminiergerät zum Einsatz. Mit all diesen Hilfsmitteln hatten wir innerhalb kürzester Zeit perfekte Kopien: auf der Vorderseite der Personalausweis, auf der Rückseite das jeweilige Visum, beides hübsch einlaminiert und mit runden Ecken ausgeschnitten. Alles in mehrfacher Ausführung. Tills Fahrzeugschein ist jetzt größer als normal, aber das wissen die Polizisten im Iran und in Pakistan ja nicht, genauso wenig, dass die Führerscheine eigentlich Check-Karten sind. Für die Cops sind es jetzt halt einfach einlaminierte Karten mit Vorder- und Rückseite. Warum dieser ganze Aufwand? Die Polizei ist sehr aufdringlich, besonders vor der Grenze zu Pakistan. Haben diese unsere Original-Pässe in der Hand, haben sie auch uns in der Hand und wir sind ihnen ausgeliefert. Eine perfekte Kopie, von der sie nicht wissen, wie das Original aussieht, gibt uns ein sicheres Gefühl. Zur Not können wir auch ohne unsere Ausweise weiterfahren. Unsere Original-Pässe holen wir ab jetzt nur noch an der Grenze

Der Ararat voraus

und, wenn es dazu kommen sollte, im Polizeigebäude heraus. Aber niemals bei normalen Polizeikontrollen auf offener Straße. Des Weiteren gehört jetzt auch ein einlaminiertes Foto vom Inneren des Frosches zu unseren Unterlagen. Das erspart uns, laut Chris, einen unnötig neugierigen Blick in den Frosch.

Seit Murat Camping haben wir nicht nur perfekte Kopien in der Tasche, sondern auch endlich den von Till auf 12V umgebauten, beleuchteten kleinen Globus vorne auf unserem Armaturenbrett! Nach eineinhalb Monaten war es auch wirklich an der Zeit, dass der Globus aus seiner Kiste unter dem Bett hervorkommt und endlich repräsentativ auf dem Balkon leuchtet. Und dies verdanken wir auch nur dem plötzlichen Wasseraustritt aus dem Boiler. Wäre dies nicht fünf Minuten vor unserem eigentlichen Aufbruch zur Grenze am Freitagmittag aufgefallen, wären wir nicht noch einen Tag länger geblieben. Dann hätten wir weder festgestellt, dass das Ventil vom Boiler nicht dicht ist, noch hätten wir den leckeren von Chris gekochten Pudding genießen können und der Globus läge immer noch störend unterm Bett. Manchmal haben Dinge auch einfach ihren Sinn und Zweck.

Grenzübergang Türkei - Iran: „Schuhe verboten!"

Gibt es für unproblematische und schnelle Grenzübertritte aus der Türkei in den Iran einen bestimmten Tag in der Woche? Oder gibt es entspannte Grenzbeamte und wenn ja, wann arbeiten sie? Wir wissen, bei beiden Fragen lautet die Antwort: Nicht am Samstag! Vielleicht hatte unser Zollbeamte sich am Freitag (dem iranischen Sonntag) überlegt, dass er es in der neuen Woche richtig krachen lassen würde. Vielleicht hatte er Ärger mit seiner Mutter, weil er zu wenig Geld mit nach Hause brachte. Vielleicht war er aber auch immer so drauf, denn man konnte sich bei ihm eigentlich gar keinen anderen Gesichtsausdruck als diese bagalutenhafte grimmige Mimik vorstellen.

Es hatte alles sehr entspannt angefangen. Wir waren schnell aus dem türkischen Bereich der Grenze raus und wurden samt unserer Papiere in das Gebäude auf der Seite des Irans in ein Touristenbüro geführt. Wie nett, dachten wir, man kümmert sich und will dafür noch nicht mal Geld! Wir wurden über sämtliche Dinge aufgeklärt, die Tankkarte, die man bekommt (leider sagte er nicht wo), das iranisches Kennzeichen, das einem aufgedrückt wird (von dem danach allerdings nie wieder die Rede war) etc. Alles nett, aber im Nachhinein völlig unbrauchbar, wie wir feststellten. Während der Grenzprozedur hatte ich nichts an Tills Seite verloren (ich bin ja auch eine Frau) und hatte die Möglichkeit im Touristenbüro zu bleiben, oder zurück in den Frosch zu gehen. Die Wahl war klar. Till kam kurze Zeit später auch wieder zum Frosch und wartete samt Carnet de Passage (dem Zollpapier für zollfreie Ein- und Ausfuhr des eigenen Fahrzeugs) auf den Grenzer und seine Unterschrift. Aber der Grenzer ließ sich Zeit. Viel Zeit. Endlich kam er. Aber ihn interessierte weder Kennzeichen noch Motor- bzw. Fahrgestellnummer, ihn interessierte einzig und alleine, was sich alles im Frosch befand.

Er machte meine Beifahrertür auf, stieg auf das Trittbrett und rammte sich ordentlich den Kopf am Frosch, als er das Handschuhfach öffnete. Kleine Sünden bestraft der liebe Gott sofort und Allah anscheinend auch, wie man sieht. „Eine dicke Beule sollst du bekommen", hoffte ich, als er anfing, alles zu durchwühlen. Er fand unsere beiden kleinen Digitalkameras und war plötzlich der Meinung, eine würde für uns ja reichen! Er schaute sich beide ganz genau an, entschied, dass ihm die blaue besser gefallen würde und meinte, diese würde jetzt ihm gehören! Ich schob langsam die große Nikon Kamera unter meinen langen Rock. Die musste er erst gar nicht sehen, seine Gier wäre ins Unermessliche gestiegen. Was hätte Allah dazu gesagt? Noch ne Beule? Ich half also nicht nur uns, sondern auch ihm. Er bemerkte davon nichts, er war immer noch zu sehr fixiert auf die kleine blaue Kamera an der er herumfingerte. Dann nahm ich sie ihm wieder weg, packte sie mit einem betonten „No!" zurück ins Handschuhfach und machte es wieder zu. Was soll Allah denn auch von ihm denken, oder? Nun war er sauer und Till musste die Tür zum Wohnbereich aufmachen. Natürlich wollte er einsteigen und nachsehen, was wir noch so dabei hatten. Wenn es schon keine Kamera für ihn gab. Zwar hatte ich unsere anderen Wertsachen und Dinge, die man nicht in den Iran einführen darf (Bargeld, Laptops, Medikamente, Musik, Filme, Chinaböller) gut versteckt, aber wenn er alles so schamlos durchwühlen würde, würde er auch vor meiner Unterwäsche nicht halt machen. Um diese Situation zu vermeiden, hatten wir im Vorfeld bereits ein Verbotsschild an der Tür: keine Schuhe! Im Islam hat man schließlich im Wohnbereich immer seine Schuhe auszuziehen und da dies unser Haus ist, hatte er auch seine Schuhe auszuziehen. Ist doch ganz klar! Warum sollte bei uns eine Ausnahme gemacht werden, wenn wir in einem Land sind, wo wir uns an die Regeln des Islam zu halten haben? Natürlich wollte er das nicht, da hier ein dreckiger Hund mit uns leben würde. Darauf hatten wir es mit diesem Schild natürlich abgesehen. Statt aber zu sagen, dass er auf eine Durchsuchung freiwillig verzichten würde und uns durchlässt, war er entsetzt und regte sich wahnsinnig darüber auf. Till blieb stur und der Grenzer knallte die Tür zu. Das hieß: keine Unterschrift. Auf diesen Schock musste er erst einmal etwas Essen. Er ging und machte eine lange Frühstückspause!

Ein anderer kam auf uns zu und meinte, wir sollten 50 Dollar bezahlen, dann wäre alles o.k. Wir lachten. Das konnte ja wohl nicht wahr sein! Wir versuchten es mit 5 Euro, erhöhten auf 10 Euro und dann auf 15 Euro. Der Mann ging zum frühstückenden Grenzer und plötzlich hieß es „welcome to Iran" samt Unterschrift im Carnet! Keine Ahnung, ob sich der Vermittler einen oder zwei Scheine selber eingesteckt hat. Egal. Hauptsache keine weitere Durchsuchung. Till musste noch einiges im Zollbüro klären und ich konnte beobachten, wie der Grenzer nach seinem ausgiebigen Frühstück jeden so korrupt behandelte. Erst wurde gestritten, dann gab es Geld oder Zigaretten und im Gegenzug die Unterschrift und „welcome to Iran". Während ich all das beobachtete, wurde plötzlich unsere Seitentür von einem anderen Grenzer aufgerissen. Ole stand sofort bellend da und ich sprang aus dem Frosch und rief, er solle doch bitte mein Haus in Ruhe lassen. Er war sichtlich erschrocken, aber wohl eher vor Ole als vor mir, und ging. Ich glaube, er wollte nochmal unser Schild „keine Schuhe" sehen, das scheinbar Grenzgespräch geworden war. Ich schloss die Seitentür ab. Es reichte!

Zwei Stunden hatte diese Prozedur bereits gedauert und dann wurde endlich der Schlagbaum für uns hochgemacht. Wir tauschten noch schnell Geld bei der Bank und wollten endlich weiter. Doch nach einem Kilometer stoppte uns der nächste Schlagbaum. Tankkarte? Haben wir nicht. Aber ohne Tankkarte keine Durchfahrt.

Diese Tankkarte wurde eingeführt, um den Diesel-Schmuggel zwischen den Grenzen in den Griff zu bekommen. Doch es gab für die Tankkarte kein richtiges System, jedenfalls kein Durchschaubares. Mal verlangten sie 670 Euro wie bei Marco, dann 280 Euro wie bei Chris und Anja. Dann gibt es welche auf dem Schwarzmarkt und der nächste braucht wieder keine. An den Tankstellen bekommt man nur Diesel mit den Karten, aber jeder LKW-Fahrer lässt einen auf seiner Karte tanken. Wir mussten also nun eine solche Karte

Einreise in den Iran

bekommen und Till fragte sich durch. Ich, als unbedeutende und verschleierte Frau, konnte eh nicht helfen, da mit Frauen grundsätzlich nicht gesprochen wird. Also blieb ich mit Ole im Frosch und Till war mit den helfenden Männern verschwunden. Ich hoffte, dass er auf dem Schwarzmarkt welche kaufen könnte. Dass man dazu auch noch einen offiziellen Stempel haben musste, wusste ich nicht.

Ich saß also im Frosch, um mich herum standen ein Haufen Männer, die mich beobachteten. Ich beobachtete zurück. Ein Auto wurde nicht durchgelassen. Statt den Schlagbaum zu blockieren, setzte er brav zurück. Ich dachte, er würde den Frosch beim Zurücksetzen schon sehen. Tat er auch! Der Frosch hätte eh gewonnen, dachte ich. Kaum war ich fertig mit Denken, passierte es: der Mann setzte mit Vollgas seinen Wagen die letzten zwei Meter zurück, direkt in die Stoßstange des Frosches. Ich konnte es nicht fassen. Es rummste, dass der Frosch nur so wackelte. Ich stieg aus und sah, dass die Rückseite seines Wagens komplett eingedrückt war. Wie dumm war das denn jetzt? Ich stieg wieder ein. Was sollte ich auch anderes machen? Den Mann interessierte ich nicht weiter, als ob ich unsichtbar wäre! Ich hoffte, dass Till zurückkommen würde, um diesem Wahnsinn endlich ein Ende zu machen. Doch dieser dauerte noch weiter an, denn Till kam mit der Info zurück, dass die Karte 1.100 Euro kosten sollte. Mehr als jemals zuvor! Schwarzmarkt? Keine Chance, zu viel Polizei, erklärte man Till.

Wir fuhren zurück zum Zollgebäude, hier saß doch der nette Herr vom Touristenbüro. Der sollte uns jetzt mal helfen. Doch auch dieser Mann schien nur eine Fata Morgana gewesen zu sein. Er war nicht mehr da. Es nützte nichts, wir wollten von diesem Grenzhof endlich runter und fuhren wieder zu der Stelle, wo es die Tankkarten gab. Till drückte den Preis auf 405 Euro für 500l Diesel und zahlte. Geschafft! Endlich konnten wir den letzten Schlagbaum passieren.

Versicherung? Ohne Versicherung keine Durchfahrt! Wir blockierten aber bereits die Durchfahrt und hatten wirklich keine Lust mehr. Wozu eine Versicherung, wenn hier eh nur geschmiert wird, dachten wir uns. Wieder die Frage: Versicherung? Tief durchatmen. Versicherung? Klar haben wir die! Ich holte die grüne Versicherungskarte raus und Till überzeugte sie: „Worldwide insurance, worldwide insurance, worldwide insurance." Manchmal muss man Dinge öfter sagen, damit der Gegenüber es glaubt. Es funktionierte. Der Schlagbaum ging hoch. Endlich! Nach fünf Stunden hatten wir es geschafft. Was für ein Tag. Doch dass dieser seinen Höhepunkt noch lange nicht erreicht hatte, wussten wir zu diesem Zeitpunkt noch nicht...

Der Spuk meines Lebens!

Es waren die längsten Minuten meines Lebens. Ich dachte, ich würde Till nie wieder sehen, dachte, sie würden ihn erschießen. Doch als er endlich wieder neben mir saß und der Frosch weiterfuhr hatte der Spuk meines Lebens endlich ein Ende. Der Spuk, der so schrecklich war, weil ich nicht wusste: Was passiert mit Till hinter der Mauer?

Wir hatten uns direkt nach dem Grenzübergang dank unseres GPS verfahren. Es war inzwischen dunkel und die Straße wurde immer holpriger und schlechter. Wir fuhren auf ein Dorf zu. Wir dachten an nichts Böses und standen plötzlich auf einem Dorfplatz, auf dem sich geschätzte fünfzig Männer, sechzig Jungs und keine einzige Frau im Kreis eine Affenshow(!) ansahen. Doch die Affenshow war nur noch Nebensache. Alle drehten sich um, rannten auf den Frosch zu, umlagerten ihn. Einer der Männer kletterte aufs Trittbrett und redete in seiner Sprache ins Fahrerhaus. Wir verstanden nichts. Wir versuchten zu erklären, dass wir uns verfahren hätten und wir dahinten umdrehen würden. Man ließ uns machen, denn es ging hier eh nicht weiter.

Doch als wir drehten und zurückfuhren zum Dorfplatz, schrien sie plötzlich „Dür! Dür!". Das kannte ich, denn das stand auf den türkischen Stopp-Schildern. Innerhalb von Sekunden blockierten drei Autos unseren Weg. Ich weiß immer noch nicht, wo diese Autos so plötzlich herkamen. Alle standen wieder um uns herum und nun wurde die Fahrertür aufgerissen. Die Männer waren wütend, aggressiv, schrien uns an. Wir verstanden nichts. Das einzige, was ich verstand, war die Kalaschnikow, die einer dabei hatte. Sie war nicht auf uns gerichtet, aber es reichte, um das erste Mal in meinem Leben richtige Angst zu haben. Till musste aussteigen. Ich gab ihm unsere Ausweis-Kopien. Die Männer gestikulierten aggressiv und schrien. Till musste das

Fenster hochkurbeln und die Tür wieder zu machen. Sollte ich nichts hören? Dann nahmen sie ihn mit. Hinter eine Mauer. Um mich herum ein Haufen Männer und Jungs, die mich anstarrten und dann auf die Mauer zu rannten. Im Gegensatz zu mir, konnten sie sehen, was dort passierte. Sie wurden dort wieder weggescheucht. Sie sollten nicht zugucken. Oh Gott, wobei sollten sie nicht zugucken?

Das einzige, was ich denken konnte, war mein Mantra mit „bitte lass mich keinen Schuss hören, bitte lass mich keinen Schuss hören". Vor mir immer noch die vielen Augen, die mich anstarrten. Ich weiß nicht, wie lange ich da saß und zur Mauer starrte, bis Till endlich mit den Männern zurückkam und den Daumen hob, dass alles o.k. ist. In diesem Moment hätte ich sofort losheulen können. Ich verschob es auf später. (Wie gut, dass ich in der Hagia Sofia den Daumen in der Salzsäule gedreht hatte! Das hat Till bestimmt das Leben gerettet!) Trotzdem war immer noch nicht klar, was passiert war, und ich empfand die Stimmung mehr als angespannt. Till öffnete die Tür, erklärte mir kurz, dass einer nicht will, dass wir weiterfahren. Er prüfe noch seinen Ausweis. Till und die Männer gingen noch zweimal hinter die Mauer. Später erfuhr ich, dass sie dort nur hingegangen waren, weil sie da in Ruhe reden konnten, abseits von all den neugierigen Männern und Jungs auf dem Dorfplatz! Wie Till mir zudem später auch noch erklärte, war dies das Polizeigebäude und hinter der Mauer fing der Polizeihof an. Alle, auch der Typ mit der Kalaschnikow, waren recht freundlich zu ihm. Nach langem Hin und Her schaute noch einer mit Taschenlampe in den Frosch. Dann hatten sie endlich verstanden, dass wir uns mit unserem Camper Car einfach nur verfahren hatten. Sie gaben Till den Ausweis zurück, entschuldigten sich und luden Till zum Tee ein, den er dankend ablehnte. Er wollte auch bloß weg hier. Statt uns alleine zurückfahren zu lassen, begleiteten sie uns freundlicherweise den Weg bis auf die Hauptstraße. Sie stiegen nochmal aus und ließen uns nicht fahren, bevor sie uns nicht auch noch nach Wodka gefragt hatten. Till erklärte, dass wir keinen haben und drückte auf die Tube. Bloß weg von dem Spuk meines Lebens! Wir wissen immer noch nicht, warum die Männer so auf uns reagierten. Waren wir für sie Schmuggler? Oder waren wir in ein Schmugglerdorf geraten? Vielleicht hatten wir auch einfach nur ihre Affenshow gestört. Eins ist auf jeden Fall klar, auf der Liste mit Dingen, die uns auf der Reise passieren, können wir den Punkt „Todesangst" jetzt streichen. Und das ist doch auch mal was, oder...?

Kulturschock?

Ich wusste vorher, was auf mich zukommen würde: Ein weiter Mantel, ein langer Rock, ein weites Oberteil und natürlich ein Kopftuch, das ich immer zu tragen habe. Es sei denn, der Frosch ist komplett abgehängt und man kann mich nicht sehen, dann muss ich die neue Verkleidung nicht tragen. Zudem war der Erfahrungsbericht von Reisenden des weiblichen Geschlechts so, dass man als Frau ignoriert wird. Es wird mit dem Mann gesprochen. Fragt eine Frau, wird entweder gar nicht geantwortet oder man würde die Antwort sofort dem Mann geben.
Till und ich sind seit der Grenze zum Iran übrigens verheiratet. Eheringe tragen wir nicht, die finden wir zu unbequem. Ach und im dritten Monat schwanger bin ich auch. Diese neu erfundenen Fakten sollten einiges erleichtern, um blöden Frage und Diskussionen aus dem Weg zu gehen.

Als wir den Fin Garden in Kashan besuchten, ließen wir uns unseren ersten iranischen Tee im ansässigen Teegarten bringen. Der Tee schmeckte nach Rosenwasser und als Till fragte, ob da Rosenwasser drin wäre, kippte uns der nette Mann nochmal einen extra Schuss in die Gläser und die Kanne. Es folgte das obligatorische Gespräch: Woher wir kommen? Ob wir Kinder haben? Um der Diskussion aus dem Weg zu gehen, warum wir keine Kinder haben, gab es dann die Geschichte mit der Schwangerschaft, die den Tee-Mann besonders amüsierte. Im dritten Monat wäre ich also. Er sprach die ganze Zeit mit Till. Er guckte mich noch nicht einmal wirklich an. Dann hatte er plötzlich den genialen Einfall, wir sollten dem Kind folgenden Namen geben: „iranischer Tourist“. Super Idee! Das werden wir auf jeden Fall machen!

Ich dachte, ich könnte diese neue Verkleidung und die Tatsache, dass man fast immer nur mit Till sprach, einfach so wegstecken. Meine Antworten auf ihre Fragen wurden überwiegend komplett ignoriert. Ich dachte, dass ich mich meinem temporären Schicksal als verschleierte Frau einfacher fügen könnte. Doch die Realität sah anders aus. Ständig wurde mein Rock zur Stolperfalle beim Ein- und Aussteigen aus dem Frosch, das Kopftuch musste mit Haarspangen festgeklammert werden, sonst rutschte es wohlmöglich noch runter. Die Enden des Kopftuches kamen mir ebenfalls ständig in die Quere. Es nervte. Und besonders attraktiv kommt man sich in so einem Sack-Outfit

Im Fin Garden

auch nicht vor. Ich versuchte mich nicht aufzuregen und irgendwie hatte ich das Gefühl, dass ich mich immer verstecken müsste. Es kam, wie es kommen musste, eine Stress-Situation jagte die nächste und eigentlich ging es immer darum, dass wir in Esfahan keinen Parkplatz fanden. Egal ob es Mittags oder Mitternacht war, man schickte uns weg. Jedenfalls hatte der Polizist, der uns Nachts aus dem Tiefschlaf holte und uns mit Blaulicht einen neuen Parkplatz zuwies, die beste Idee überhaupt. Hier wäre der perfekte und sicherste Parkplatz für uns: Wir standen nun auf dem halb abgesteckten Mittelstreifen einer 4-spurigen Hauptstraße, auf der die LKWs, Autos und Mopeds die ganze Nacht kreuz und quer mit vollem Hupeinsatz und hohem Tempo durch die Gegend fuhren. Super. Aber was sollten wir machen?

Das alleine wäre ja vielleicht nicht so tragisch gewesen. Allerdings hatte Till seit einigen Tagen eine Zahn- bzw. Kieferentzündung, die immer schlimmer wurde. Man konnte zusehen, wie die Backe anschwoll. Und ich als Frau konnte nichts machen, weder nach dem Weg fragen, noch Polizisten oder Parkwächtern erklären, dass wir Touristen sind oder ähnliches. Ich konnte noch nicht mal etwas machen, als wir von der Botschaft die Telefonnummer eines Deutsch sprechenden Arztes bekamen. Ich startete zwei Anrufe, doch man legte immer wieder auf! Also musste der gebeutelte Till nun auch noch diesen Anruf erledigen. Natürlich war der Arzt gerade nicht da und am nächsten Tag war Freitag, der iranische Sonntag.

Plan B musste her: Wir mussten einen ruhigen Parkplatz finden, wo keiner gegen unser Auto wummerte und uns wieder wegschickte. Es hieß runter kommen und für Till einen Tag Sprechverbot. Wir flüchteten raus aus Esfahan und fanden ganz schnell einen ruhigen großen Parkplatz an der Universität, die direkt am Stadtrand liegt. Hier zeigten die Antibiotika das erste Mal Wirkung und Tills Backe schwoll langsam wieder ab. Auch ich konnte mich langsam wieder beruhigen und neue Kräfte sammeln. Ich weiß nicht, ob man das Kulturschock nennt, Überforderung aufgrund von unglücklich aufeinandertreffenden Umständen oder ob es einfach alles zusammen war. Ich gab dem Iran eine neue Chance und beschloss, mich nicht mehr zu verstecken. Seit dem rede ich mit allen, die mit Till sprechen. Ab und an ist es eine sehr einseitige Unterhaltung, doch immer öfter treffen wir Leute, die sich auch mit mir unterhalten. Und sei es nur die Frage, ob ich Basketballspielerin wäre, weil ich so groß bin.

Die iranische Höflichkeit

Ein Iraner ist höflich. Grundsätzlich. Daher muss eine Einladung zum Essen noch längst keine sein. Auch ist es normal, dass sich sechs Iraner damit beschäftigen, ein klitzekleines Verständigungsproblem zu lösen. Das mit der Höflichkeit im Iran geht nämlich so:

Wir waren in einem LKW-Schrauber-Viertel in Esfahan. An der ganzen Straße und den Nebenstraßen reihten sich die Hinterhofwerkstätten und Teile-Shops aneinander. Es gibt hier nichts anderes außer die Branche LKW. Natürlich fiel ein Touristenpärchen hier besonders auf. Was wollten die beiden hier auch, die Sehenswürdigkeiten gab es im Zentrum. Aber wir hatten unseren Frosch auf einem bewachten Hinterhof-Parkplatz mit Werkstatt stehen, hier sollte es Toiletten, Duschen und Internet geben. Das mit dem Internet stimmte und das mit der Bewachung auch. Die bestand nämlich nicht nur aus einem hohen Zaun und Kameras, sondern ab 22 Uhr auch aus zwei Rottweilern, die die ganze Nacht übers Gelände liefen. Wir waren in bester Gesellschaft und verließen ab 22 Uhr sicherheitshalber nicht mehr den Frosch. Mehr Bewachung ging wirklich nicht.

Wir waren also tagsüber zu Fuß in diesem Viertel unterwegs auf der Suche nach günstigen Ersatzteilen. Vor einem Schaufenster blieben wir stehen. Mercedes-Teile für den Frosch, hier waren wir richtig. Wir fragten, was das Blinkerglas kosten würde und bekamen mehrfach die Antwort, dass dies nicht für Autos, sondern nur für LKWs wäre. Eben. Deswegen wollten wir die Gläser ja auch haben. Wir gingen hinein und entdeckten immer mehr, was wir brauchen konnten. Der Chef war überfordert, sein Angestellter hatte Blut geleckt und zeigte uns alles, was er hatte. Brauchten wir nicht, hatten wir schon. Aber danke, dass endlich einer mit mir als Frau redete! Die anderen vier Männer im Laden amüsierten sich. Als wir bezahlten, wurden wir vom Chef zum Essen eingeladen. Man muss aber die erste Einladung ablehnen und dann muss der, der einlädt, nochmal darauf bestehen. So sind die Regeln. Till sagte also, dass wir einen Hund haben, woraufhin er sich schon von uns verabschiedete. Was lernen wir daraus? Nicht ernst gemeint, nur höflich.

Gehen wir einen Schritt weiter, was passiert, wenn die Einladung nochmals ausgesprochen wird? In unserem Fall war dies am Abend mitten auf der Straße in eben diesem Schrauber-Viertel. Wir suchten seit 5 Stunden den 24-Stunden-bewachten Parkplatz mit Internet und Werkstatt. Fanden ihn aber nicht und fragen bedeutete, dass Till mit jedem mindestens eine halbe Stunde quatschen musste. Wo kommst du her, was machst du und so weiter. Der Parkplatz? Einfach gerade aus fahren. Es endete damit, dass wir Stundenlang um den Block fuhren. Auch der Trick mit dem Taxifahrer (er fährt vor, wir hinterher) resultierte darin, dass wir 500m um die Ecke gelotst wurden zu einer Werkstatt, die natürlich nicht die war, die wir suchten. Der nächste klinkte sich in unsere Suche ein und prompt kam die Einladung zum Essen in der Stadt. Er bestand ca. 10min auf diese Einladung. Sie war also ernst gemeint, möchte man denken. Wir könnten alle mit seinem Auto mitfahren: er, sein Bruder, sein Kumpel und Till. Natürlich dürfe Tills Frau auch mitkommen. Aber Till hat doch auch noch einen Hund. Ja, der würde natürlich auch mitkommen. Der Mann bestand regelrecht darauf, dass wir fünf in einem iranischen Kleinwagen samt Ole in die Stadt fahren und Essen gehen. Nebenbei bemerkt: alle Iraner haben Angst vor Hunden und dann soll er hinten auf unserem Schoß liegen und dem Fahrer am besten noch in den Nacken hecheln? Gute Idee, zumal wir ja noch nicht mal einen Parkplatz hatten! Wir merkten also, der Iraner kam nicht mehr aus seiner Einladung heraus, die Höflichkeit verbot es ihm, wieder einen Rückzieher zu machen. Also muss der Eingeladene partout die Einladung ausschlagen. Es könnte sonst peinlich werden. Wir schenkten den Jungs jeweils einen unserer Frosch-Pins als Dank für ihre Einladung, die wir nicht annehmen konnten. Doch auch hier ist Höflichkeit wieder Trumpf. Wenn man etwas geschenkt bekommt, muss man etwas zurück schenken. Till bekam ein herrlich duftendes Eau de Toilette: iranisches Kölnisch Wasser. Sehr nett gemeint, aber vielleicht nicht unbedingt Tills Duftnote.

Apropos Wasser: wir brauchten ganz dringend Trinkwasser und gingen in einen kleinen Laden an der LKW-Teile-und-Werkstatt-Meile. Doch Wasser sahen wir nirgendwo. Keine klassischen Wasser-PET-Flaschen, die in anderen Läden sonst immer verstaubt herumstehen. Nur alkoholfreies Holsten-Bier und Cola. Und nun frag mal nach Wasser, wenn alle nur Farsi sprechen. Wir versuchten es auf Englisch: „Water?“ Entsetzt schaute man uns an: „Wodka?!?

Immer bemüht zu helfen...

No Wodka!!" Wir mussten lachen. „Aqua, Mineral, Water, Drinking Water, Bottle" plus Handzeichen – es half nichts. Sie verstanden nicht. Unser letztes Wasser hieß „Vata" also schrieb Till es auf einen Zettel. Sie verstanden immer noch nicht. Inzwischen waren zwei Männer hinterm Tresen und drei Männer davor damit beschäftigt zu verstehen, was wir denn nun wollten! Nun wurde das Handy gezückt und jemand angerufen, der Englisch sprach. Till wurde der Hörer gereicht. Till erklärte auf Englisch was los war und gab den Hörer zurück. Dann legte der Mann auf, lachte und erklärte dem Verkäufer, dass wir Wasser haben wollten! Einfach nur Wasser! Nun mussten alle lachen! Dann schrieb der Mann mit dem Handy „Water" auf einen Zettel. Schon klar, hätten wir nach „Water" gefragt, hätten wir sofort „Water" bekommen...

Esfahan – der berühmte Großvater

„Which Country? Which Country?" Es wimmelte nur so von angeblichen Touristenführern auf dem großen Platz in Esfahan, dem Meydan-e Imam. Doch wir brauchten weder einen angeblichen Touristenführer, noch einen tatsächlichen Teppichhändler. Wir waren mit Matthias, dem Radfahrer, verabredet. Nach unserer italienischen Pizza Margherita ohne Tomatensoße, die stattdessen mit Tomatenscheiben belegt war und mit einem Tütchen Ketchup serviert wurde, waren wir ein bisschen spät dran. Wir mussten uns beeilen. Matthias wartete bereits am Baugerüst des Palastes und gemeinsam gingen wir erst einmal Tee trinken. Vom ersten Stock des Teehauses über dem Bazar hatte man einen gigantischen Blick auf den Platz mit seinen Moschee-Kuppeln und Minarett-Türmchen. Die warme Sonne machte den Blick perfekt. 1001-Nacht Feeling!

Es dauerte keine fünf Minuten, als sich Mohammed samt Wasserpfeife zu uns gesellte. Er und Matthias kannten sich bereits und es schien eine schlaue Art zu sein, unverfänglich Touristen aufzuspüren. Denn: sein Großvater wäre ein berühmter Mann! Mohammed fragte nach unserem Reiseführer. Wir zeigten den „Reise Know How" und er blätterte prompt zu Seite 177. Wir waren nun mitten im Kapitel „Kunsthandwerk" und auf dieser Seite befand sich ein Bild seines Großvaters bei der Arbeit. Er wäre in jedem Reiseführer, denn er wäre ja schließlich berühmt. So berühmt, dass der Untertitel des Fotos einfach nur „Stoffdrucker im Bazar von Esfahan" lautet. Wir plauderten mit Matthias über die erste Woche im Iran. Zum Thema Essen hatten wir alle unsere kleinen Erfahrungen gemacht. Wir mit unserer Pizza, Matthias mit Falafel. Sämtliche Falafel-Läden in der Umgebung seines Hostels hatte er getestet. Alles eher mittelmäßig. Mohammed hatte einen hervorragenden Tipp und empfahl uns einen Sandwich-Shop am Fluss. Hier wäre der beste Falafel der Stadt, er machte ein Kreuzchen in unserem Stadtplan. Dann wollte er gehen, weil er unsere Privatsphäre nicht stören wollte und fragte nochmal nach, ob wir nicht seinen Großvater treffen wollten. Unbedingt wollten wir das! Wann hat man schließlich nochmal so eine Gelegenheit? Matthias war am Vortag bereits dort gewesen, kam aber nochmal mit, um sich die Geschichte ein weiteres Mal anzuhören.

Wir liefen kurz über den Bazar und standen wenige Minuten später in einem Hinterhof, der früher zur Karawanserei gehörte. Unten wurden damals die Pferde versorgt, oben die Boten, die die Briefe für oder vom Schah durchs Land brachten. Heute befindet sich die Werkstatt des Großvaters in einem der unteren Bereiche. Wir nahmen gegenüber des Großvaters Platz, während er hinter seiner unfertigen Tischdecke saß. Langsam holte er seinen 20cm großen Motivstempel heraus, tauchte ihn in Farbe und stempelte zweimal in blau auf die Tischdecke. Dann packte er alles wieder ein und nun kam ein weiteres Familienmitglied zu Wort: Mohammeds Vater oder Onkel. Er ratterte die ganze Geschichte herunter, höchste Qualität und keine Chemie, dafür Garantie, dass die Farbe ein Leben lang halten würde (im Gegensatz zu den Chemie-Decken). Die Garantie beinhaltete einen Flug inkl. Hotelaufenthalt im teuersten Hotel Esfahans und sämtlichen Visakosten, falls die Farbe, die Großvater benützte, auswaschen würde, was natürlich niemals passieren würde. Falls jemand einen Beweis wollte, kochte bereits Wasser auf einer Flamme. So könnte man beim Waschtest sehen, dass Großvaters Decken halten, was sie versprachen. Ich hätte gerne gesehen, wie sich die Chemie-Farbe des Zeigemusters der Konkurrenz auswäscht. Aber diese Decke war leider außen vor und durfte nicht gewaschen werden. Natürlich ging es auch nochmal um die Berühmtheit seines Vaters. Es hingen sämtliche Reiseführer-Seiten an der Wand, auf denen Großvater abgebildet war: Schweiz, Deutschland und sogar China oder Japan! Auch ein auf Farsi geschriebenes Stück Papier von der Unesco hing neben den Reiseführer-Berichten! Vorsichtig

Im Teehaus

fragte ich, was denn so eine Decke von Opa kosten würde. Reines Interesse, versteht sich. Mohammed zeigte auf ein kleines Deckchen. 25 Euro sollte sie kosten, schließlich würde Opa ja auch ewig dran stempeln. Das leuchtete ein. Denn, wenn er bei jedem Touristenbesuch nur zweimal stempelt, und dann wieder alles einpackt und einfach nur da sitzt, wird so eine Decke natürlich niemals fertig! Nun wurden natürlich sämtliche Decken in großen Größen vor uns ausgebreitet. Ich sollte sagen, welche mir gefallen würde. Über den Preis könnte man dann sprechen, so Mohammed. Wir lehnten ab und wollten gehen, schließlich gab es in Esfahan noch einige schöne Plätze, die wir sehen wollten und seinen Falafel-Laden mussten wir ja auch noch ausprobieren. Doch so einfach kamen wir nicht davon. Erst folgte noch eine Einladung zu seinem Teppichladen. Diesen Laden hat er, neben seinem Beruf als Arzt im Krankenhaus, mit seinem Cousin zusammen. Matthias hatte uns schon erzählt, dass Mohammed ihm ein wunderbares Angebot gemacht hatte: Für jeden Touristen, den Matthias ihm in seinen Carpet-Shop bringt, würde er 10% vom Teppichverkauf bekommen! Matthias hatte dankend abgelehnt und das taten wir nun auch. Wir gingen zum Fluss Falafel essen. Matthias´ Profi-Urteil fiel im Vergleich zu Mohammeds Beschreibung hart aus: langweilig wie alle anderen. Der Preis hingegen glich alles wieder aus: 0,60 Dollar für zwei Falafel. Da kann es auch mal langweilig schmecken!

Als wir am nächsten Tag nochmal alleine im Teahouse waren, hatte Mohammed den nächsten Touristen an der Angel: Kurt aus England. Wanna meet my famous grandfather?

Yazd – das Lehmhaus-Labyrinth

Wir waren im Wüstengebiet. Natürlich denkt man bei Wüste sofort an unendliche Sanddünen, unerträgliche Hitze, flimmernde Straßen und Kamele. Doch dieses Stückchen Wüstengebiet an der Straße zwischen Esfahan und Yazd, muss man sich eher als Steppen-Prärie-Wüste mit ausgetrockneten, herum wehenden Prärie-Büschen und ohne unendlichen Horizont vorstellen. Ende November ist es hier tagsüber auch eher lauwarm als kochend heiß.
Während wir mit unserem Frosch in mittelmäßigem Tempo über die zweispurige Schnellstraße fuhren, kamen wir an unserem ersten „Achtung Kamele" Schild vorbei. Als ob uns jetzt ein Kamel vor die Linse laufen würde! Zehn Minuten später war es tatsächlich sogar eine ganze Herde! Wir konnten es kaum fassen. Unsere ersten Kamele! Einen Hirten konnten wir selbst durch das Fernglas nicht sehen. Aber irgendwo war bestimmt einer, denn Kamelfleisch haben wir schon auf einer Speisekarte entdeckt. Oder sie waren tatsächlich alleine unterwegs und wussten, wo ihr zu Hause ist. Vielleicht waren sie jetzt auf dem Weg dahin und irgendwo wartete jemand sehnsüchtig auf die Kamele und ihre Schmuggelware. Denn, ob man es glaubt oder nicht, Kamele werden als Drogenkuriere missbraucht. Ihnen wird ihr Zuhause antrainiert, in dem sie immer wieder an bestimmten Stellen gefüttert werden. Somit laufen sie alleine durch Grenzgebiete und lästige Kontrollen werden umgegangen.

Als wir in Yazd ankamen, führte uns der direkte Weg zum Silk Road Hotel. Wir waren inzwischen mit einer passablen Fälschung des Lonely Planet Iran, die wir uns in Esfahan gekauft hatten, ausgestattet, da uns der Reise Know How nicht richtig glücklich machte. Beide hatten einen Stadtplan von Yazd. Da sollte doch nichts schief gehen mit unserem Parkplatz bei eben diesem Hotel. Den Tipp hatten wir von der Internetseite von Marco aus der Schweiz. Wenn er mit seinem großen Reisebus vor ein paar Jahren hier Platz gefunden hat, werden wir es auch. Dachten wir. Aber erstens kommt es anders und zweitens als man denkt: den Parkplatz zum Hotel gab es nicht mehr. Hier war nur noch ein Haufen Schutt und sämtliche Gassen, die in diese Lehmhütten-Altstadt führten, waren winzig klein und absolut nicht Frosch-tauglich!

Wir liefen die Altstadt nach einem Parkplatz ab und waren mitten in der angeblich ältesten Stadt der Welt. Alles war aus Lehm erbaut und durch die kleinen, engen und verwinkelten Gassen heizten die Autos und Mopeds. Nur ihr Hupen vor kleinen Kreuzungen warnte andere Fahrer, dass hier einer mit erhupter Vorfahrt kam. Als Fußgänger musste man immer schön aufpassen, was von vorne, von hinten oder von der Seite angerauscht kam, um nicht unter die Räder zu kommen. Plötzlich standen wir auf einem großen Platz am Imam Mausoleum nahe dem Gefängnis von Alexander dem Großen, der hier, der Legende nach, jemanden gefangen gehalten haben soll. Auf diesem Platz stand nun vor uns: ein deutsches Wohnmobil! Wenn dieses Wohnmobil den Weg hier rein geschafft hat, schaffen wir das mit dem Frosch doch auch. Das musste sofort geprüft werden! Wir liefen den Weg ab, den wir gleich fahren mussten und es war tatsächlich möglich. Keine zu niedrig hängenden Kabel, keine zu schmalen Gassen, keine zu engen Kurven oder seitlich parkenden Autos. Wir hatten kurze Zeit später einen Stellplatz mitten im Unesco Weltkulturerbe, dem Labyrinth von Yazd.

Nicht nur die Lehmhütten waren beeindruckend, sondern auch die uralte Wasserversorgung dieser Altstadt. Man hatte oben in den Bergen eine Wasserquelle angezapft und die komplette Altstadt mit kleinen tieferliegenden und unterirdischen Minikanälen versehen. So rauschte nun Wasser durch die zahlreichen Minikanäle und versorgte die Lehmhäuser. In einem Lehm-Hotel am Platz konnten wir dieses Spektakel live sehen: ein vielleicht vierzig Zentimeter breiter Kanal geht direkt unter dem Hotel im Untergeschoss entlang und immer noch fließt hier klares Wasser, das man schöpfen kann! Neben dieser Wasserversorgung gibt es noch ein weiteres ausgeklügeltes System: die Durchlüftung der Häuser. Diese wird über Wind-Türme geregelt, die an einigen Stellen über den Dächern zu sehen sind und von allen Seiten Wind einfangen, um den Lehmhäusern eine entsprechende Zugluft zu geben. Fehlte nur noch eine Fußbodenheizung. Aber die erfanden ja angeblich die Römer...

Dass die Altstadt von Yazd für Unerfahrene ein Labyrinth ist, stellten wir am Abend und am nächsten Tag fest, als wir jeweils den Weg zur großen Freitagsmoschee suchten. Man verlief sich richtig schnell! Statt im Kreis zu laufen und beim Frosch herauszukommen, versuchten wir uns an den großen, blauen Minarett-Türmchen der Moschee zu orientieren. Erst als diese halb links von uns waren und dann nach fünf Minuten wieder rechts auftauchten, merkten wir, dass wir schon wieder im Halbkreis gelaufen waren! Ob sich die Einheimischen hier auch mal verirrten?

Abends kann man sich vor den in den schwarzen Chador gehüllten Frauen ziemlich erschrecken, wenn diese plötzlich aus der Dunkelheit kommen. Tagsüber kreuzten sie im schwarzen oder alternativ im Blümchen-Chador mit einem Haufen von ofenfrischem Fladenbrot unterm Arm ständig unsere Wege. Jetzt links? Oder rechts? Wir landeten wieder auf dem Parkplatz vorm Frosch. Gerade rechtzeitig, um Anke und Frank, unseren Stellplatz-Nachbarn, noch einmal Tschüss zu sagen. Sie hatten uns am Morgen zum Frühstück in ihrem Wohnmobil eingeladen und schenkten uns jetzt auch noch ein ausgelesenes Buch, über das wir uns sehr gefreut haben! Nun werden wir es mal mit Karl May probieren!

Auf dem Weg zur Schule

Im Altstadt-Labyrinth fanden wir beim zweiten Anlauf doch den Weg zum Silk Road Hotel. Diesmal bestaunten wir die tolle Innenhofatmosphäre noch einmal im Hellen, die uns am Vorabend bereits begeistert hatte. Eine kleine Oase inmitten der Lehmstadt mit leckerem Essen, Tee und Internet! Keine Ahnung, ob Uschi Obermeier in den 70ern mit ihrem Bus auf ihrem Weg nach Indien hier auch gehalten hat. Aber ich stellte mir vor, dass die Einrichtung, die Deko und die Atmosphäre vor über 30 Jahren hier genauso gewesen sein musste. Ein Haufen Backpacker tauschte sich aus, man aß gemeinsam und draußen huschte bestimmt wieder eine verhüllte Frau mit Fladenbrot durch die Straßen. Und wir waren mittendrin - im magischen Bann des Orient.

Eskortservice – die letzten Kilometer im Iran

Das letzte Stückchen Iran soll sehr gefährlich sein. So hat das Auswärtige Amt einige Reisehinweise zu der Region Sistan-Beluchistan auf der Internetseite. Auch in sämtlichen Reiseberichten von anderen Overlandern wird von einer ständigen Polizei-Eskorte gesprochen, die zur Sicherheit der Touristen gedacht ist. So wird man von Bam bis zur Grenze Pakistan begleitet, entweder mit einem extra Militär-Fahrzeug oder mit einem Soldaten auf dem Beifahrersitz. Wir hatten sämtliche Erfahrungsberichte über die iranischen und pakistanischen Eskorten von anderen Reisenden gelesen. Manche hatten so schlechte Erfahrungen gemacht, dass sie wieder umgedreht sind. Wir stellten uns auf alles ein und bereiteten in Kerman, unserem letzten Stopp vor der Provinz Beluchistan, uns und den Frosch auf das wohl heftigste Stück unserer Reise vor.
Zunächst räumten wir das Handschuhfach auf. Wichtige Dinge verschwanden an sicheren Verstecken, unwichtige Dinge zum Anfassen, Anschauen und eventuellen Einstecken blieben drin. Der Frosch wurde von innen absichtlich nicht mehr ausgefegt. Hund und Hundehaare sollten doch irgendwie abschreckend sein, vielleicht würde man ja doch auf eine mitfahrende Eskorte verzichten und uns stattdessen mit eigenem Fahrzeug begleiten. Wir breiteten sämtliches Kartenmaterial aus, durchforsteten nochmal das Internet nach allen Stellplatzbeschreibungen samt GPS Koordinaten für das letzte Stück Iran und die gesamte Strecke in Pakistan bis zur Grenze Indien.

Denn eine unendliche Stellplatzsuche in einer Gegend, die als gefährlich gilt, wollten wir unbedingt vermeiden. Wir notierten alle Infos, die wir finden konnten. So sollte doch nichts mehr schief gehen.

Unser Weg nach Bam führte über einen Zwischenstopp in Rayen. Hier in Rayen parkten wir direkt an der Zitadelle und man bekam ein Gefühl dafür, was für ein unglaublicher historischer Schatz in Bam beim Erdbeben 2003 zerstört worden war. Von der Lehmstadt, die nicht nur Wahrzeichen der Stadt Bam, sondern auch aufwendig restauriertes Weltkulturerbe war, ist nur noch schemenhaft etwas zu erkennen. Dies konnte man auf den Plakaten, die in der Zitadelle in Rayen hingen, auf Vorher-Nachher-Bildern sehen. 40.000 Menschen kamen bei diesem Beben ums Leben.

Bei Sonnenaufgang fuhren wir in Rayen los. Wir hatten zwar nur knapp 150km zu fahren, doch je eher wir in Bam waren, desto mehr Zeit hatten wir für die Stellplatzsuche. Wir wollten nicht direkt von Rayen bis zur Grenze durchfahren. Es wäre mit über 400km vielleicht zu weit gewesen, um im Hellen an der Grenze einzutreffen und falls uns dann auch noch die Eskorte begleitet, könnte dies wieder unnötig Zeit kosten.

Problemlos erreichten wir Bam und fanden mit unseren GPS-Infos unseren Stellplatz an einem Hotel, das etwas außerhalb an der Strecke nach Zahedan gelegen war. Leider funktionierte das Internet an diesem Tag nicht, stattdessen bekamen wir Tee und durften am Abend das Restaurant besuchen: zwei riesige „Fish-Schenitzel" mit Pommes bzw. Reis. Für Ole war dieser Platz ein Paradies. Ein Parkplatz mit Dattel-Palmen und endlich waren hier mal keine Schaulustigen, die Fotos von ihm machten oder ihn anbellten. Nach langer Zeit konnte er endlich wieder ausgelassen toben. Wir verzichteten auf einen Stadtbesuch in Bam, wir wollten nicht unnötig auffallen. Da die Sicherheit der Touristen hier aber großgeschrieben wird, wurde unser Frosch noch einmal kurz vom Hotelmanager inspiziert (er rief in den halbdunklen Frosch: „is here another person?" Natürlich antwortete keiner...) und am nächsten Morgen die Polizei angerufen, um uns eine Eskorte zu besorgen. Wir starteten pünktlich zum Sonnenaufgang um 6 Uhr den Frosch und glücklicherweise öffnete man uns schon vor Eintreffen der Polizeieskorte das Tor. Wir warteten nicht, wir fuhren.

Ein Frosch in der Wüste

Gleich an der Ecke stand natürlich schon die Polizei. Diese war aber gerade mit einem Reisebus beschäftigt und wir schienen nicht weiter aufzufallen. Auch bei den nächsten beiden Polizeikontrollen auf der Straße, wurden wir durchgewunken. Keine Eskorte. Doch dann überholte uns ein Polizeiwagen und wir mussten anhalten. Drei Männer stiegen aus. Sie kontrollieren unsere „Pässe" und wir mussten warten. Auf eine Eskorte, die sie uns per Funk bestellten? Während der Wartezeit zeigten uns Tick, Trick und Track, was ihre Aufgaben waren. Tick, in olivgrün und mit Kalaschnikow, war der Sicherheitsbeauftragte. Trick, zu erkennen an seiner neongelben Reflektorjacke, holte seine Radarpistole raus und zeigte sie voller Stolz. Natürlich kam sie sofort in Einsatz und ein LKW Fahrer wurde heraus gewunken. Trick hatte ihn beim zu schnellen Fahren erwischt und damit seine Polizei-Pflicht erfüllt. Nun war es Track, der in seiner schicken blauen Uniform mit Mützchen einen Strafzettel schrieb. Als der LKW Fahrer weiterfahren durfte, wurde per Funk noch einmal unser Kennzeichen durchgegeben und, oh Wunder, wir durften ohne Eskorte weiterfahren! Diese kleine Anekdote hat uns bestimmt eine Stunde gekostet. Sie war amüsant aber für uns ohne wirklichen Sinn.

Wir kamen nach Zahedan, der Provinzhauptstadt, laut Reiseführer ebenfalls ein nicht ganz ungefährliches Pflaster. Wir versuchten zu tanken. Aber trotz Tankkarte, die noch ein Guthaben von 250l Diesel hatte, kamen wir nicht weit. Denn hier brauchte man keine Tankkarte, sondern einen weißen Zettel mit Stempel. Keine Ahnung, wo wir den her kriegen sollten. Wir fuhren unverrichteter Dinge weiter. In die Tanks hätte eh nicht mehr viel herein gepasst, deshalb war es auch nicht schlimm. Wir verließen Zahedan und fuhren die letzten 80km nach Mirjave und genau 25km vor der Pakistanischen Grenze war dann eine Straßensperre. Und hier kam dann die erwartete Eskorte. Auf den ersten 400km durch die gefährlichste Region des Irans wurden wir immer wieder durchgewunken und auf dem letzten Stück, das vor Soldaten nur so wimmelte, brauchten wir noch eine Eskorte? Aber bitte, die Herren kennen ihr Belutschen-Gebiet selbstverständlich besser als wir. Natürlich sollte einer der Soldaten bei uns mitfahren. Aber wirklich Lust dazu hatten wir nicht. Außerdem war Ole, der böse und vor allem bissige Hund, doch eine viel zu große Gefahr für den Soldaten! Was, wenn der Soldat gebissen werden würde? Die Soldaten diskutierten hin und her. Es schien sich kein Freiwilliger zu finden, der das Hunde-Risiko eingehen wollte. Aber ohne Eskorte ging es ja auch nicht. Also schlugen wir vor, dass sie uns doch mit ihrem Pick-Up eskortieren könnten. Wieder langes Hin und Her und schließlich wurde der Wagen mit seinem beige-rosa Flecktarn gestartet. Na endlich! Aber wir kamen nur 20km weit. Hier war dann natürlich wieder eine andere Eskorte zuständig. Für die letzten, wohl gefährlichsten 5km, sollten andere ihr Leben riskieren. Und wieder mussten wir erklären, dass Ole bissig ist und hier keiner mitfahren kann. Das tolle an den Soldaten war, dass sie Ole mit ihrem Bellen und Pfeifen immer wieder anstachelten und unser Showhund unaufhörlich tief und laut bellte und seine hübschen Zähne zum Vorschein kamen. Es zeigte Wirkung und nun wurde der nächste Wagen gestartet, diesmal mit einer mächtigen Haubitze auf der Ladefläche, der Patronengurt locker ums Geschütz gewickelt. Sicher ist sicher. Und auch dieser Fahrer hatte Schwierigkeiten zu begreifen, dass wir nicht innerhalb von Sekunden auf 120km beschleunigen können und war erst einmal verschwunden. Dann sahen wir wieder Bremslichter aufleuchten, wir kamen näher. So nah, dass wir auch wieder bremsen mussten. Natürlich gab die Eskorte dann wieder Vollgas und war wieder halb verschwunden, bis dann wieder die Bremslichter aufleuchteten. Und so ging es immer fröhlich weiter. Irgendwann haben wir aufgehört, uns nach dem Sinn zu fragen, und waren endlich an der Grenze zu Pakistan angekommen.

Ausreise aus dem Iran

Nach unserem Grenzübertritt in den Iran waren wir für die Grenze Iran/Pakistan auf alles vorbereitet. Ich hatte die kleinen 5 Euro-Scheine in meinem Lillyfee-Brustbeutel, wir waren bereit zum Schmieren! Der Inhalt des Handschuhfaches war seit Kerman eh uninteressant. Sollten sie doch kommen, sie würden nichts finden oder müssten sich die Schuhe ausziehen, um in unsere ungefegte Hundehöhle zu kommen. Aber was folgte, hatten wir wirklich nicht erwartet.
Wir waren durch die Eskorte auf den letzten 25km etwa eine Stunde in Verzug gekommen. Trotzdem schafften wir es pünktlich zur Mittagszeit im Grenzgebiet zu sein. Pässe hier, Pässe da. Alles lief reibungslos. Dann kam das Carnet. Es wurde das Kennzeichen kontrolliert und die Motor- und Fahrgestellnummer. Zwar nicht an der richtigen Stelle, aber das war uns ja egal. Wir hatten den Stempel! Eine kleine Diskussion gab es mit der Tankkarte, die wir abgeben sollten. Doch wir wollten nicht auf unser 250l Guthaben verzichten. Die 250l können wir auf der Rückfahrt noch wunderbar gebrauchen und schließlich hatten wir genügend Geld dafür abdrücken müssen. „Wenn wir die Karte nicht behalten dürfen, möchten wir 200 Euro zurück!" Wir durften die Karte behalten. Wir bekamen das Carnet zurück und fuhren weiter zum Ausreisetor. Geschlossen! Es war aber doch gerade mal zwei Uhr! Uns blieb nichts anderes übrig als hier die Nacht zu verbringen. Uns wurde ein Parkplatz auf der anderen Seite des Zollhofs zugewiesen, mitten im Müll. Der Zollhof wäre schöner gewesen. Egal. Als es Dunkel wurde, klopfte es an unsere Tür. Ein Polizist sagte uns, wir dürften hier nicht stehen. Natürlich hatte er einen viel besseren Platz für uns und brachte uns zu Fuß zu dem Hof vor seinem Polizeihaus. Wir sollten auf den Hof fahren, aber wie soll ein 2.45m breiter und 3.20m hoher Frosch durch ein 2.30m breites und 3.10m hohes Tor passen? Nach ein paar Versuchen merkte es auch der Polizist und wir durften vor dem Hof stehen bleiben und wir wurden zum Tee in sein Polizei-Haus eingeladen. Wir folgten der Einladung und standen wenig später in seinem spärlichen

Zimmer mit einem dicken Tresor unter dem Schreibtisch. Auf dem Schreibtisch lief der Fernseher, es gab einen amerikanischen Film mit iranischer Synchronisation. Links und rechts ein Bett, an der Wand ein Metallspind. Hinter dem einen Bett stand ein weiterer Schreibtisch auf dem der Tee kochte. Darüber hing eine große Landkarte des Iran. Wir setzten uns auf den Boden und unterhielten uns mit Mehdi über unsere Berufe, Kinder, Sport und Familie, alles in einfachem Englisch und mit Händen und Füßen. Inzwischen hatten wir uns an diese Art der Unterhaltung gewöhnt. Mehdi wohnte in Zahedan mit seiner Familie, war aber 10 Tage im Dienst und hatte dann 20 Tage frei. Seine Familie sollten wir unbedingt auf unserem Rückweg kennenlernen, wenn wir von Pakistan in den Iran einreisen, sagte er und schrieb uns seine Telefonnummern auf. Als wir gehen wollten, bot er uns die beiden Betten an. Er würde auf dem Fußboden schlafen. Sehr nett gemeint, aber das Frosch-Bett würden wir gegen kein anderes Bett eintauschen wollen.
Gleich am nächsten Morgen folgte die Einladung zum Frühstück und wir lernten noch seine Kollegen von der Passkontrolle und vom Zoll kennen. Ein leckeres Frühstück mit einer Art Crème fraîche auf Fladenbrot, dazu ein Cay Tee. Er fragte, ob er den Frosch von innen sehen dürfte. Natürlich, warum denn nicht. Dies bedeutete allerdings, dass wir nun doch einmal durchfegen mussten. Hoffentlich möchten die Grenzer trotzdem nicht ohne Schuhe einsteigen, dachte ich, und wir machen jetzt unseren Grenz-Plan zunichte. Mehdi machte noch einen Schwung Fotos, um sie später seiner Frau und seiner Tochter zu zeigen. Das erste Mal wurde auch ich fotografiert! Als wir uns verabschiedeten, bot Mehdi seine Hilfe an. Da er seine Familie so lange nicht gesehen hatte und er ab jetzt frei hatte und nach Hause fahren wollte, lehnten wir ab. Aber er sagte, er könne auch später fahren und würde jetzt einfach mitkommen und alles für uns regeln. Sehr praktisch. Nur hatte er eine so große Angst vor Ole, dass wir Ole im Frosch so anleinen mussten, dass er weit weg von Mehdi war, der nun auf dem Beifahrersitz Platz genommen hatte. Gemeinsam ging es die paar Meter zum Ausreiseterminal. Hier ging dann wirklich alles ganz schnell. Mehdi ging mit unseren Pässen direkt zur Passkontrolle. Innerhalb von 5 Minuten waren die Ausreisestempel drin, während sich um uns und das Glashäuschen die nächsten drängten. Nun ging es weiter zum Ausreisetor. Till und Mehdi gingen rein und es dauerte nur einen Handschlag. Und damit war alles besiegelt. Der Frosch wurde in Ruhe gelassen, keiner wollte hineinsehen, keiner wollte Kameras oder Geld,

keiner ärgerte sich über das Schuhe-Verbots-Schild. Wir durften einfach so durchs Tor fahren. Einfach so! Was für ein Gefühl. Und wir waren gespannt, wie die Grenzabwicklung auf der pakistanischen Seite wohl ablaufen wird.

Pakistan - ein Tag an der Grenze

Wir fuhren durch das Tor nach Pakistan. War unser Frosch eine Zeitmaschine geworden? Welchen Knopf hatten wir gedrückt, dass wir 2.000 Jahre zurückgebeamt wurden und jetzt mitten in der biblischen Geschichte standen? Um uns herum ein Dorf, das aus Barracken und Lehmhütten bestand, alles in sandig beige. Die Kleidung der Leute machte die Zeitreise perfekt: Pluderhose mit knie-langem Hemd, dazu das Multifunktions-Schnuffeltuch, entweder um den Kopf gewickelt oder über die Schulter geworfen, zum Naseputzen, als Kopfbedeckung oder als Gesichts-Schutz vor kleinen Sandstürmen. Nur die eine geteerte Straße etwas weiter entfernt sagte uns, dass die Neuzeit hier doch halbwegs angekommen war. Aber das sah hier nicht nach Grenze aus. Genauso wie wir uns fühlten, schauten uns die Leute an: Ein grüner LKW war gelandet und drinnen saßen nicht nur zwei Menschen, sondern auch ein Hund.

In der ersten Baracke befand sich die Passkontrolle. Auf dem Flur wurden unsere Daten in ein riesiges Buch eingetragen. Volkszählung? Hinter dem Flur war dann wieder Neuzeit: man arbeitete mit Computern! Das sollten allerdings vorerst die einzigen Computer bleiben, die wir zu Gesicht bekommen sollten. Bitte hier rein schauen – nun gab es per Webcam auch noch ein Foto zu den Daten im Computer und danach für uns den Einreisestempel im Pass. Dann war es mit der Neuzeit wieder vorbei und ein Mann in beigem Schlafanzug und braunem Jutebeutel, in dem er Devisen zum Wechseln verwahrte, brachte uns zum ersten Zoll-Chef. Platz genommen auf der Couchgarnitur stellte ich fest, dass die Nachthemden auch wahlweise mit Schulterklappen zu haben waren – scheinbar ganz nach Dienstgrad oder Dienststelle. Wieder wurden unsere Daten in ein riesiges Buch eingetragen. Dazu ein bisschen Smalltalk, fertig. Und jetzt? Big Customs, please! Und wo? Dahinten. Man zeigte mitten ins Dorf hinein. Also fuhren wir erst einmal ein wenig planlos über die Staubstraßen durch das Grenzdorf bis wir das Customs House fanden. Hier standen schon die wunderschönen, kitschigen

LKWs der Pakistaner. Was für Kunstwerke! Überall glitzerten und funkelten sie. Kein Platz wurde ausgelassen, wo nicht irgendein Dekostück klebte. Dazu waren sie auch noch völlig überladen. Was wohl ein Deutscher TÜVer dazu sagen würde? Bevor wir aber weiter bewundern durften, ging es für uns hinein ins Haus vom Zoll.

Eigentlich standen hier nur ein paar Schreibtische herum. Die Wände hatten seit dem Bau keine weiße Farbe mehr gesehen, an manchen Stellen waren sie pekig-braun. Sie konkurrierten mit den Gardinen, die vor Dreck standen, und den durchgesessenen Sofas um den ersten Platz in der Championsleague des Schmuddels. An der Wand über der Eingangstür hing eine Maggi-Uhr. Wow, hier gibt es sogar die 2-Minuten-Terrine! Daneben hing ein Schwarzwald-Bild. Wie das wohl hierher gekommen ist? Hinter den Schreibtischen standen verbogene Metallregale, auf denen sich die zerfledderten Akten stapelten. Computer oder Technik? Weit gefehlt. Hier wurde wieder alles per Hand notiert und in ein großes Buch eingetragen. Doch diese Baracken-Atmosphäre machte nichts, denn die Freundlichkeit der Menschen an dieser Zollstation ließ alles doch irgendwie erstrahlen.

Eskortenwechsel

Unsere gesamte Zollabwicklung glich einem Kaffeeklatsch. Wir bekamen nicht nur unseren ersten pakistanischen Cay Tea, den es ab nun immer mit Milch und Gewürzen gab, sondern auch noch Kekse. Dazu sehr amüsanten und perfekt verständlichen Smalltalk auf Englisch über unsere Reise, Jobs, natürlich Kinder und so weiter. Mit einem Elektro-Schock-Tennisschläger jagte der Zoll-Chef die ganze Zeit den nervigen Fliegen hinterher. Getroffen hat er fast nie, worüber er die ganze Zeit herzlich lachen konnte. Dann bekamen wir unsere Pässe und das Carnet zurück. Das war es? Ja, das war es! Weder Kennzeichen oder Motornummer noch eine Frosch-Begehung war nötig! Wie viel Glück konnte man noch haben? Noch mehr, wie sich dann herausstellte. Denn wir fragten nach, ob wir die Nacht hier verbringen könnten, denn bis nach Dalbandin würden wir es im Hellen vielleicht nicht mehr schaffen. Auch dies war gar kein Problem. Der Frosch wurde direkt vorm Zollhaus geparkt und dann wurden wir zum Mittagessen mit den Obersten vom Zoll eingeladen! Der Zoll hatte drei eigene Köche und laut Zoll-Chef war Essen das einzige Highlight am Tag. Das konnten wir nachvollziehen, denn wir bekamen ein Festessen: ein Schwung pakistanischer Gerichte, Reis, Salat, dazu frisch gebackenes Brot und zum Nachtisch Früchte, von denen wir noch nie etwas gehört hatten. Sie schmeckten, aber der Nachgeschmack war nach Stunden irgendwie immer noch da.

Nun hatten wir erst einmal ein bisschen Pause, doch zum Abend hin folgte die nächste Einladung. Diesmal lud uns der Zoll-Chef in sein Zimmer ein. Hier überschritten wir wieder die Grenze in die totale Technikwelt. Auf dem Boden standen Telefone und lagen Handys herum, auf dem Regal stand ein großer Computer-Flachbildschirm und daneben ein riesiger Fernseher. Ganze drei Satelliten-Schüsseln hatte er sich hier installieren lassen und konnte alles empfangen. Von ganz Asien über Amerika und Russland bis hin zu Europa. Und wenn ein Pakistani schon so viel Auswahl hat, muss er zappen! Wir bekamen ein 3-stündiges Potpourri aus Nachrichten, indischen und amerikanischen Seifenopern und dem Highlight Wrestling. Und während Wrestling lief, war zappen selbstverständlich verboten! Einen kleinen Snack gefällig? Es wurde uns etwas Vogelfutter-Artiges auf die Hand geschüttet und es war unglaublich lecker, für jemanden, der gerne Räucherstäbchen isst statt sie anzuzünden... Auch dieser Geschmack blieb leider ewig.

Nach dem uns die Zollmänner auch noch zum Abendessen einluden, waren wir von der ersten Erfahrung mit Pakistan überwältigt. Wieso wird eigentlich nie etwas Gutes über dieses Land in den Medien gebracht?

Buchführung in der Wüste

Punkt acht Uhr stand der Mann mit Kalaschnikow auf der Matte am Zollhaus. Er war unser erster Eskort-Mann, der im Frosch mitfahren musste. Wir kamen leider nicht drum herum. Das dachte er wahrscheinlich auch, als er Ole sah. Ich saß also nun in Oles Körbchen als Sicherheitsabstand zwischen dem bösen Hund und dem ängstlichen Pakistani. Der Pakistani sprach nicht. Auch kein Englisch. Die einzige Konversation für die nächsten 40km war ein Zeigen auf die „heilige Tradition", die vorne neben dem Radio hing. „Gurus in India". Das reichte ihm als Erklärung. Nach 40km hing ein Seil über der Straße. Wir mussten aussteigen. Unser erster Eskort-Mann war wahrscheinlich froh, dass er ab jetzt keinen Hund mehr im Rücken hatte, denn nun war Eskorten-Wechsel. Aber nicht, bevor wir uns nicht zum Tee trinken in die klitzekleine Lehmhütte der Kontrollstation gesetzt hatten, in der nur zwei Plastikstühle Platz hatten. Hier mussten wir uns auch zum ersten Mal selbst in ein Buch eintragen. Name, Passnummer, Datum, Kennzeichen und natürlich das Land. Wir blätterten ein wenig im Buch herum und schauten, wer in den letzten Wochen sonst noch eskortiert wurde. Es waren mehr als erwartet - aus Österreich, Holland, Frankreich, der Schweiz und Deutschland.
Unser zweiter Beschützer war im Gegensatz zu seinem Vorgänger sehr viel redefreundlicher. Auf seine Kalaschnikow, ein 57er Modell (1957), war er sichtlich stolz. Endlich kam auch Tills großer und schwerer Welt-Reise-Atlas zum ersten und einzigen Mal Einsatz: wir konnten unserem Security-Mann unsere ganze Reisestrecke zeigen. Mit dem Rest des Buches, das er nun grob durchblätterte, konnte er irgendwie gar nichts anfangen, dabei war es voll mit bunten Bildern aus der ganzen Welt. Er blieb für ca. 60km bei uns, dann wurde getauscht. Wieder gab es ein großes Buch, in das wir unsere Daten eintragen mussten. Dann stieg ein 21-jähriger mit Wumme bei uns ein. Er sprach auch nicht wirklich, aber fotografierte. Und das sehr spontan, denn ich hatte innerhalb von Sekunden sein Handy direkt vor meiner Nase. Er

Sandverwehungen...

fragte nicht, ob er mich fotografieren dürfe, er tat es einfach und mehrfach. Mein Kopf erschien danach auf seinem kompletten Display. Unscharf. Aber das war ihm egal. Dann war Till dran. Auch Till wurde das Handy mit einem Abstand von 10cm vor das Gesicht gehalten. Danach war Tills Nase und Mund drauf und der Sicherheitsbeauftragte unendlich glücklich und wir konnten uns das Lachen nicht mehr verkneifen. Mit dem vierten Mann auf unserem Beifahrer-Sitz gab es auch nicht viel zu quatschen. Als der Tacho des Frosches unsere 10.000km Hürde anzeigte, musste natürlich ein Foto gemacht werden. Wir erklärten gar nicht erst, warum, er sprach ja eh kein Englisch. Während der ganzen Fotoprozedur verzog er keine Mine. Gut, er war ja auch nicht zum Spaß da.

Während der ganzen 300km nach Dalbandin war der Teer wie frisch gebügelt und wir konnten uns ganz der vor unseren Augen ausgebreiteten Sandwüste widmen. Was für eine Landschaft! Dank der guten Straßen hätte man theoretisch gesehen sehr zügig das Tagesziel erreichen können. Doch diese ganze Eskorten-Sache ließ ein Vorankommen nur im Schneckentempo zu. Alle 30 - 60km wurde der Mann ausgetauscht und jedes Mal mussten wir uns in eines der Bücher eintragen. Danach wurde immer ganz wichtig telefoniert. War

kein Handy zur Hand gab es tatsächlich auch das Feldtelefon mit Kurbel! Einmal fragten wir, wer denn angerufen werden würde. Islamabad. Da die Jungs sichtlich breit waren und einer von ihnen auch keinen Hehl daraus machte und sich ein Stück Peace in die Backe schob, zogen wir es vor, einfach weiterzufahren. Es gab den obligatorischen Blick auf Ole und erst dann wurde das Seil zum herüber fahren herunter gelassen.
Das Prozedere an den Kontrollstationen konnte seine zwanzig bis dreißig Minuten dauern. Und das alles für ein paar Daten und einen Fahrerwechsel. Was am Anfang noch ganz lustig war, ging uns immer mehr auf die Nerven. Für die Strecke von der Grenze bis nach Dalbandin brauchten wir fast 7 Stunden! Erst dann waren wir am Hotel eingetroffen und hatten endlich Ruhe auf dem Hinterhof.

Die nächste Tagesetappe sollte bis nach Quetta gehen. Es warteten wieder 300km auf uns, diesmal aber mit abenteuerlichen Straßen. Erst war es nur Geholper und Geruckel, dann war die Straße einspurig, übersät von Schlaglöchern, und manchmal nur noch Schotterpiste. Speedbreaker wurden gefährliche Hürden, wenn man sie zu spät sah und so konzentrierten wir uns

und andere schlechte Straßen

überwiegend auf die Fahrbahn. Das Ausweichen der entgegenkommenden Fahrzeuge wurde ab nun zur Mutprobe. Die Frage war: Wer bleibt länger auf der Fahrbahn? Am Anfang landeten wir im Schotter, dann hatte Till keine Lust mehr und wich nicht mehr aus. Kurz vorm Knall rissen die pakistanischen LKW-Fahrer grundsätzlich das Steuer um. Wir hatten gewonnen!

Die Lust der Eskorten zum Mitfahren ließ ab Dalbandin nach. Schon die erste Kontrolle morgens um acht Uhr ließ uns ohne Begleitung weiterfahren und wir hatten die ersten 100km für uns alleine. Doch dann war wieder ein Seil über der Straße gespannt, wieder wurde genau Buch geführt über uns und wir mussten warten. Auf die Polizei, die jetzt in Dalbandin losfahren würde, um uns zu begleiten. Wir zeigten ihm mental den Vogel. Wir hatten bis hierher eineinhalb Stunden gebraucht! Hallo? Wir wollen heute noch in Quetta ankommen. Zehn Minuten später durften wir ohne Begleitschutz weiterfahren. Doch auch dies dauerte nicht lange bis wieder eine Straßensperre errichtet war. Nun musste doch einer mitfahren. Er hatte noch nicht einmal eine Wumme dabei. Wahrscheinlich brauchte er auch nur eine Mitfahrgelegenheit, denn 10km später warteten seine Kollegen im Jeep. Er stieg aus und nun wurden wir im Jeep eskortiert. Das war entspannt auszuhalten. Die weiteren in immer kürzer werdenden Abständen errichteten Straßensperren allerdings nicht. Tills Stempel kamen inzwischen wunderbar an. Name, Kennzeichen, Land und Passnummer wurde nun gestempelt, während ich gleichzeitig meine Sachen hinkritzelte. Warum hatten wir eigentlich nur von Tills Daten Stempel anfertigen lassen? Profimäßig waren wir nun immer sehr zügig fertig und bereit für die nächste Diskussion über Eskorten, die wir mal wieder auf dem Weg verloren oder im Vorfeld gar nicht hatten und auch für die nächste Strecke nicht wollten. Diskussionen, die wir erstaunlicherweise oft gewannen.

Die gewünschten Daten-Eintragungen in die Bücher auf der gesamten Strecke waren teilweise sehr unterschiedlich. Ab und an wollte man weder Kennzeichen noch Uhrzeit, stattdessen aber wieder Start- und Zielort. Manchmal auch die Farbe des Autos oder die Marke. Zwischendurch hatten wir auch das Gefühl, dass manche der Jungs weder lesen noch schreiben konnten, denn trotz eines gestempelten und entsprechend sehr leserlichen „Germany" wurden wir auch nach dem Blick ins Buch gefragt, woher wir kommen.

Wenn wir komplett leere Seiten vor die Nase bekamen, gestalteten wir die Daten-Spalten nach unserem Gutdünken und stempelten wahllos drauf los. Es schienen alle mit unserer Buchführung zufrieden zu sein, es wurde nie gemeckert, auch wenn ich in den Büchern oft nur noch mit Vornamen erwähnt wurde, um Zeit zu sparen.

Auf unserer Tagesetappe nach Quetta hatten wir uns nach über 9 Stunden Fahrt auf heftigen oder nicht vorhandenen Straßen in bestimmt 10 Bücher eintragen müssen, hatten nur einen Mitfahrer und 3 Jeep-Eskorten und unglaubliche Schmerzen im ganzen Körper, besonders im Nacken. In Quetta stiegen wir im Bloom Star Hotel auf dem Parkplatz ab. Hier erfuhren wir, dass unsere geplante Strecke von Quetta über Loralei nach Multan aus Sicherheitsgründen nicht mehr gefahren werden durfte und wir über Sukkur fahren müssten. Und auf dieser Strecke bis Sukkur zählten wir bis zum Eintreffen am nächsten Abend 12 Jeep-Eskorten und 5 weitere Eintragungen in Bücher...

Pakistanische Fahrkünste: Wir hupen den Weg frei!

Fasten your seat belt! Das gilt seit Pakistan auch für Ole, denn bei der pakistanischen Fahrweise auf den guten und schlechten Straßen dieses Landes wäre es reiner Selbstmord, es nicht zu tun. Der Iran war im Stadtgebiet schon heftig und jeder machte seine eigene Spur auf, um als erster einen Meter weiterzukommen. Doch seit Pakistan sind neben Autos, Mopeds, Bussen und LKWs auch Pferde- und Eselskarren unterwegs, wahlweise auch Kamel-Fuhrwerke, Radfahrer, Rikschas und Trecker. Alle natürlich in alle Richtungen, völlig überbeladen, auf einer Straße im für uns wunderbar überschaubaren Linksverkehr. Spiegel sind unnötig, man verlässt sich hier auf sein Gehör. Denn wer von hinten kommt, der hupt so laut und so lange er kann. Der andere wird's schon hören und entweder aus dem Weg fahren oder sich gar nicht erst auf die rechte Fahrbahn trauen. An den Straßen wird in regelmäßigen Abständen darauf hingewiesen, dass man einen Helm tragen soll. Aber diese Regel scheint nie für die zwei bis fünf weiteren Moped-Mitfahrer zu gelten. Den Helm trägt nämlich grundsätzlich nur der wohl am meisten gefährdete Fahrer.

Hier müssen wir durch

Dank eines Crashkurses im Kamikaze-Fahren war Till nach kurzer Zeit Profi und ich klammerte mich nicht mehr an meinem Griff fest. Diesen Kurs hatten wir der letzten Eskorte nach Sukkur zu verdanken. Dieser Eskorten-Jeep war mit einem fiesen Martinshorn ausgestattet und bretterte voraus. Dass die Straßen mit den genannten Fahr- und Fuhrwerken vollgestopft war, störte nicht. Die Polizei fuhr mit Vollgas durch die Menge und jeder Entgegenkommende oder zu langsam Fahrende wich in letzter Sekunde immer irgendwie aus. Und hinter diesem Jeep klemmte dicht dran ein riesiger grüner Renn-Frosch. Rücksicht nahmen dank der lauten Sirene alle anderen. So ging es über Stock und Stein, durch Dörfer und über freie Straßen. Es war wie Go-Kart Fahren oder eine Verfolgungsjagd nach amerikanischem Vorbild. Till hatte nach dieser Stunde den pakistanischen Führerschein mit Bravour bestanden und ich war erstaunlich relaxt auf meinem Beifahrersitz. Angeschnallt natürlich, aber ich klammerte mich nicht mehr irgendwo fest. Ab nun war alles erlaubt, wofür man in Deutschland die rote Karte bekommen würde. Im Linksverkehr links überholen machte manchmal sehr viel mehr Sinn, als den LKW vor einem mit Druckluftfanfare von der Straße zu hupen. Dicht auffahren fiel inzwischen unter die Kategorie „Bremsscheiben schonen" und wer eine Hupe hatte, brauchte keinen Blinker. Natürlich alles in einem gewissen angepassten Mittelmaß, umbringen wollten wir uns sicher nicht.

Ein einziges Mal bin auch ich auf dieser Strecke in Pakistan gefahren. Natürlich wurde die vierspurige Straße nach einem Kilometer zweispurig und führte mitten durch ein Dorf, auf der Straße wieder sämtliche Verkehrsteilnehmer. Geplant war für mich eigentlich die reguläre zweispurige Schnellstraße, auf der ich nichts falsch machen konnte. Nun steckten wir also mal wieder mitten im Verkehr und ich hinter dem Steuer. Ich fuhr vorsichtiger als Till, den Crashkurs hatte ich ja auch nur als Beifahrer gemacht. Ich hupte mir den Weg durch die Menge frei und fand mich gar nicht so schlecht, doch nach fünf Kilometern ordnete Till einen erneuten Fahrerwechsel an. Als Beifahrer gefalle ich mir ehrlich gesagt auch sehr viel besser.

Brunftschreie und unser erstes indisches Bier

Was für ein Gefühl! Nach fast 12.000km fuhren wir über die Grenze. Wir hatten es getan, wir waren tatsächlich mit dem Frosch nach Indien gefahren. Als erstes musste mein Kopftuch runter. Auch wenn einige männliche Overlander sagen, dass eine Touristin das Kopftuch in Pakistan nicht tragen

Innen voll, auf dem Dach noch Platz

muss, weil man es dort nicht so eng sehen würde, hatte ich es trotzdem aufgelassen. In Pakistan hatte man die ersten 1.000 Kilometer fast nie eine Frau auf der Straße gesehen. Hätte ich das Kopftuch abgesetzt, hätten alle noch mehr geguckt. Und wer weiß, ob da nicht dann doch einer dabei gewesen wäre, der sich in seiner Religion angegriffen gefühlt hätte. Die fünf Tage mit Kopftuch hatten den Kohl auch nicht mehr fett gemacht und ich blieb verhüllt. Trotzdem war ich froh, als ich meine plattgelegenen Haare endlich wieder an der frischen Luft tragen durfte. Als erstes zog ich ein knallrotes T-Shirt, eine enge Jeans und Flip Flops an. Weg mit dem tristen, schwarzen Labber-Outfit und den Turnschuhen!
Endlich war die Welt wieder bunt. Nicht nur an mir, sondern auch an allen anderen. Ansatzweise hatten sich zum Ende von Pakistan ein paar Farben in die Natur geschlichen. Saftiges, erfrischendes Grün war nach der langen kargen Landschaft in der Türkei im Iran und der Wüstenlandschaft Pakistans wie eine Erholung. Je weiter man Richtung Indien kam, desto öfter sah man Frauen, die kein Schwarz trugen. Doch ab der indischen Grenze stachen uns die Farben nur so ins Auge. Eine knallbunte Menge aus Frauen, Kindern und Männern rannte an uns vorbei, als wir mit dem indischen Zoll fertig waren. Pink, Orange, Türkis, Grün – alle Farben leuchteten. Es war Nachmittag und bald stand die Grenzschließung an, die jeden Abend mit einer Zeremonie gefeiert wurde. Zahlreiche Inder und Touristen kommen dafür jeden Abend mit Taxis und Rikschas hierher. Nur um das Spektakel mitzuerleben. Und das wollten wir auch sehen!

Wir waren die letzten der unproblematischen Grenzabwicklung gewesen und mussten uns ein wenig beeilen. Wir parkten den Frosch hinter den Straßen-Restaurants und gingen zurück. Auf Tribünen saßen hunderte von Indern die von einem Animateur in die richtige Laune versetzt wurden. Auf der pakistanischen Seite saß gerade mal ein Zehntel von dem, was nun auf der indischen Seite seine Grenzsoldaten feierte. Es war wie im Zirkus: Die Soldaten plusterten sich auf, marschierten in schnellen Schritten zur pakistanischen Grenze, salutierten und lieferten sich ein „wer ist männlicher und mächtiger"-Spiel mit den pakistanischen Soldaten. Zwischendurch gab es diverse Brunftschreie von den mit Hahnenkamm ausstaffierten Männern. Alles unter immensem Gejubel und Anfeuerungen der angereisten Inder. Es war herrlich. Die Tore wurden geöffnet, die Gegner schüttelten sich die Hände, gemeinsam wurden die Fahnen eingeholt. Wieder Anfeuerungsparolen der Inder, die die pakistanischen Rufe weit übertönten. Danach wurden die Tore wieder geschlossen, die Fahnen weggebracht und die Zeremonie war zu Ende. Fehlten eigentlich nur noch Tanz- und Gesangeinlagen à la Bollywood! Aber genauso verrückt, wie nach ihren Bollywood-Stars, waren die Inder nach ihren Grenz-Helden. Sie rannten von ihren Tribünen nach unten und ließen sich mit ihnen fotografieren. Alternativ auch mit einer großen blonden Deutschen, der man nun ständig die Hände schütteln wollte!

Mit einem breiten Grinsen gingen wir wieder zurück. Wir waren in Indien angekommen. Unfassbar! Bei unserem ersten indischen Bier spulten wir die letzten Wochen nochmal zurück. Knapp 12.000km lagen hinter uns, 9 Länder haben wir in den letzten 2 Monaten durchquert und nur einen Platten gehabt. Ab der Türkei ging es immer tiefer in die islamische Welt, ab dem Iran mit strikter Kleiderordnung, an die ich mich langsam gewöhnte. Wir erlebten eine unglaubliche Gastfreundschaft, faszinierende Städte und Landschaften und 1001-Nacht-Feeling.

Was für ein Arbeitsplatz!

Lange hatten wir von dieser Reise geträumt und sie geplant, die Situation in Pakistan verfolgt und überlegt, ob wir wirklich durchfahren. Damit auch alles glatt läuft, hatten wir einen riesigen Schwung an Glücksbringern und Beschützern dabei, die wir zum Abschied von Familie und Freunden bekommen hatten oder die sowieso schon an Bord waren: Ganesha, die heilige Tradition (meditierende Gurus), Jesus mit Maria und Josef, den Glücksfrosch mit Flügeln, zwei Glücksschweine, ein Glücks-Froschkönig, ein Elefant, eine Elfen-Schneekugel, Feen-Gedöns, zwei Schutzengel, ein Buddha, tibetische Altäre und vier Augen Allahs. So konnte uns gar nichts passieren, denn wenn einer unserer Beschützer ausfiel, konnte sofort der nächste einspringen. Okay, beim „Spuk meines Lebens" im Iran wurde ein wenig geschlampt, obwohl das auch meine Schuld war. Denn ich hatte die heilige Tradition in meinem Schrank versteckt, um in der muslimischen Welt nicht anzuecken. Sie wurde danach natürlich sofort wieder an ihren Platz gehängt und wird seit dem nicht wieder abgenommen, komme was da wolle. Vielleicht verdanken wir ja auch ihr unsere gute und relativ einfache Durchfahrt durch Pakistan und dass die Bombenanschläge an zwei Orten, an denen wir auch waren, erst nach uns passiert sind. In Lahore wenige Stunden nach dem wir die Stadt wieder verlassen hatten, in Multan einen Tag später. Und wieder beherrschten negative Nachrichten die Schlagzeilen. Negative Nachrichten über ein Land, in dem uns die Menschen unglaublich gastfreundlich und positiv begegnet sind und die damit zu kämpfen haben, dass sie im Ausland alle als Terroristen abgestempelt werden. Ein Land, das uns beim Durchqueren alles andere als in Angst und Schrecken versetzt hat.

Auch wenn wir unsere Entscheidung für die Reise nach Indien inklusive der Route über Pakistan oft verteidigen mussten und es immer wieder Anschläge in diesem Land geben mag, so ist diese Entscheidung für uns doch die einzig richtige gewesen.

Wir sind nach 12.000 km in dem Land angekommen, das uns magisch anzieht. Und jetzt beginnt Indien – das bunte, verrückte und atemberaubende Indien!

Der Goldene Tempel – der Himmel auf Erden

Amritsar ist eine klassische indische Stadt: wahnsinniger Verkehr, heftiger Abgasgestank und ohrenbetäubender Lärm. Doch mittendrin ein Ort der absoluten Ruhe und totalen Spiritualität: Der Goldene Tempel.
Selbst am Eingang zum Heiligtum der Sikhs herrschte noch wildes Treiben und wir wurden von einem Verkäufer überrumpelt, Kopftücher zu kaufen, da man ohne diese Haarbedeckung nicht in den Tempel darf. Dass man ein paar Meter weiter welche umsonst bekommt, stellten wir erst fest, als wir unsere orangenen, bedruckten Tücher bereits hatten. Natürlich betrat man den Tempel ohne Schuhe, die man an der wuseligen Schuh-Garderobe abgeben musste.
Wir wussten nicht, was uns erwarteten würde und betraten durch die den Straßenschmutz abwaschenden Wasserbecken den Bereich der Tempelanlage. Über Marmortreppen gelangt man ins Innere der Anlage und vor uns tauchte ein strahlend goldener Tempel auf, der in einem rechteckig angelegten See steht und sich spiegelte. Gänsehaut am ganzen Körper! Die Sonnenstrahlen brachen sich auf dem Gold. Alles glitzerte. Um den See herum liefen zahlreiche Sikhs, die man an ihren Turbanen erkannte. Sie wuschen sich im See, knieten nieder, meditierten am Rand. Aus den Lautsprechern ertönten Guru Gesänge. Eine unfassbar friedliche und stimmungsvolle Atmosphäre hüllte uns ein. Wir waren zwar Touristen und keine Sikhs, doch das störte hier nicht. Für die Sikhs ist jeder herzlich willkommen, ob arm, ob reich, ob schwarz ob weiß, ob Muslim, Christ, Hindu, Jude oder Sikh. Es spielt keine Rolle. In einem Teil der Anlage wurde Essen zubereitet: Dahl, Milchreis und Chapati-Brot. Denn jeder Pilger, Bedürftige oder einfach nur Interessierte oder Hungrige, hat die Möglichkeit, hier zu Essen. Der offene Küchenbereich ist gigantisch. Auf dem Boden saßen zahlreiche Frauen, die das Essen schnibbelten, daneben die Abwaschküche, wo nochmal mindestens 50 Menschen arbeiteten. Ein ohrenbetäubender Lärm herrschte hier durch das Geklapper der Metallteller und Metallschüsseln. Dahinter befindet sich der Essens-Saal. Und hier saßen wir nun in Reihen mit Hunderten von Sikhs auf dem Boden und aßen Dahl, Milchreis und Chapati-Brot von unseren Metalltellern. Das einzig nicht spirituelle war die große Kärcher-Reinigungsmaschine, die zum Schluss durch die Reihen fuhr. Die letzten, die hier saßen, auch wir, mussten die Teller und Füße hochnehmen, damit die Reinigungsmaschine durchfah-

Ein Sikh vor dem Goldenen Tempel

ren konnte. Schließlich musste es für den nächsten Schwung hungriger Menschen wieder alles sauber sein und ich war nicht die einzige, die Dahl auf den Boden geklettert hatte. Täglich werden hier bis zu 30.000 Menschen satt, zu Pilger-Festivals sogar doppelt so viele!

Wir warfen eine Spende in den Topf und pilgerten weiter im Uhrzeigersinn um den See. Über eine Brücke gingen wir mit einem Schwung Sikhs auf den Goldenen Tempel zu. Beim Eintreten in das von Menschen überfüllte Innere, sahen wir sechs Gurus, die wir bisher nur über die Bose-Lautsprecher gehört hatten. Es war tatsächlich Live-Musik. Sie sangen den ganzen Tag Zeilen aus dem heiligen Buch während die Sikhs ihre Opfergaben überreichten, meditierten und beteten. Auch ein Stockwerk höher sowie an diversen anderen Orten in der Tempelanlage saßen junge Sikhs, die aus Büchern lasen oder sangen. Am Abend lernten wir den Sikh Channey kennen, der uns erklärte, dass jeder Sikh, der sich an die traditionelle Lebensart hält, hier für ein paar Stunden lesen darf. Diese Lesungen seien bereits für Jahre ausgebucht und scheinbar muss man auch dafür bezahlen. Channey selbst darf hier nicht lesen, denn er lebt nicht traditionell. Tradition würde für ihn bedeuten, er dürfe sich nicht die Haare und den Bart schneiden, müsse vegetarisch leben und dürfe nicht dem Alkohol frönen. Und wie soll das bitte gehen, denn Channey ist festes Mitglied in einem Alkohol-Club, wo der Whiskey in rauen Mengen strömt! Trotzdem ist er jeden Abend hier und glaubt fest an die Sagen seiner Religion: an den Sikh, der im Kampf seinen Kopf verloren hat, weitergekämpft hat und mit Kopf unter dem Arm seinen Termin am Goldenen Tempel eingehalten hat und an den See, der alle Krankheiten heilt, wenn man sich drin wäscht. Zu Silvester ist er jedes Jahr hier und bittet um die Vergebung seiner Sünden und ein weiterhin gesundes Leben.

Wir genossen die friedliche und überwältigende Stimmung am Abend. Der Tempel strahlt bei Dunkelheit noch mehr Schönheit aus, als er es am Tag schon tut. Die meisten kommen deshalb zum Abend hierher. Auch, um der Zeremonie beizuwohnen, wenn das heilige Buch aus dem Tempel wieder an seinen Nachtplatz zurück getragen wird, bis es vor Sonnenaufgang wieder heraus geholt wird und die Gesänge weitergehen. In der Nacht werden die Böden des Tempel mit besonderer Milch gewischt. Die Vögel, die in den Bäumen direkt über unseren Köpfen in Ruhe und friedlich schlafen, lassen den heiligen Ort noch harmonischer wirken. Es ist nicht gelogen, wenn ein Sikh behauptet, hier wäre der Himmel auf Erden.

Ist nicht schlimm – Teil 2

„Wir sind über 12.000km gefahren und hatten nur eine Reifenpanne bisher. Und die war am ersten Tag in Deutschland!" Stolz erzählte Till bei einem kurzen Zwischenstopp von unseren tollen Reifen. Manchmal sollte man die Dinge für sich behalten. Und wenn man schon drüber reden muss, wenigstens dreimal auf Holz klopfen. Oder prüfen, ob der Ganesha-Reise-Gott auch wieder richtig hängt. Mein Schrank quietschte nämlich bei jedem Huckel und er verlor Schrauben. So hatten wir ihn am Abend zuvor wieder zusammen gezimmert und dafür musste Ganesha abmontiert werden. Nun hatte Till also von unseren Reifen gesprochen, hatte nicht auf Holz geklopft und ich hatte Ganesha nicht wieder richtig angebracht. So geschah keine 10 Minuten später das, was geschehen musste: unser linker Hinterreifen platzte. Mitten auf der Straße vor Udaipur bei Tempo 80km/h.

Till manövrierte den Frosch an den linken Fahrbahnrand, wir kamen sehr glimpflich zum Stehen. Der Reifen war zerfetzt und qualmte! Ich sicherte, wie in Indien üblich, die Unfallstelle mit Steinen und Sträuchern ab. Und dann mussten wir das erste Mal selber ran. Ich holte schon mal den Wagenheber raus, während Till aufs Dach kletterte, um den Galgen startklar zu machen, der das Reserverad sicher nach unten befördern sollte. Ich blätterte in der LKW-Beschreibung, wo man den Wagenheber anzusetzen hatte und konnte mit bloßem Auge sehen, dass der Wagenheber niemals da runter passen würde, wo Mercedes es an der Hinterachse vorschrieb. Der Wagenheber war doppelt so hoch wie gewünscht. Verdammt. Ich behielt es erst einmal für mich, denn Till fluchte auf dem Dach schon über die Galgenkonstruktion. Inzwischen hatten sich einige Inder um unseren grünen LKW versammelt und glotzten, was die dummen Deutschen da oben auf dem Dach eigentlich gerade fabrizierten. Der Galgen stand. Der Reifen war fest. Aber die Seilwinde war dank der runden Verzahnung eigentlich ziemlich im Eimer. Das 130kg Rad würde niemals über die Seilwinde das Dach verlassen können. Ein „Hätten wir mal vorher..." sparten wir uns, es nützte ja in dieser Situation eh nichts. Das Rad musste runter und die Inder hatten Recht, das einfachste wäre es, das Rad auf die Straße plumpsen zu lassen. Ein Inder hielt die Autos an, der nächste rief uns zu und das Rad flog vom Dach und nun sprang der 130kg Flummi lustig und unkontrolliert über die Straße. Aber die Inder hatten es innerhalb kurzer Zeit im Griff, es kam nichts zu Schaden. Nun musste ich Till erzählen, dass der Wagenheber nicht unter den Frosch passen würde. Doch das hatten die Inder inzwischen schon selbst festgestellt. Die dummen Deutschen hatten noch nicht mal einen richtigen Wagenheber dabei! Glücklicherweise war uns der Reifen 200m entfernt von einem Reifen-Shop geplatzt. Also wurde uns jetzt erst einmal richtiges Werkzeug gebracht. Und da die dummen Deutschen ja scheinbar eh nichts können, zeigten die Inder jetzt mal, was sie so drauf hatten: Mit zwei Wagenhebern wurde der Frosch aufgebockt. Tills Werkzeug wurde beiseitegeschoben, nur indisches Werkzeug ist wahres Werkzeug (2m langer Hebel). Und so wurden in Null-Komma-Nix die Radmuttern gelöst, der kaputte Reifen war runter und das Ersatzrad drauf. Also alles mal wieder gar nicht schlimm.

Der Oberbeauftragte unserer Radwechselaktion hatte gegenüber ein Restaurant und hier fuhren wir nun hin. Eine Lunch-Pause mit schattigem Plätzchen war jetzt genau das Richtige. Aus der Lunch-Pause wurden ein ganzer Nachmittag, ein Abend und eine Nacht. Es war nach der Reifenpanne eh schon 14 Uhr und wir hatten keine Lust mehr weiterzufahren. Stattdessen fragten wir, ob wir hier irgendwo neue Reifen bekommen könnten. Alles gar kein Problem, alles easy. Der Kumpel vom Restaurant-Besitzer hatte zufällig einen Reifenhandel. Der wurde angerufen und am nächsten Morgen sollten zwei neue Reifen geliefert werden. Montage hier direkt am Restaurant – perfekten Service für die deutschen Touristen! Aus dem Service wurde am nächsten Tag endlose Warterei, die wir damit verbrachten, Oles Fell aufs Minimum zu kürzen. Ole muss schließlich im heißen Sommer nicht im dicksten Winterpulli herumlaufen. Nun trägt er wieder T-Shirt. Die Warterei endete damit, dass der Kumpel doch keine passenden Reifen für uns hatte. Nun fuhr Till mit dem Restaurant-Chef bei 30 Grad im Schatten im beheizten (!) Kleinwagen 20km weiter nach Udaipur. Ich nutzte die Zeit, um Wäsche zu waschen, und vertrieb mir das weitere stundenlange Warten mit Lesen. Till rief aus dem Reifenladen in Udaipur an, um mir zu sagen, dass zwei Jungs aus dem Reifenshop gleich vorbeikommen würden, um zu gucken, ob die Goodyear-Reifen aus Jaipur passen würden. Wenn ja, würden diese Reifen bestellt werden

Reifen geplatzt

und zwei Tage später hier sein. Die Jungs kamen, telefonierten, sagten, sie könnten nicht helfen, diese Reifen würde es bestimmt in Mumbai geben und fuhren wieder weg. Na toll. In die 12 Millionen Stadt Mumbai wollten wir mit dem Frosch eigentlich nicht. Und jetzt? Wenige Minuten später war Till auch wieder da. Wir packten unsere Sachen und fuhren unverrichteter Dinge weiter. Mit einem Reifen, der vom TÜV abgelehnt wurde, weil die tiefen Risse bis aufs Gewebe gehen und keinem weiteren Ersatzrad mehr. Eine weitere Reifenpanne wäre jetzt die Krönung. Also fuhren wir mit 40 - 50km/h erst einmal weiter auf unserer Strecke Richtung Goa in der Hoffnung, irgendwo zwei passenden Reifen über den Weg zu laufen.

Einmal Erleuchtung, bitte!

Da, eine Tata Werkstatt! In Vadodara führte unser Express-Highway direkt an einer Indian Oil Tankstelle mit Werkstatt vorbei. Wir hatten Rajastan inzwischen wieder verlassen und waren nun in Gujarat, dem nächsten Bundesstaat auf unserer Strecke. Vielleicht hatten sie hier ja zwei neue Hinterreifen für uns oder können uns welche organisieren? Fragen kostet nichts und schon nahm die nächste Geschichte ihren Lauf.

Wir waren nicht mal fünf Minuten auf dem Hof, da krabbelte ein klitzekleiner Inder samt Fettpresse unter unseren Frosch. Während wir beim Abschmieren immer liegen, konnte er tatsächlich unter dem Fahrzeug hocken! Und so bekam der Frosch seine zweite und tatsächlich professionelle Schmierung. Da hätten wir uns die Arbeit samt dem kleinen Unfall mit der Fettpresse und meinem eingequetschten Stück Haut am Unterarm eigentlich sparen können. Der kleine Mann hockte also unterm Frosch und Raju, der Chef des Tankstellen Imperiums samt angrenzender Trucker-Restaurant-Bude, telefonierte fleißig auf zwei Handys. Neue Reifen? Da hörten wir sein „don´t worry“ zum ersten Mal. Er telefonierte und telefonierte. Danach durften wir abwarten und Chaitee trinken! Eine Stunde später fuhr eine Rikscha samt Reifen auf der Ladefläche vor. Unser Anschauungsexemplar. Das wäre der Reifen, aber statt 10.00 würden wir ihn in unseren benötigten Abmessungen (12.00) bekommen. Deal! Die Reifen sollten spätestens um 9 Uhr am nächsten Morgen eintreffen. Natürlich waren am nächsten Morgen um 10 Uhr immer noch keine Reifen da. Also mussten wir wieder warten und Tee trinken in der Trucker-Restaurant-Bude. Alle zwei bis drei Stunden kam dann die Info: „Don´t worry! They will be here within the next two hours." Aber die Reifen kamen nicht. Wir hingen also mal wieder einen Tag bei 30 Grad an einer Highway Tankstelle ab, tranken leckeren Tee und ließen derweil unseren abgebrochenen Auspuff schweißen. Wenigstens etwas Sinnvolles an diesem Tag. Die Werkstatt zum Schweißen war um die Ecke und auch wieder mehr als abenteuerlich, doch Till war äußerst zufrieden mit der Arbeit und dem Endergebnis. Genauso hatte er sich die Reparatur und das neue Auspuffstück vorgestellt. Danach machten wir wieder das, was wir an diesem Tag am besten konnten: Tee trinken. Dabei beobachteten wir einen kleinen Unfall an der Tankstelle: Ein Mann im schwarzen kleinen Neuwagen fährt vorwärts, blickt aber die ganze Zeit nach hinten zu den Deutschen mit dem Hund. Das ist ja auch viel spannender. Gleichzeitig setzt ein großer, schwerer LKW zurück und LKW und Kleinwagen treffen sich heftig und blechknirschend in der Mitte. Der LKW gewinnt und ich mache Fotos.

Zum Sonnenuntergang kam nach der ganzen Warterei plötzlich eine unglaubliche Hektik auf: die Reifen waren da! Und ehe man sich versah, standen zwanzig Inder um unseren Frosch und fingen an, Radmuttern abzuschrauben und gleichzeitig den Frosch aufzubocken. Bei Dunkelheit? Wir mussten Taschenlampen holen, die Inder waren nicht mehr zu stoppen. Es war ein unglaubliches Gewusel und ich in großer Sorge, dass jetzt noch etwas kaputt gehen würde. Gemeinsam versuchten Till und ich zu retten, was zu retten war. Da war es wieder, das „don´t worry" von Raju. Mir platzte der Kragen. Diese ganze Arbeitsweise war weder effizient noch irgendwem nützlich und zum Schluss sollten wir die Leidtragenden sein, weil ein Haufen tatkräftiger Jungs nicht nachgedacht hatte und noch mehr kaputt gegangen war? Natürlich endete mein Gefühlsausbruch in einer gewissen Disharmonie zwischen Till und mir und machte die gesamte Situation auch nicht besser. Als der erste neue Reifen auf die Achse gewuchtet wurde, konnte man nur noch die Hände über dem Kopf zusammenschlagen. Wieso passten die Radmuttern wohl plötzlich nicht mehr? Weil die Felge nach innen zeigte und somit das Rad komplett falsch herum auf der Achse saß. Ich war fertig mit den Nerven. Wie konnten die Inder so sein? Natürlich wollten alle nur helfen, aber diese vielen Leute, die alle mit anpacken wollten und dazu diese Art, einfach zu machen

Amelie im Außenspiegel

ohne die Folgen zu bedenken. Oder war das die indische Tiefenentspanntheit? Oder gar Erleuchtung? Dinge hinzunehmen oder auf eine gewisse Art auszublenden, damit sie einen nicht in Stress versetzen? Dann hätte ich auch gerne einmal Erleuchtung, bitte!

Glücklicherweise schafften es die Inder trotz Dunkelheit beide Räder ordnungsgemäß zu montieren. Am nächsten Morgen wuchteten wir das alte, noch heile Hinterrad ohne Felge aufs Dach. Das war das einzige, was die Galgenkonstruktion schaffte. Das Reserverad mit Felge war dafür einfach zu schwer. Also mussten wir den Galgen wieder auf dem Dach verstauen oder doch einfach hier an der Tankstelle lassen? Man konnte gar nicht so schnell schauen, schon war ein Inder bei uns oben auf dem Dach. Wie hatte er es an Ole vorbeigeschafft? Hatte er Ole einfach ausgeblendet? Der Inder wollte Till zur Hand gehen und den Galgen auf dem Dach auseinanderbauen. Als der Galgen drohte auf die Solarpanels zu knallen, war es ein wunderbarer Moment, um mit der ersten Übung auf dem Weg zur Erleuchtung zu beginnen: ich schaute einfach nicht hin! Ich hielt mich raus und überließ die verbale Notbremse Till. Es funktionierte. Der Inder ließ die Panels heile und der Galgen wurde bei der nächsten Möglichkeit entsorgt. Wozu das Teil durch die Gegend fahren, wenn es zu schwach ist für den Notfall? Wie der Reifen runter kommt, wissen wir ja. Und um den 130kg Reifen auf unser Dach zu bekommen, bedarf es noch nicht mal zwingend eines Gabelstaplers. In Indien braucht man hierfür nur drei Dinge: einen Pick-Up Truck, einen Tank-Laster und ein Seil. Das Ersatzrad wird auf den Pick-Up gewuchtet, von dort mit einem Seil auf den runden Tanklaster gezogen. Dann wird der Frosch so dicht wie möglich am Tanklaster geparkt und das Reserverad einfach herüber gewuppt. Problem gelöst. So einfach kann das manchmal sein...

Wenn man einfach nur noch in Goa ankommen möchte

Wir haben zusammen am Flughafen gewohnt, durch den Garten meiner früheren Wohnung fuhr unmittelbar der Zug und nun fehlte auf der Liste eigentlich nur noch das Wohnen an der Autobahn. Und auch hinter diesen Punkt können Till und ich jetzt einen Haken machen. Seit Amritsar finden wir jede Nacht unseren Stellplatz direkt am Highway – der Lärm der vorbeiknallenden LKWs und deren melodisch durchdringenden Hupen ist selbst mit Ohropax noch wunderbar zu hören. Neulich Nacht meinte einer der Tankstellen-Jungs, direkt neben unserem Frosch seine Trommel zu spielen. Ein kleines Konzert für zwei schlafende Touristen. Um zwei Uhr nachts. Herzlichen Dank. Warum wir uns das antun? Wir wollen einfach nur noch nach Goa und das auf direktem Weg. Das einzige, was wir uns auf dem Weg angeschaut haben, war der Rattentempel bei Bikaner. Ziemlich harte Nummer, wenn man Ratten nicht mag, denn diese Tierchen wohnen zu Tausenden im Tempel, werden verehrt und entsprechend gefüttert und so laufen sie einem vor oder über den nackten Füßen herum. Ja, auch in diesem Tempel muss man die Schuhe ausziehen und hat permanent die ganzen Kötel unter den Füßen kleben...

Nach inzwischen fast 14.000 gefahrenen Kilometern und der Geschichte mit den Reifen ist unser einziger Wunsch, endlich am Palmenstrand anzukommen. Motor aus, die Sonne und das Meer genießen, keine Landkarten mehr lesen sondern Kingfisher trinken! Und vor allem keine durchgeknallten Inder mehr in Fahrzeugen vor einem, hinter einem oder neben einem auf der Straße. Denn die sind einfach nur purer Stress. Die pakistanische Fahrkunst

Die Ratten trinken aus ihrer großen Milchschüssel

ist nichts im Vergleich zu der indischen Fahrweise. Die Pakistani sind berechenbar. Da weiß man, dass kurz vor knapp noch ausgewichen wird oder man sie von der Straße hupen kann. In Indien geht das nicht mehr. Gegen Hupen haben die Inder einen automatischen Mute-Knopf im Ohr. Sie hören sie nicht. Auch wenn man ihnen direkt ins Ohr hupt. Da geht selbst ein Fußgänger nicht einen Meter von der Straße runter, er dreht sich noch nicht mal um!

Ich hatte mich schon so sehr an unseren Express Highway gewöhnt. Ganz vergessen, dass nicht immer jede Straße vierspurig und relativ glatt geteert ist. Wir hatten darauf vertraut, was Raju gesagt hatte: Die Küstenstraße runter nach Goa über Mumbai wäre tip top und die Landschaft wunderschön. Ganz ehrlich, was interessiert mich die Landschaft, wenn ich jede Sekunde auf der schmalen und schlechten Straße Angst haben muss, dass der entgegenkommende LKW vielleicht doch nicht weit genug auf seine Seite rüberzieht? Und natürlich war es dann wieder soweit: ein entgegenkommender LKW überholte eine Rikscha während wir einem auf der Straße herumstehenden Motorrad ausweichen mussten (neben der Straße war ein breiter hübscher Schotterstreifen zum Nothalten, aber das interessiert ja niemanden). Mein Außenspiegel wurde erwischt und knallte laut und mit vollem Einsatz an meine Tür. Der Spiegel zersplitterte in tausend fiese Teilchen. Das war bereits der indische Ersatzspiegel (natürlich nicht TÜV-geprüft und ohne Sicherheitsglas), mein erster Außenspiegel wurde kurz nach Amritsar in einer ähnlichen Situation zerlegt. Leider diesmal mit dem Unterschied, dass mein Fenster heruntergekurbelt war und die Splitter nun durchs Fenster flogen. Es erwischte meinen Arm, der danach rot gesprenkelt war von kleinen Schnittwunden. Till musste den einen oder anderen Splitter mit seiner Taschenmesser-Pinzette herausziehen. Ganz ehrlich, wen interessiert da noch die Landschaft? Mich nicht mehr.

So schlängelten wir uns also über den Highway 17 durch die Berge, mal mit 60km/h, mal nur mit 40km/h. Es kam ganz darauf an, welcher indische Kleinwagen sich beim Überholen in die Lücke vor uns quetschte, weil der LKW von vorne mal wieder so plötzlich erschien. Und statt dann bei der nächsten Gelegenheit den Überholvorgang fortzusetzen, wurde erst einmal nach hinten gegafft, das Handy raus gehalten und Fotos gemacht! Es war nichts geworden? Dann wurde halt noch langsamer gefahren, bis wir schließlich überholen mussten, damit auch noch ein Foto von der Seite gemacht werden konnte. Und in dieser Sekunde möchte man dann einfach nur noch schreien, wahlweise reinschlagen. Aber schon ruft einem die Karma-Polizei ins Gewissen und ehe man so richtig in Gedanken ausgeholt hat, was man am liebsten mit diesen Vollidioten auf der Straße machen möchte, lässt man es, tief durchatmend, einfach bleiben. Wir sind halt in Indien.

Gossip-Goa

Wir waren gerade mal eine halbe Stunde angekommen, da wusste das ganze „Dorf“ Mandrem Beach von unserer Ankunft. Es war auch nicht ganz so gewöhnlich, dass sich diesmal gleich zwei grüne Frösche unter den Palmen platzierten. In der letzten Saison war es nur einer, und zwar der von Kari und Walter. Die beiden tauchten 10km vor Arambol auf der kleinen, zugewucherten und kurvigen Straße aus dem Nichts vor uns auf. Wir hatten hinter jeder Kurve mit großen Tata-LKWs gerechnet, aber bestimmt nicht mit einem Frosch! Was für ein Zufall! Da Kari und Walter genau wussten, wo man mit

einem so großen Fahrzeug stehen konnte, folgten wir ihnen bis nach Mandrem Beach unter die Palmen, 300m vom Strand entfernt.
Was für ein Paradies. Endlich angekommen. Ausspannen, Kingfisher trinken. Doch die Ruhe währte nicht lange, da kam der erste Inder, dem es scheinbar nicht passte, dass wir hier unter den Palmen parkten. Der Landbesitzer würde in Pernem wohnen (18km entfernt) und er wäre der Aufpasser. Ob wir eine offizielle Erlaubnis hätten, fragte er ziemlich gereizt. Wir fragten Kari und Walter, schließlich standen sie in der letzten Saison über zwei Monate hier. „Der soll sich nicht wichtig machen. Der Besitzer wohnt in Mumbai, wir haben die Erlaubnis", hieß es von den beiden. Der gereizte Inder ging wieder und wir machten mit unserem Urlaubs-Programm weiter: Masala-Tee trinken, Internet, Essen, Schwimmen, Lesen, Schwimmen, Yoga, Essen, Internet, Duschen, Kingfisher, Essen, Kingfisher. Weihnachten ergänzten wir das Programm um Cocktails und ein indisches Konzert. Große verantwortungsvolle Aufgaben, wie minimale Wartungsarbeiten am Frosch, konnte man höchstens nur noch eine am Tag erledigen. Alles andere war definitiv viel zu anstrengend. Auch ein abendlicher Ausflug nach Arambol zum Shoppen und Essen oder ein morgendlicher Trip zum heiligen Baum im Dschungel von Arambol war eine kleine Herausforderung, ob man seinem entspannten Alltags-Trott entkommen könnte. Wir konnten. Doch als wir am Nachmittag zurück kamen, erfuhren wir vom Restaurant neben unserem Palmen-Platz, dass der Grundstücks-Verwalter hier war. Angeblich samt Polizei und wir hätten sofort den Platz zu verlassen. Puh. Wir packten unsere Sachen und versuchten mit Kari und Walter herauszufinden, wer denn nun der ominöse Besitzer wäre. Wir fragten bei den Restaurantbesitzern nach. Sie konnten uns ganz schnell sagen, wem der Palmenplatz und sämtliche anderen Grundstücke gehörte: Einem ganz hohen Tier aus Pernem, man nannte ihn hier scherzhaft „die Königin von England". Das klang ja sehr vielversprechend. Über den ansässigen Resort-Besitzer wurde ein Termin abgemacht, damit wir dort vorsprechen durften. Wir wollten uns vorstellen und um eine offizielle Erlaubnis bitten, auch wenn wir nur noch eine Nacht bleiben wollten. Vielleicht würde die Möglichkeit bestehen, in ein paar Wochen nochmal nach Mandrem Beach zu fahren und dort zu parken. Wir fuhren mit Kari und Walter am nächsten Vormittag nach Pernem und standen kurze Zeit später vor einem netten Palast. Wir sprachen mit dem Manager. Er erklärte uns, dass es in Indien ein Gewohnheitsrecht gibt, das nach 3 Jahren gilt. Wenn also

dieses Grundstück als Parkplatz genutzt werden würde, auch ohne Erlaubnis, und sie 3 Jahre nicht dagegen vorgehen würden, könnten die Anwohner ihr Gewohnheitsrecht einklagen und das Grundstück wäre offiziell ein Parkplatz und dürfte nicht mehr anders genutzt werden. Verständlich, dass wir da nicht parken sollten. Trotzdem wollten wir seinen Boss noch sprechen, schließlich hatten wir einen offiziellen Termin. Doch uns wurde auch nach über einer Stunde Warten keine Audienz gewährt. Ganz so unnütz war unser Besuch nicht. Wir hatten wenigstens den Grund herausgefunden, warum man nicht wollte, dass wir dort stehen, und der Manager kannte unsere Gesichter und erlaubte uns noch eine weitere Nacht dort zu bleiben. Außerdem hatten wir einen netten Plausch gehalten und es wurde Licht ins Dunkle gebracht über das ominöse weiße Gebäude unten am Strand. Im letzten Jahr war es über Weihnachten eine teure Nobel-Disco ohne Besucher und - laut anderer Touristenmeinung - angeblich ein Drogenumschlagplatz für Russen. Es war noch nie eine Prawn-Factory, wie fast alle behaupteten. Auch keine Sardellen- oder Cashew-Fabrik wie wir wiederum von einigen anderen gehört hatten. Das Gebäude war lediglich früher einmal ein Restaurant mit dem Namen „Prawn-Factory", verriet uns der Manager, der im nächsten Jahr dort ein Hotel eröffnen will. Stille Post lässt grüßen. Kari und Walter fragten, warum man ihnen erzählt hätte, dass der Besitzer in Mumbai wohnen würde. Die Leute reden einfach zu viel, fand der Manager. Wo er Recht hat, hat er Recht. Wieder vor Ort in Mandrem Beach kam das Gespräch mit den Restaurantbesitzern nochmal auf die Story mit dem angeblichen Besitzer aus Mumbai. Und schon erfuhren wir die nächsten brisanten Details aus den Lach- und Sachgeschichten von Mandrem Beach...

Es war einmal in Palolem...

Da standen sie, unsere Freunde in Palolem! Annik und Semo wurden nicht nur von uns herzlichst begrüßt, sondern gleich vom ganzen Resort de Palolem-Team, das überglücklich war, dass die beiden nun zum vierten Mal in Folge ihren Urlaub hier verbringen würden. Oli, ebenfalls kein unbekanntes Gesicht dank seiner mehrfachen Palolem-Aufenthalte (und auch nach seiner Abreise immer noch Most Wanted...), hatte Ole im Schlepptau. Anett freute sich besonders, ihren besten Freund Oli nach zwei Monaten endlich wiederzusehen, denn sie hatte mit ihrem Till vor zwei Monaten ihre Reise in Thailand gestartet. Ebenfalls mit von der Partie war Conny, frisch, munter und braungebrannt nach sechs Wochen Thailandaufenthalt. Unser Ärzte-Team Babs und Mathiz reiste zwei Tage später aus Hannover an und machte die Plem-Plem-in-Palolem-Truppe komplett!

Wir freuten uns nicht nur darüber, unsere Freunde nach drei Monaten wiederzusehen, sondern auch über deren Reisegepäck. Seit dem nämlich klar war, wer alles nach Goa kommen würde, wurde die Liste der noch dringend benötigten Dinge und Ersatzteile immer länger, die Bestellungen im Internet häuften sich und schließlich fand sich alles in den Taschen der Hannoveraner wieder. Annik und Semo waren die Diesel- und Ölfiter-Beauftragten (Vielen Dank, Resi, fürs Organisieren und Schicken!), zu Babs und Mathiz ließen wir Bücher, Kreditkarten und Ersatzteile für den Boiler liefern und Oli brachte uns den bei Ebay ersteigerten Coleman Backofen mit, mit dem ich beim ersten Backversuch fast den Frosch abfackelte. Auch kleine Weihnachtsaufmerksamkeiten von meiner Schwester und meinem Vater konnte Babs noch in einer Tasche unterbringen und so waren wir mehr als dankbare „Happy Camper"!
Silvester auf einer Froschreise mit seinen Freunden zu feiern ist tatsächlich Feier-Luxus. Natürlich gab es einige Daheimgebliebene, die wir gerne auch noch dabei gehabt hätten, aber man kann ja nicht alles haben. Nina und Phil fehlten uns zu unserem fast perfekten Glück, aber die beiden hatten auf ihrem Around-the-World-Trip Indien längst hinter sich gelassen und eine Möglichkeit, die beiden aus Sydney nach Goa zu beamen, gab es noch nicht. So waren sie aber alle in unseren Gedanken dabei, als wir am Silvesterabend zu elft am Strand dinierten und den Abend mit Kingfisher einläuteten. Vor Mitternacht wurde am Strand bereits sämtliches Lautes und Buntes in die Luft geballert, was es aufzutreiben gab. Auch wir hatten ein indisches Feuerwerk, was wie eine Bombe wummerte und herrlichste Farben an den Himmel zauberte. Man konnte von den Bomben ernsthaft einen Hörschaden bekommen, dafür musste man noch nicht mal gefährlich dicht dran stehen. Spätestens da konnte unser deutsches, über die Grenzen geschmuggeltes Feuerwerk wirklich einpacken mit seinem seichten Piff und dem darauf folgenden kleinen Puff mit den nicht wirklich spannenden und viel zu kurzen Farb-Glitzer-Andeutungen am Himmel. Aber vielleicht liegt es auch an diesem seichten Piff

und kleinen Puff zu Silvester, dass wir wenigstens noch hören können, wenn wir auf der Straße angehupt werden...
Natürlich wurde in dieser Nacht auch noch das Tanzbein geschwungen. Die Party stieg in der Neptunes-Bar auf einem Felsen am Ende des Palolem-Beach. Heimische Gefühle stiegen auf, als wir über eine halbe Stunde in der Schlange standen... Wenigstens war es nicht kalt! Doch leider machte die Polizei allen Feierwilligen um 3 Uhr einen Strich durch die Rechnung. Musik aus. Party vorbei. Und nun? Eigentlich hätten sie ja, wie sonst zu allen Partys nach 22 Uhr üblich, Kopfhörer verteilen können! Dann hätten wir unsere Energie weiter auf der Tanzfläche lassen können, uns ohne Kopfhörer über die zappelnden Menschen amüsiert, die die Stille ab und an mit lautem Kreischen durchbrechen und alle wären glücklich gewesen. Aber es gab keine Kopfhörer. Abmarsch zu den Hütten.
Frohes Neues Jahr samt Katerstimmung am nächsten Morgen.

Die ersten Tage des neuen Jahres waren sehr relaxed und routinemäßig fuhren wir täglich mit unserem Roller nach Palolem. Zwischendurch war unsere kleine Strandoase in Agonda auch für die anderen der Gruppe ein herrlicher Fluchtpunkt vor zu viel Touristen oder Strandverkäufern oder einfach

Get together am Frosch

auch mal so ein nettes Ausflugsziel, um entspannt in der Hängematte aufs Meer zu gucken und dabei vom Subwoofer beschallt zu werden. Die meiste Zeit des Tages wurde mit Essen verbracht und wenn nicht gerade gegessen wurde, wurden Pläne geschmiedet, wo und was man gleich essen könnte. Leider sprengten wir mit elf Leuten regelmäßig die Küchen. Wartezeiten bis zu zwei Stunden waren keine Seltenheit. Genügend Zeit für mehrere große Kingfisher! Laut Oli hieß es zwar immer: „kein Bier vor Vier", doch er brach seine eigene Regel gerne selbst. Wodka-O und Pommes von Keshab aus dem Resort de Palolem, dazu Frisbee spielen mit Semo – das war für Annik der perfekte Sundowner – ein wahrer Knüller! Genauso wie die Hot & Sour Soup auch immer ein Hit war oder für Babs die dicken Cheese-Bällchen mit Oliven. Es wurde geschlemmt, gechillt, geschlemmt und gechillt. Dazu gab es von unserem DJ Mathiz den richtigen Sound (wenn denn der Subwoofer genügend Strom hatte) und Hildesheim-Till holte aus seinem klitzekleinen Laser-Pointer alles für eine perfekte Lichtshow heraus. Spätestens dann gab es für Ole das nächste große (!) Kingfisher, aber kein Garlic Naan mehr, das wurde inzwischen boykottiert, erstaunlicherweise auch von Conny! Kaum wurde es Dunkel, musste Anett das erste Mal gähnen. Doch fürs Bett war es noch viel zu früh, also wurde weitergechillt und geschlemmt. Und wenn sie nicht alle irgendwann wieder nach Hause müssten, würden sie immer noch chillen und schlemmen, chillen und schlemmen und Semo und Annik könnten immer noch B-B-B-B-B-B-B-B-Bullet (Royal Enfield) fahren!

Agonda - gekommen um zu bleiben!

Agonda in Goa ist der wohl berühmteste Treffpunkt der Overlander. Kein Wunder, denn der Platz unter Palmen direkt am Strand ist einfach pures Overlander-Paradies. Hier wohnt Slowenien samt Hund im Landcruiser neben Deutschland im Frosch, Deutschland im Mad-Max-Wohnmobil, Deutschland im T5 Bully und Deutschland im Landrover. Holland im hellgrünen Hymer nimmt das Mittelstück ein und Holland im Uralt-Landrover einen Teil vom Anfang, für Frankreich gab es nur noch Plätze in der zweiten Reihe. Die zweite Reihe ist inzwischen wieder abgereist. Im Gegensatz zu allen in der ersten Reihe. Sie bleiben und möchten gar nicht mehr weg. So kommt es auch nicht selten vor, dass ein „Morgen werden wir aber fahren"

immer wieder auf den nächsten Tag verschoben wird. Mark und Jo aus England hatten kurzfristig mit dem Gedanken gespielt, ihren Freunden in Kerala abzusagen. Begründung: Mark kann nicht fahren, er ist krank. Da Freunde keine Arbeitgeber sind (O-Ton Mark) packten sie widerwillig ihre Sachen zusammen.
Wir haben uns inzwischen auch richtig eingerichtet und uns ein Open-Air-Wohnzimmer gebaut. Bei einem Straßenhändler haben wir uns eine Matratze und Kissen gekauft und in der Kleinstadt Chaudi haben wir vom Bäcker große Mehlsäcke bekommen. Unter großer körperlicher Anstrengung und viel Schweiß haben wir die 50kg Säcke mit Sand gefüllt. Der eine dient nun als Treppenstufe vorm Frosch, die anderen sind eine hervorragende Rückenlehne unseres neuen Sofas – Gemütlichkeit siegt! Der Blick aufs Meer samt Delfin-Show oder zu den Affen in den Bäumen ersetzt jeden Fernseher. Obwohl, so ein Open Air Kino ja auch was hätte! Kaum war der Gedanke ausgesprochen, waren wir schon mitten drin in der Planung und Organisation eines Kino-Abends für die Overlander-Community. Das neue Sofa musste ja auch richtig eingeweiht werden! Unser beigefarbenes Vorzelt wurde zur Leinwand, der Subwoofer zum Soundsystem und Mark hatte tatsächlich einen Beamer dabei. Nur die Kabel hatte er in England vergessen. Gut gemacht, Mark! In Chaudi gab es einen Computerladen. Aber ganz nach Chaudi fahren? Wozu, wenn Walter auch einen Stecker basteln konnte? Für das andere fehlende Kabel klapperten wir die ganzen 3.233 Internetcafés in Agonda ab. Und siehe da, das Café im letzten Teil von Agonda hatte tatsächlich genau das, was wir brauchten! Mit Steffens Film-Festplatte und Eis für jeden war unser Kino zum Sonnenuntergang bereit für die Vorführung! „Bube, Dame, König, Grass“ wurde zum Vorfilm, gefolgt von „Slumdog Millionaire“ auf Englisch, damit auch alle etwas davon hatten. Was für ein Leben!

Doch auch das süßeste Strandleben kann zur Qual werden, wenn ein Störenfried im Darm eingezogen ist und man sich fragen muss, ob er sich inzwischen auch schon sein eigenes Sofa gebaut hat und einen längeren Aufenthalt plant, weil er einfach nicht ausziehen will. Für die Freundin des Holländers endete die Sache mit einem Besuch im Krankenhaus und einer vollen Dröhnung Antibiotika. Ich wurde zum Dauerpendler zwischen Frosch-Bett und Busch, in der Hoffnung, er würde von alleine wieder ausziehen. Auf eine Antibiotika-Behandlung konnte ich gut und gerne verzichten. Thomas und Chris-tin

Overlander mit Stern

hatten die einfache Lösung: schwarzer Tee. Der spülte nochmal richtig durch und verhalf mir zu einer Nacht mit qualvollen Magenkrämpfen. Merkwürdigerweise hatte ich trotzdem am nächsten Morgen meine Lebensgeister zurück. Nur der Mitbewohner blieb. Kari, ebenfalls vom Darm geplagt, hatte sich aus der Apotheke in Chaudi Tabletten besorgt. Sollte ich doch Tabletten nehmen? Aber schlimmer als in der letzten Nacht konnte es mit Tabletten auch nicht werden, also runter mit der indischen Chemie-Keule. Wenn der Störenfried nicht freiwillig geht, bleibt halt nur die Zwangsräumung!

Und noch ein weiterer ungebetener Mitbewohner musste zwangsgeräumt werden: Rudi, das kleine graue piepsende Tierchen mit dem langen Schwanz und hübschen Zähnchen, das sich durch seine Kötel im Motorraum verraten hatte. Zu futtern hatte er scheinbar auch noch genug: ein großer Brocken Pedigree Hundefutter lag neben seinen Köteln, ein hübsches Dinner für eine kleine Ratte. Aber ein Leben für Rudi unter der Frosch-Haube musste nun wirklich nicht sein. Die Gefahr, dass er sich auch ein Sofa baut und dann aus Langeweile Kabel anknabbert und uns dadurch in große Schwierigkeiten bringt, war einfach zu groß. Wir brauchten eine Falle. Nichts leichter als das, unsere Nachbarn Mandy und Steffen kramten kurzerhand in ihrem

Wohnmobil und übergaben Till eine nepalesische Lebendfalle, die nun mit Kartoffeln bestückt zurück in den Motorraum geschoben wurde. Am nächsten Morgen saß er drin, der kleine Rudi, und wurde in seiner Falle mit dem Roller ans andere Ende von Agonda gebracht und ausgesetzt. Soll er da ein neues Leben beginnen. Und wir? Frei von Störenfrieden und ungewollten Mitbewohnern genießen wir jetzt wieder das Leben in unserem Outdoor-Wohnzimmer samt Sofa und Fern-Sehen!

Immer wieder sonntags...

Ein Sonntag in Agonda war im Gegensatz zu allen anderen Tagen meist wild, laut, bunt und ausgelassen. Sie reisten in Bussen an, in vollgepackten Kleinwagen und mit Mopeds: indische Großfamilien, junge Halbstarke und Mädchengruppen, breiteten sich mit ihren großen Picknickdecken auf der großen Freifläche am letzten Stückchen Strand aus. Sie stiegen wie Ameisen aus den Bussen oder Kleinwagen – man dachte vorher nie, dass tatsächlich so viele dort reinpassen! Wenn nicht am Vortag bereits ein Kochzelt aufgebaut wurde, fand man im Gepäck der Anreisenden sämtliche silbernen Küchentöpfe, in denen sie Reis, Gemüse-Currys, Nudel-Gerichte, Roti- oder Naan-Brote und weitere Köstlichkeiten her transportiert hatten. Die meisten Frauen blieben auf ihren Decken zurück, gelegentlich sah man sie in Grüppchen am Strand Fangen spielen. Die Herren hingegen lieferten eine gelungene Show aus Fußball oder Cricket und sprangen zu Hauf im Wasser herum und amüsierten sich köstlich. Und dann kam die Musik. Und das Bier. Und Agonda-Beach wurde zum El Arenal Indiens.

Man muss sich das so vorstellen: Im großen Pick-Up Truck mit einem Haufen junger Halbstarker auf der Ladefläche und im überladenen Kleinwagen schmetterten sie auf den Sand- und Schotterwegen zur Freifläche. Man hörte sie von weitem kommen, sie jubelten und grölten und die Musik war bis zum Anschlag aufgedreht. Der Bass knarzte so heftig, dass er leider jedes Lied versaute – ob man es nun mochte oder nicht. Die Karre wurde direkt am Hang geparkt, der Kofferraum aufgemacht und der Strand wurde mit Musik beschallt - die Lautsprecher waren kurz vorm explodieren. Ab und an gab es auch eine zwei- oder dreifach Beschallung aus diversen Fahrzeugen und eine Celin Dion versuchte gegen die mit schnellem Beats untermalten Backstreet

Sie kommen in Scharen

Boys anzukommen, wobei indische Bollywoodmusik dann doch gewann. War auch eigentlich egal, welche Musik lief, Hauptsache laut! Nach dem zweiten Bier schepperte der Alkohol nicht nur bei allen Halbstarken, sondern auch bei den Familienvätern so heftig, dass sie ausgelassen in ihren nassen Unterhosen tanzten, fröhlich herum grölten, die Hüften kreisen ließen und ordentlich Spaß hatten! Nach dem zehnten Bier konnte es passieren, dass dem ersten übel wurde und er sich übergeben musste. Hemd und Hose, wenn man denn beides noch an hatte, bekamen den Mageninhalt ab. Aber wozu hatte man die Freunde dabei, die einen dann durch den Sand zum Meer zogen, um den Siff wieder abzuwaschen? Der Kumpel wurde ins Meer hinein geschupst und ganz schnell hatte man vergessen, dass der Kumpel gewaschen werden sollte. Sie schubsten ihn immer wieder rein, denn schubsen ist ja noch lustiger, wenn sich der total besoffene Kumpel gar nicht mehr wehren kann! Sie hatten Spaß wie kleine ausgelassene Kinder bei einem Sonntagsausflug - und wir was zu gucken.

Auch an indischen Feiertagen wurde auf diese Art und Weise der Strand von Agonda unsicher gemacht. Doch dann waren es nicht nur übersichtliche hundert Inder, sondern viele Hunderte! Wir durften das Spektakel live miterleben und befanden uns schon mittags mittendrin im Feier-Wahnsinn. Von links, von rechts, von hinten wurde der Frosch innerhalb kurzer Zeit zugeparkt, obwohl drumherum noch eine Menge Platz gewesen wäre. Um uns herum Inder aller Couleur: Kinder, Eltern, Jugendliche, Großmütter, direkt von der Seite ein fast explodierender Lautsprecher für die perfekte Strandparty. Ole bellte, Inder hatten Angst vor Ole und uns war das Gewusel um uns herum und die Direktbeschallung mit Mallorca-tauglichen Hits zu viel. Wir verzogen uns ein paar Hundert Meter weiter mit unseren Strandmatten. Das war der Moment, an dem dann auch unser Frosch-Areal und Outdoor-Wohnzimmer von Indern bezogen wurde, obwohl die eingerollte Matratze gar nicht zum Sitzen einlud. Da saßen sie, im Schatten direkt am Frosch und wir in der prallen Hitze am Strand. „So sind die Inder, da kann man nichts machen", fand Till gelassen, der sich zwischendurch von unserem entfernten Strandplatz in die Menge begab, um Fotos zu machen. Im Nachhinein hätte ich mitkommen sollen, aber einer musste ja am Strand bleiben und aufpassen, dass Ole unter seinem Sonnenschirm liegen blieb und nicht hinterher lief, um Inder anzubellen. Ich blieb also am Strand mit Ole und beneidete Till in diesem Moment mal wieder um seine Gelassenheit, sich dem ganzen einfach hinzugeben und seinen eigenen Spaß zu haben. Ich hingegen war

Spaß am Strand

alles andere als gelassen, denn als ich kurz am Frosch war, kippte mir einer der Inder in unserem „Wohnzimmer" seinen Müll vor der Froschtür direkt vor die Füße. Vielen Dank. Die Distanzlosigkeit dieser Leute machte mich an diesem Tag einfach wütend.
Auch ein Hundebesitzer, der seinen Welpen aus Spaß mehrfach hintereinander für mehrere Sekunden unter Wasser drückte, machte meine Wut nicht besser. Unser Versuch, dem Hundebesitzer klar zu machen, dass er das vielleicht nicht tun sollte, weil es nicht witzig ist, endete genauso im Unverständnis, wie der Versuch, seinem Sohn zu erklären, dass man seinen kleinen Hund nicht an der Leine in die Luft zieht und um einen herumwirbelt. Wir waren drauf und dran, den kleinen Welpen zu adoptieren. Aber der Hundebesitzer wollte auf sein lebendes Spielzeug nicht verzichten und so konnte Till dem kleinen Hundebaby nur Wasser aus Oles Napf geben.
Pünktlich zum Sonnenuntergang kamen die Trillerpfeifen und Bushupen zum Einsatz und genauso schnell wie sonst die Sonntagsausflügler, saßen die vielen Inder wieder in ihren Bussen. Das einzige, das am nächsten Morgen noch verriet, dass hier eine riesige Party stattgefunden hatte, war der überall verteilte Müll, auf den sich die Kühe seit einer Woche gefreut hatten. Bis zum nächsten Sonntag...

Unsere kleine Farm...

Eigentlich begann alles mit Monique. Monique ist weder Französin noch Touristin, sondern eine am Agonda-Strand lebende, weiße, männliche Kuh mit Hörnern. Vor vier Wochen entdeckten wir, dass Monique eine ganz tiefe Wunde am Bauch hatte. Da musste ihr einer ihrer Kuh-Kollegen bei einem Kampf mit den Hörnern ordentlich einen verpasst haben. Sie blutete und es wollte nicht aufhören. Spätestens als Till sah, wie die Krähen immer wieder in der tiefen Wunde herumpickten, kam sie in unsere Obhut. Till organisierte einen Tierarzt, während ich neben der Kuh saß und aufpasste, dass die Krähen sie in der Zwischenzeit in Ruhe ließen. Ein paar Stunden später kam tatsächlich der Doktor auf seinem Roller angefahren.
Er hatte eine große Spritze dabei und gab Anweisungen, dass Monique liegen sollte. An den Hörnern gepackt, versuchten die Jungs Monique, zum liegen zu überreden, aber Monique wollte nicht. Marcus, ein Overlander aus Berlin,

hatte Monique recht gut im Griff, so dass der Tierarzt dann angelaufen kam, die Spritze gab und schnell wieder auf Sicherheitsabstand ging. Erst war Monique wütend, doch unsere Bananen, Brötchen und Salatblätter stimmten sie schnell wieder um. Unsere Kuh stand ab dem Zeitpunkt unter Beobachtung und wurde natürlich jeden Tag mit Bananen oder Brötchen angelockt, damit wir ihre Wunde anschauen konnten. Wie vom Arzt versprochen, wurde die Blutung durch die Spritze gestillt, Monique war auf dem Weg der Besserung. Kurze Zeit später entdeckte Till einen verlausten und dünnen Welpen. Er war sehr schüchtern doch mit ein bisschen Futter war das Eis recht schnell gebrochen. Wir nannten die kleine Hundedame Jens und sie zog kurze Zeit später unter Armins Landrover ein. Hier stand ab nun immer Wasser und Futter und nachdem „die Jens“ sich ein wenig eingelebt hatte, bekam sie ihr erstes Bad mit Anti-Floh-Shampoo. Das große Krabbeln in ihrem Fell musste ein Ende haben. Danach legten wir ihr eins von Oles Flohhalsbändern um, es gab eine Wurmkur und sie liebte uns trotz der Wasch-und Anti-Floh-Prozedur immer noch. Ab nun schlief sie jede Nacht vor Mandys und Steffens Wohnmobil. Lauerte Gefahr, so schlug sie Alarm in den schönsten Tönen. Sie bellte nicht, sie krähte – wie ein Hahn!
Wie sollte es auch anders sein, kurze Zeit später tauchte ihr Bruder und die Mutti auf. Auch sie bekamen großzügige Futter-Portionen. Gebadet wurde keiner, dafür waren sie dann doch zu schüchtern. Der Bruder hieß ab nun Uwe und war dann doch ein Mädchen. Nun hatten wir also neben Ole noch zwei kleine Hunde, die Mutti und Kuh Monique. Bisher noch ein recht überschaubarer Zoo. Doch dann kam Mandy angerast mit ihrem Roller. „Guckt mal, guckt mal, was ich gefunden habe“, und hob einen ganz kleinen Welpen hoch, der nicht älter als sieben Wochen sein konnte. Wir bestimmten erst ihr Geschlecht, nannten sie dann Lisbeth und versuchten ihr altes Zuhause zu finden. Mandy hatte sie auf der Straße aufgesammelt, nachdem sie fast überfahren wurde. Also klapperten wir alle gemeinsam die Häuser ab und fragten jeden, ob er wüsste, wo dieser Hund hingehören könnte. Es konnte keiner helfen. Also nahmen wir sie wieder mit zurück. Es folgte die Shampoo-Nummer, es wurde gefüttert, entwurmt und Lisbeth vorerst von uns allen adoptiert. Unser aller Baby hatte sich am nächsten Tag bereits an ihr neues Zuhause gewöhnt, tapste von einem Auto zum nächsten und schlief mit Sabine draußen im Zelt. Lisbeth fand Ole natürlich richtig spannend und sie hatte ihn als großen Spielkameraden auserkoren, doch Ole wollte nicht.

Wohnzimmeratmosphäre mit Monique und Ole

Lisbeth war für ihn eine absolute Nervensäge. Außerdem war er inzwischen auch ziemlich beleidigt, dass ständig neue Hunde angeschleppt wurden und er nicht mehr im Mittelpunkt der ganzen Nachbarn stand. Als ob das nicht schon reichte, schlichen sich auch immer die Krähen an, um aus seinem Wassernapf zu trinken. Armer Ole, er hatte es auch wirklich nicht leicht und verzog sich inzwischen lieber in den Frosch, als mitten im Spektakel zu sein. Was sollte aber mit unserer Lisbeth geschehen, wenn wir alle abreisen? Wir fuhren nach Chaudi zum Animal Rescue Trust und erklärten unsere Situation. Janie, eine sehr nette Engländerin, arbeitete für den Tierverein und erzählte uns, dass wir Lisbeth weiter aufpäppeln sollten und sie dann kurz vor unserer Abreise kommen würde, um sie abzuholen. Lisbeth würde dann ins Puppyhouse kommen, wo sie nach diversen Impfungen ein neues Zuhause vermittelt bekommen würde.
Doch wie heißt es so schön? Erstens kommt es anders und zweitens als man denkt...

... einen Tag nachdem wir in Chaudi waren, spielten wieder alle Hunde um uns herum. Lisbeth hatte sich inzwischen sehr gut mit Jens und Uwe angefreundet. Die Mutti von Jens und Uwe hatte unsere Lisbeth bereits beschnüffelt und wir hatten große Hoffnungen, dass die Mutti unsere Lisbeth selbst adoptieren könnte. Doch die Mutti interessierte sich nicht groß und ging wieder. Ein paar Stunden später kam sie zurück. Mit einem ihrer weiteren Babys, die sie in der großen Hotelruine hinter uns versteckt hatte. Sie stellte uns Theo vor, der ein bißchen älter war als Lisbeth, aber jünger als Jens und Uwe. Wir wussten von unserer Hotel-Ruinen-Besichtigung, dass sie noch zwei weitere Babys da oben im Stroh versteckt hatte. Und die holte sie dann am nächsten Tag auch noch zu uns. Als dann die Babys an Muttis Zitzen saugten, kletterte die kleine, freche Lisbeth dazu und machte es ihren neuen Geschwistern nach - und die Mutti hatte nichts dagegen! Unser Herz ging auf, was für eine wunderbare Familienzusammenführung und wir mussten uns um die Zukunft der kleinen Lisbeth keine Sorgen mehr machen und könnten getrost weiterreisen.

Und um Monique brauchen wir uns übrigens auch nicht mehr zu sorgen. Die Wunde ist fast verheilt und außerdem liegt sie jetzt immer bei uns im Wohnzimmer und genießt die Aussicht... Happy End!

Party? Nur wenn die Sonne scheint!

Wenn man denkt, dass man in Goa hemmungslos feiern kann, hat man ganz schön falsch gedacht. Das Goa-Festival Chakra-View, das bei Facebook als absolutes Highlight beworben wurde und zu unserer Freude auch noch in Agonda stattfinden sollte, entpuppte sich als Flop. Flop deshalb, weil es trotz riesiger Ankündigung einfach von der Polizei gestoppt wurde, bevor es überhaupt angefangen hatte. Gut, dass wir keine Karten im Vorverkauf gekauft haben. Ob wir die 2.500 Rupees jemals zurückbekommen hätten, wäre fraglich gewesen. Man durfte noch nicht mal in die Nähe des Festivalgeländes fahren - „restricted area, you better don´t go there", hieß es in ernstem Ton von den Cops, die mit ihrem Mannschaftswagen die Zufahrt versperrten.
Also veranstalteten wir unsere eigene kleine Party am Agonda Beach. Wozu hatten wir schließlich die zahlreichen Mitschnitte unserer Villa-Partys und die heruntergeladenen Sets von Chick&Dick oder Mathiz dabei? Der Rest der Overlander-Crew war ebenfalls in Partylaune. Wir deckten uns mit einem guten Getränkevorrat ein und starteten eine herrliche kleine Strandparty –

die um 4 Uhr morgens von der Polizei beendet wurde, als wir 600 Rupees „Partygebühr" bezahlen mussten und versprachen, sofort ins Bett zu gehen. Ein sehr abruptes Ende, aber immerhin hatten wir es bis 4 Uhr geschafft. Party nach 22 Uhr war strengstens verboten. Wer sich allerdings hier hinten am Strand, wo sich die Bässe in den Palmen verlieren, daran störte, blieb einfach mal dahingestellt...

Eine Woche später hatte Overlander Armin Geburtstag. Ein sehr guter Grund, die Boxen und die Getränke wieder herauszuholen! Allerdings war überall in Goa inzwischen Partyverbot, auch Kopfhörerparties wurden nun nicht mehr erlaubt. Selbst ein kleines Live-Konzert in einer der Agonda-Bars, bei dem drei Nepalis Gitarre spielten und dazu sangen, endete mit deren Verhaftung durch die Polizei! Und dabei war es noch nicht mal 22 Uhr! Die Polizei war rigoros. Aber wir lernten dazu und guckten uns das Partyverhalten von den Indern ab. Laute Musik und in jeglicher Art durchdrehen, ohne dass die Polizei kommt, ist erlaubt – und zwar so lange die Sonne scheint. Wir schleppten also unser Partyequipment an Armins Geburtstag in die Mittagshitze, kauften sämtliches Zubehör für Feni-Cocktails und feierten Armins Geburtstags-Fiesta – mit viel Bass, viel Schnaps und sehr viel Spaß! Wie schnell die Zeit vergeht, wenn man gute Musik hat, leckere Cocktails mischt, lustige Verkleidungen an hat und sich um nichts scheren muss! Die Cops, die jeden Nachmittag am Strand Streife fuhren, kamen natürlich auch bei uns vorbei. Aber alles kein Problem. Mandy, in Quassellaune, konnte die Cops davon überzeugen, dass wir noch ein klitzekleines bisschen nach Sonnenuntergang feiern durften. Und danach? Ging es in die Wohnmobil-Discothek „Mad Max" von Mandy und Steffen. Es war eng, heiß und laut und es durfte auf dem Sofa herumgesprungen werden. Da konnte selbst die Polizei nichts mehr sagen – wir feierten schließlich drinnen!

Geburt in Indien? Kann man das machen?

Ich saß im Internetcafé vor meinen Emails und mich grinste mal wieder eine weitere Freundin als glückliche Neu-Mami mit ihrem zerknautschten Baby von einem Foto an. Zuhause waren derzeit entweder alle schwanger oder hatten schon entbunden! Und ganz plötzlich, ich konnte wirklich nichts dafür, hatte ich diesen Babyvirus auch. Hilfe! In Indien!

Ich versuchte ihn zu verdrängen, ertappe mich aber immer wieder dabei, wie ich Handan und Simon – die Freunde unserer englischen Agonda-LKW-Strand-Nachbarn – mit ihrem Baby beobachte. Handan und Simon, ebenfalls aus England, nutzen ihre Elternzeit, um zu reisen. Zola war jetzt drei Monate alt und das wohl entspannteste Baby mit den wohl entspanntesten Eltern, die Till und ich je erlebt haben. So ging das also auch? Baby plus Reisen gleich Entspannung?

Und schon ratterte es in meinem Kopf, ich konnte gar nichts dagegen machen: Was war, wenn man in Indien ein Kind bekommen wollte? Auf zum Internet, es musste recherchiert werden! Plötzlich landete ich auf Corinnas Birthing-Center Seite und mir war sofort klar: das ist es. Eine Geburt in Goa in einem Geburtshaus einer deutschen Hebamme – was will man mehr? Nun wurde Handan interviewt: Wie ist es mit Kind auf Reisen? Wie sind die Kinderärzte hier in Goa? Hätte sie sich vorstellen können, schwanger zu reisen? Handans Erfahrungen waren durchweg positiv und gepaart mit den Geburtsberichten, die ich auf Corinnas Internetseite lesen konnte, gab es wirklich keinen Grund, in Indien kein Kind zu bekommen.
Till und ich fingen an zu rechnen. Wir hatten genau zwei Versuche, wenn unser Kind in der nächsten Goa-Saison zur Welt kommen sollte, damit es für die Rückreise alt genug ist. Und nun musste es nur noch klappen…

Die Geschichte vom Klappspaten

Eigentlich wollten wir Anfang Februar weiterreisen. Doch unseren potentiellen Abfahrtstermin verschoben wir wöchentlich. Es kam schließlich ständig etwas dazwischen. Erst das Chakra-View Festival Anfang Februar (was ja dann doch ausfiel), dann Armins Geburtstag, dann Tills Mittelohrentzündung. Danach gingen uns die Ausreden aus und auch der Reisegeist klopfte ganz sachte und zaghaft wieder an die Tür. Im Grunde hatten wir genug entspannt und schließlich wollten wir ja auch noch mehr von Indien sehen als nur Agonda: wir wollten auf den Fleamarket in Anjuna, wir wollten den Schweizer Overlander Marco in Assagao besuchen und dann in Richtung Kerala aufbrechen, schließlich wird es da unten von Tag zu Tag wärmer. Es gab genügend Gründe noch weiter in Agonda zu bleiben und wenn es auch einfach nur unsere lustigen Zwickauer Overlander-Nachbarn waren, unser

Hunde-Zoo, der schöne Stellplatz und im ganzen die gesamte Leichtigkeit, einen schönen Tag nach dem nächsten hier zu verbringen. Doch dann ereignete sich der Klappspaten-Vorfall...

Es war Samstag, jeder ging seinen Gewohnheiten nach: Frühstücken, Shoppen in Chaudi, Schwimmen, Internet surfen, Lesen, am Bus herum schrauben, Hunde entlausen etc. Zwei Fahrzeuge weiter wurde vor einem Overlander-Gefährt gemütlich Geburtstag gefeiert, als ein Bus mit einem Schwung junger gut gebauter Inder vor fuhr. Alles wie immer: die Musik wurde aufgedreht, die Boxen Richtung Strand gedreht, der Alkohol ausgepackt. Wir kannten das ja inzwischen zu genüge und wussten, dass um spätestens 17 Uhr wieder Ruhe einkehren würde. Kein Grund sich aufzuregen und kein Grund den zehn Indern ihren Spaß nicht zu gönnen. Steffen war gerade mit der Stevie Wonder Geburtstags-CD auf dem Weg zu den Indern – vielleicht hatten sie ja Lust zwecks der Overlander-Geburtstagsparty einmal „Happy Birthday“ auf voller Dröhnung zu spielen. Doch soweit kam es gar nicht erst. Die Geburtstags-Overlander stellten sich Völkerverständigung wohl anders vor...

Der eine nahm seinen Klappspaten in die Hand und marschierte geradewegs auf die feiernden Inder zu. Innerhalb von Sekunden kippte die Stimmung in eine sehr aggressive Haltung. Kein Wunder. Erstens lässt man die Inder in Ruhe feiern (oder man feiert mit) und Zweitens rennt man nicht mit einem Klappspaten in der Hand dorthin! Da kann jeder hinterher noch oft genug sagen, man wollte nur freundlich fragen, ob man die Musik leiser machen kann. Der Klappspaten sprach definitiv eine andere Sprache! Wir standen zum Glück weit genug weg, um das Ganze aus der Entfernung zu beobachten. Der nächste Overlander mischte sich ein und schon waren es zwei Ausländer, die mit Indern in eine Rangelei gerieten. Plötzlich wurde es eine Prügelei und der Klappspaten-Overlander rannte, als würde es um sein Leben gehen. Die Inder hinterher. Wir verrammelten uns im Frosch und schauten mit Herzklopfen durch unsere Gardinenschlitze. Einer der Inder war inzwischen so wütend, dass er sich einen Palmwedel griff und wahllos drauflos schlug. Er schlug die Frontscheibe der Berliner kaputt, die mit dieser Sache natürlich überhaupt nichts zu tun hatten. Super. Innerhalb von Sekunden war aus einem netten Samstag eine brodelnde Stimmung entstanden, bei der wir nicht wussten, wie es ausgehen würde. Würde sich die Situation beruhigen?

Würden wir gleich den Motor starten und so schnell es geht abhauen müssen, unsere ganzen Sachen, die vorm Frosch waren, einfach stehen lassen, die angebundenen Sonnenschutz-Tücher einfach abreissen lassen und das Ganze obwohl wir total unbeteiligt am Geschehen waren? Der Palm-Wedel-Inder ließ sich nach weiterem Aufbäumen von seinen Kumpels beruhigen. Er entwischte ihnen noch ein paar Mal, fand an einem der Overlanderfahrzeuge eine Axt, schlug sie ein paar Mal in eine Palme, schlug danach auch noch wütend mit der Faust auf den Stamm ein, was ihm natürlich zusätzlich eine blutige Hand bescherte. Doch dann saß er auch endlich mit im Bus, mit dem sie gekommen waren. Als der Bus losfuhr, konnten wir das erste Mal aufatmen.

Adrenalin, Angst, Ungewissen und eine kaputte LKW-Windschutzscheibe - und das nur weil ein Overlander den Indern in ihrem eigenen Land keinen Spaß erlaubte und sich durch die laute Musik provoziert fühlte? Unfassbar. Die Scheibe der Berliner war definitiv kaputt. Unsere Parkplatzwächter kamen und natürlich auch die Polizei, die wir aber wieder wegschickten und sie darum baten, die Sache einfach auf sich beruhen zu lassen. Wer weiß, was es für Folgen gehabt hätte, wenn der Palmwedel-Inder jetzt auch noch Ärger

Festgefahren

mit der Polizei bekommen würde. Wir hofften einfach darauf, dass er seinen Rausch ausschlafen und es ebenfalls auf sich beruhen lassen würde, was er im Endeffekt auch tat - der Inder kam nicht mehr zurück.

Nun stellte sich natürlich die Frage, wer die Scheibe bezahlen würde. Die Klappspaten-Overlander-Fraktion hatte den Vorschlag, dass wir alle ja eine Overlander-Gemeinschaft waren und dass wir alle zusammenlegen könnten, um die neue Scheibe zu bezahlen. Dass dies bei uns Unbeteiligten nicht unbedingt auf offene Ohren stieß, verwunderte eben diese Fraktion. Komisch, wir hatten nichts damit zu tun, noch haben wir uns jemals über die laute Musik beschwert. Ich hatte eigentlich mit einer Entschuldigung gerechnet, dass man uns Unbeteiligten in diese Situation gebracht hat, die auch ganz anders hätte ausgehen können!

Im Endeffekt einigten sich die Beteiligten untereinander und versuchten wohl für den Berliner eine neue Scheibe aufzutreiben. Wir hielten uns aus diesem ganzen Dilemma raus und ließen es ebenfalls auf sich beruhen. Marcus, der mit der kaputten Frontscheibe, hatte scheinbar genug von diesem Standplatz und seinen Klappspaten-Nachbarn. Er war zu Recht wütend, packte zusammen, startete seinen LKW und fuhr genau dorthin, wo er wissentlich nicht hinfahren sollte, weil sich dort alle schon im Sand festgefahren hatten: an eine andere Ecke vom Strand, auf die Düne hinauf. Innerhalb von Sekunden steckte er im tiefen Sand fest. Bingo.

Wir nutzten unser Unbehagen, endlich den Absprung aus Agonda zu schaffen, um weiter zu reisen, und packten am Montag unsere Sachen zusammen. Zum Abschied wurde noch mit vereinten Kräften der im Sand steckende Berliner LKW vom Frosch herausgezogen und dann verließen wir Agonda – mit einem lachenden und einem weinenden Auge. Lachend, weil wir endlich aus dem Agonda-Sog herausgekommen sind und weinend, weil Agonda und ein paar liebe Menschen (und liebe Hunde), die wir dort kennen gelernt hatten, uns einfach ans Herz gewachsen waren. Mit der Hoffnung, in der nächsten Saison noch einmal dort stehen zu können, verabschiedeten wird uns, schließlich wollten wir jetzt wirklich mehr von Indien sehen...

Und zu guter Letzt noch die Moral von der Geschicht´: Gefährde andere Reisende nicht!!!

„On the road again“

Wir waren wieder on the road! Nach einer Woche in Morjim Beach hatten wir unsere Pläne, direkt nach Kerala zu fahren, wieder verworfen. Die 35 Grad im Schatten in Goa reichten uns völlig aus. Und da der Süden Indiens im März/April noch heißer bzw. mit hoher Luftfeuchtigkeit daherkommt, wollten wir das weder Ole noch uns antun. Die Planänderung hieß: auf nach Hampi und dann Richtung Norden über Hyderabad nach Varanasi und dann im April Grenzübergang nach Nepal.

Wieder on the road zu sein, bedeutete für mich am ersten Tag Adrenalin auf ganzer Linie. Enge Straßen, große Busse, das übliche Dauer-Gehupe und waghalsige Überholmanöver. Ich musste mich allerdings nur zweimal ducken, die Augen zu kneifen und dabei die Luft anhalten, als ein Bus mal wieder so dicht an uns vorbei rauschte, dass ich dachte, er würde uns rammen bzw. mir wieder mein Spiegelglas in den Arm jagen. Aber der Frosch blieb verschont und ich auch! Den ersten Tag hatten wir also recht gut überstanden und irgendwie hatte ich mich am Nachmittag auch fast wieder dran gewöhnt. Ich hatte große Hoffnungen für den nächsten Tag, denn auch mein neuer eigener Hup-Knopf gab mir ein gutes Gefühl. Till hatte mir in Agonda eine eigene Hupe eingebaut, die ich nun bei jeder Gelegenheit drückte, auch und wenn uns einfach nur ein großer Bus entgegen kam. Entweder ich bildete es mir ein, oder sie fuhren nach meinem Hupeinsatz tatsächlich immer ein wenig zur Seite. Guter Dinge schliefen wir in dieser Nacht ein, nicht wissend, dass uns der nächste Tag mal wieder Einiges bescheren würde.

Der nächste Morgen begann erst einmal mit einem Reparatureinsatz. Der Standgas-Regler war defekt bzw. musste nachgestellt werden, da der Motor beim Bremsen immer absoff. Leider benötigte man dafür einen ganz dünnen, ganz langen und unglaublich gelenkigen Arm mit mindestens 10 Fingern, um von oben im Motorraum an die eine Schraube zu kommen und nochmal genau den gleichen Arm, um von unten durch die kleinen, engen Zwischenräume nach oben in den Motorraum zu gelangen und von dort aus gegen zu halten. Wer hat sich so eine Konstruktion einfallen lassen? Doch irgendwie schafften wir es zu zweit, den Draht nach unten zu ziehen und die Schraube wieder festzustellen. Wir waren danach von oben bis unten voller Schmiere und dreckig bis tief unter die Fingernägel, aber nun lief der Frosch wieder

– ganze 10 Meter bis zum nächsten großen Geholper. Da rutsche es wieder zurück, die 2 Stunden Fummelei und Arm-Biegerei am Morgen waren für die Katz´ und der Motor mal wieder aus. Es nützte nichts, wir starteten den Frosch neu und fuhren mit Standgas-Problem weiter.

Je näher wir an die nächste Stadt herankamen, desto mehr Idioten tummelten sich auf den Straßen und desto öfter musste gebremst werden. Ergo ging der Frosch ständig aus und musste alle paar Meter neu gestartet werden. Großartige Voraussetzungen, um sich durch den chaotischen Verkehr zu schlängeln. Aber das war nur das eine. Das andere war die mal wieder nicht vorhandene Beschilderung in dieser Stadt. Wo geht's hier bitte nach Hampi? Wir erlebten die erste Krise an diesem Tag. An einer Kreuzung übersahen wir eine Ampel. Kein Wunder, denn wer rechnet hier mitten in Indien auch plötzlich mit einer Ampel? Wir fuhren scheinbar bei Rot drüber und wurden natürlich vom Ampel-bewachenden Polizisten angehalten. Er forderte freche 500 Rupees Strafe! Der Froschmotor war eh mal wieder ausgegangen. Also blieben wir einfach stehen und warteten ab. 500 Rupees wollten wir nicht zahlen! Er forderte weiter. Wir weigerten uns. Dann fragte Till nach einem Beleg, den wir ja bekommen müssten, wenn wir zahlen würden. Dann würde das Ganze sogar 1000 Rupees kosten, meinte der Polizist. Nach ewigem Hin und Her und unseren Aussagen, dass wir noch nie eine Strafe in Indien zahlen mussten, weil wir Touristen und entsprechend Gäste des Landes sind, ließ er uns endlich ohne zu zahlen weiterfahren!

Wir fanden schließlich den Weg zum Highway und wurden belohnt: zweispurig in beide Richtungen inkl. Abgrenzung auf dem Mittelstreifen! Ein Traum in Indien – der leider nach einer halben Stunde auch wieder vorbei war. Zurück auf die einspurige Landstraße, denn der Weg nach Hampi führte mal wieder mitten durch eine Stadt. Wir hatten Glück, denn das Schicksal wollte, dass wir direkt in Hubli an einem Hupen-Geschäft vorbeikommen sollten. Und da war sie: die Druck-Luft-Melodie-Super-Deluxe-Mega-Fanfare, die wir seit dem Iran gesucht hatten. 7 Hörner spielten 30 verschiedene Melodien – damit sollte ich die Hup-Königin Indiens werden! Sie war so laut, dass das Motto bald heißen sollte: lieber taub als tot!

Weiter auf dem Highway fuhren wir an einer Tata-Werkstatt vorbei, die Busse und LKW reparierte und auch optisch einen guten Eindruck machte.

Wir überlegten, ob wir unsere Bremsen einmal checken lassen sollten. Wir entschieden uns dafür und als wir auf den Hof der Werkstatt fuhren, war es mal wieder, als wären wir unabsichtlich hineingeschlüpft in einen indischen Film mit uns als Hauptdarstellern, dessen unbekanntes Drehbuch wir nicht beeinflussen konnten. Innerhalb von Sekunden waren wir umringt von 160 indischen Mitarbeiter-Augen! Wir erklärten kurz unser Anliegen und schwupps waren sie dabei, den Wagenheber dort anzusetzen, wo mehr kaputt gehen konnte, als dass sich 8 Tonnen Frosch nach oben bewegen würden. Stattdessen ging unser Puls weit nach oben. Schnell den Indern den richtigen Ansetzpunkt gezeigt und dann konnten wir sie mal wieder einfach nur noch machen lassen. Drei Inder krabbelten unterm Frosch herum und zogen die Bremsen nach. Danach meinten sie, dass das Problem behoben wäre und der Frosch beim Bremsen nicht mehr nach links ziehen würde. Das Problem war natürlich nicht behoben, aber wir beließen es dabei. Auch die Standgas-Reparatur wollten wir lieber selber nochmal in Angriff nehmen (was wir am nächsten Morgen auch mit Erfolg schafften), obwohl so ein kleiner, dünner indischer Arm bestimmt sehr gelenkig wäre. Doch wir wollten keine risikoreichen Experimente machen. Zum Ende zeigten wir noch Ole und den Frosch, es wurden zahlreiche Erinnerungsfotos geschossen. Zum Dank überreichten wir einen unserer Frosch-Pins. Und dann fuhren wir wieder vom Hof und schlüpften in der Sekunde wieder raus aus dem indischen Werkstatt-Film zurück in die gefühlte Realität.

Es war bereits Nachmittag und wir hielten die Augen nach einem Stellplatz auf. Keine Chance. Es war nirgendwo eine Möglichkeit zu stehen, ohne dass gleich 100 Inder unseren Frosch in Beschlag nehmen würden. Kurz vor Sonnenuntergang entdeckten wir ein Feld. Doch als wir gerade ausgestiegen waren und mit Ole Gassi gehen wollten, schlüpften aus irgendwelchen Erdlöchern die Inder. Uns überkam bei einem Inder ein komisches Gefühl und wir fuhren zurück auf die Straße. Ein anderer Stellplatz musste her, denn die Sonne war bereits dabei unterzugehen. Wir hatten keine andere Wahl mehr und bissen in den sauren Apfel: mal wieder eine laute Nacht an der Tankstelle. Doch nach einer Minute an der Tankstelle wurde uns gesagt, dass wir hier nicht stehen dürften. Auch auf dem großen Parkplatz neben der Tankstelle wollte man uns nicht übernachten lassen. Wir fuhren weiter. Noch war es ansatzweise hell. Rechts hoch war ein großes freies Gelände. Wir fragten bei einem Haus nach, das sich als Polizeistation herausstellte, ob wir hier für

Ein farbenfrohes indisches Fest

eine Nacht stehen dürften. Langsam kamen wir in Zeitdruck, einen Stellplatz bis Sonnenuntergang zu finden. Mit einem breiten Lächeln im Gesicht lautete die Antwort: Nein, das wäre hier Polizei und kein Parkplatz, wir sollten doch bitte nach Hospet (der nächsten Stadt) weiterfahren und dort irgendwo parken. Vielen Dank. Wir fuhren weiter. In Hospet fanden wir einen Parkplatz am Park, wo Ole endlich Gassi gehen konnte. Als wir zurück waren, stellten wir fest, dass hinter der Mauer auch wieder eine Polizeistation war. Und, welch Überraschung, auch hier wollten sie uns nicht! Obwohl wir an der Straße standen und nicht auf dem Polizeigelände, wurden sie recht schnell sehr forsch und wollten uns loswerden. Und nun mussten wir eine unserer Goldenen Regeln brechen: in Indien im Dunkeln Froschfahren!

Wir mussten mitten durch die übervolle Stadt durch, vorbei an Fußgängern, Rikschas, Mopeds, Eselskarren, Autos, Bussen und LKWs. Dreiviertel davon war ohne Licht unterwegs. Wenn zur Abwechslung tatsächlich eines der Fahrzeuge Licht hatte, dann war es ein schönes, erblindendes Fernlicht. Warum hatten wir eigentlich keinen Pauschal-Urlaub gebucht? Das wäre billiger und weniger nervenaufreibend gewesen... Ich hupte im Sekundentakt und wir fuhren ganz langsam und laut aus der Stadt raus und über die Landstraße – 10km bis an der Straße ein Freizeitpark auftauchte und wir dort auf den Parkplatz fuhren. Hier mussten wir erstmal tief durchatmen und beten, dass wir hier nicht wieder verscheucht wurden!

Wir fragten nach und tatsächlich durften wir hier bleiben! Wir ließen Ole im Frosch mit seinem Abendbrot zurück und einer der Angestellten brachte uns in ein piekfeines Nobel-Restaurant. Wir bestellten erst einmal einen Kaffee. 11,5 Stunden Fahrt lagen hinter uns und wir waren froh über den Kaffee und die netten Angestellten vom Freizeitpark. Ob man uns unseren Stress ansah? Wir schauten erst uns an und dann die anderen Restaurantbesucher und mussten lachen. Neben und hinter uns dinierte eine indische Familie in ihren edelsten Saris. Vor uns Touristen, die ebenfalls im edelsten Zwirn zu Abend aßen. Und wir? Wir waren verschwitzt, hatten noch unsere Arbeitsklamotten an, waren voller Schmiere mit tiefschwarzen Rändern unter den Fingernägeln. Und das in Indien, wo man manchmal darauf aufmerksam gemacht wird, dass der General Store auch einen Laundry-Service hat oder man mit dreckigem T-Shirt nicht unbedingt ein Hotelzimmer bekommt. Oh Gott, wie peinlich! Wir fragten trotzdem beim Hotel-Manager nach, ob wir hinterm Freizeitpark auf dem großen Parkplatz stehen dürften. Wir hätten gedurft, wenn wir für 3.000 Rupees ein Zimmer genommen hätten. Also blieben wir an der Hauptstraße. Die Konsequenz hieß: Türen geschlossen halten und statt schlafen bei 35 Grad im Frosch schwitzen...

Entlebucher „Rüdiger“ entdeckt Hampi

Nachdem Ole auf der Fahrt nach Hampi viel Zeit im Frosch verbracht hatte, wollten wir die nächsten drei Tage für ihn wieder spannender gestalten. Sightseeing in Indien – da muss auch ein kleiner Entlebucher durch. Mittags konnte er den in langärmligen(!) Polyester-Sportanzügen gekleideten Indern in der absolut hirnschmelzenden Hitze (bestimmt 50 Grad in der Sonne!!) von seinem Schattenplätzchen unterm Frosch beim Cricket-Spielen zusehen, denn unser Stellplatz in Hampi war unter Bäumen direkt am Cricket Feld 500 Meter vor den ersten Tempelruinen. Laut Lonely Planet waren wir in der heißesten Zeit des Jahres nach Hampi gekommen und das Thermometer widersprach nicht: 35 - 40 Grad zeigte es im Schatten. Wir schliefen nachts

auf dem Dach unter romantischem Sternenhimmel und nutzen die kühlen Morgenstunden (30 Grad), um mit Ole Hampi zu entdecken.
Es war, als wären wir auf einem eigenen indischen Planeten gelandet. Die gesamte Landschaft dieses 700 Jahre alten Gebietes, das zu seiner Zeit mal eine Hauptstadt mit einer halben Million Einwohner und 43 Quadratkilometern Fläche war, bestand aus irrwitzigen Steinanhäufungen und unglaublich schönen Felslandschaften. Es hatte absolut nichts mehr mit der typischen indischen Landschaft zu tun, die wir sonst zu sehen bekommen hatten. Es war faszinierend und atemberaubend schön. Zwischen und auf diesen Felsen hatte man vor 700 Jahren haufenweise Tempel errichtet, wo man zu Shiva, Ganesha, Lakshmi und weiteren zahlreichen Götterbildern beten konnte. Da konnte die Akropolis in Athen wirklich einpacken!
Um alle diese Tempel zu besichtigen, brauchte man Tage und ein Fahrrad. Wir entschieden uns dafür, nur die wichtigsten Tempel zu sehen und mit Ole zu laufen oder Rikscha zu fahren. Für Tempel-Besichtigungen, bei denen ein Hund nicht erlaubt war, und für schnelle Erledigungen, mieteten wir uns einen Roller, der noch schrottiger war als die olle Klapperkiste in Agonda. Egal, Hauptsache mobil!

Wir waren innerhalb von wenigen Stunden bekannt wie ein bunter Hund, wegen eben genau diesem. Kaum gingen wir den Hampi Bazaar entlang, der Hauptgeschäftsstraße in Hampi, bellten von allen Seiten die Hunde und die Leute guckten. Wir machten einen Abstecher zum Fluss und auch hier wurde Ole lautstark empfangen und sein Baden kommentiert. Nachdem Ole nun Profi im Rikscha-Fahren war, hatte er auch keine Angst mehr, das erste Mal Boot zu fahren. Die mitfahrenden Touristen schon eher. Auf der anderen Seite des Flusses konnte sich Ole so richtig ausleben: es hieß auf Felsen zu klettern, was der kleine Schweizer mit Bravour meisterte und von wo wir einen herrlichen Blick über Hampi genießen konnten. Wir nahmen Ole überall hin mit – selbst im Internetcafé war er kein Problem. Zurück am Frosch bekamen wir bzw. Ole regelmäßig Besuch, den er aber bellend auf Sicherheitsabstand hielt. So konnte Till in Ruhe „die Sieben Zwerge“ (unsere neue Mega-Super-Deluxe-7-Horn-Druckluft-Fanfare) einbauen und ich noch weiter den Frosch an seinen ausgebesserten Stellen im hübschen indischen „Bus-Green“ streichen.

Mit Ole in den Felsen von Hampi

Natürlich wurden wir überall gefragt, wie Ole denn heißen würde. Und da wir wussten, dass sie Ole dann ständig rufen würden, behaupteten wir, er würde Rüdiger heißen. Was für ein Name! Denn alle verstanden Huligar (oder so ähnlich) – was auf Hindi wohl soviel bedeutet wie „netter Tiger"! Damit hatte Ole die Herzen gewonnen und wir auch, weil wir unserem Hund einen indischen Namen gegeben hatten!

Wo ist der nächste Tierarzt?!?

Um Nichts zu erleben, muss man sich in Indien im Hotelzimmer einsperren. Ansonsten hält Indien mindestens einmal täglich eine schöne oder auch unschöne Überraschung für einen bereit. Über den mörderischen Verkehr haben wir ja schon oft berichtet. Uns sind schon einige umgekippte LKWs und kaputt gefahrene Autos am Straßenrand begegnet und so manches totgefahrene Tier klebte wie ein Abziehbild auf dem Asphalt, Hunde lagen erstarrt oder halb verrottet am Straßenrand oder die Vögel pickten an ihren überfahrenen Körpern herum. Alleine an einem Tag zählten wir 10 überfahrene Hunde! Es war also nur noch eine Frage der Zeit, bis uns diese Situation begegnete.

Der Tag hatte im wahrsten Sinne des Wortes sehr positiv angefangen, denn am Morgen hatte ich die Überraschung seines Lebens für Till: Der Schwangerschaftstest verriet: wir werden Eltern! Doch die Freude, dass es tatsächlich sofort geklappt hatte, musste erst einmal nach hinten geschoben werden. Wir waren gerade auf der Landstraße durch ein Dorf unterwegs, da bremste vor uns ein LKW ab. Er hupte und hupte und dann fuhr er drum herum um das, was da mitten auf dem Highway lag. Wir sahen vor uns einen schwarzen Hund, der versuchte aufzustehen, es aber nicht mehr schaffte. Er hatte definitiv seine Beine gebrochen – ein paar Minuten vor uns muss ihn jemand angefahren und ihn dann einfach liegen gelassen haben. Was jetzt? Wir können ja nicht einfach weiterfahren!

Wir hielten am Straßenrand an und stiegen aus. Es war eine Hündin, die nicht nur gebrochene Beine hatte, sondern auch eine ganz tiefe Wunde an der Schulter, aus der das Blut nun auf die Straße triefte. Innerhalb von Sekunden waren mal wieder ein Haufen Inder um uns herum, die gespannt darauf warteten, was jetzt passieren würde. Wir fragten nach einem Tierarzt. „Vet? Vet? Animal Doctor? Animal Doctor?“ Einer verstand und zeigte in die Richtung, in die wir fahren wollten. „20 Kilometers, next City!“ Ich rannte zum Frosch, holte eine Mullbinde und nutze den absoluten Schockzustand der Hündin um ihr den Fang zu zu binden, damit sie nicht beißen konnte. Wie gut, dass mir vor der Reise unsere Tierärztin Frau Duprée und Dackel Dr. Jakob gezeigt hatten, wie man das macht! Die Hündin konnte also nicht mehr beißen. Jetzt mussten wir sie nur irgendwie in den Frosch bekommen. Eine Trage musste her. Es war kein Brett aufzufinden, da kam Till auf die Idee, einen Mehlsack von unserem Agonda-Sofa umzufunktionieren! Er schob unsere Tischbeine links und rechts in den Sack und wir hoben die schwer verletzte Hündin auf die Trage. Ole wurde auf dem Bett angebunden und bewahrte die Ruhe als die Hündin in den Frosch gehoben wurde. Ich blieb hinten, um die blutende Hündin und Ole im Auge zu haben. Wir kamen 5km weit, dann änderte sich plötzlich der Schockzustand der Hündin und aus dem ruhigen Tier wurde ein panisches. Till hielt an und kam zu mir nach hinten. Sie versuchte aufzustehen, aber schaffte es nicht. Sie wurde immer panischer, der Fang-Verband lockerte sich und sie versuchte zu beißen. Dann brach sie wieder zusammen und ich verstärkte ganz schnell den gelockerten Fang-Verband mit einem weiteren. Ich zog diesmal richtig fest zu, dass sich nichts mehr lösen konnte. Dann bekam sie eins von Oles Halsbändern und wir banden sie fest, damit sie sich nicht mehr bewegen konnte. Wir fuhren weiter und der nächste Panikanfall kam. Wir mussten noch drei weitere Male anhalten, bis wir sie endlich so fest gebunden hatten, dass sie einigermaßen ruhig liegen blieb. Es war furchtbar! Sie fing schrecklich an zu weinen, versuchte sich immer wieder aufzubäumen und hatte furchtbare Schmerzen. Die ganze Fahrt über dachte ich, dass sie uns gleich sterben würde.

Als wir endlich die 20km geschafft hatten, waren wir mal wieder inmitten einer großen chaotischen Stadt. Till engagierte einen Rikscha-Fahrer, der angeblich den Weg zum Tierarzt kannte und der Frosch fuhr hinterher. Ich saß hinten, hörte die Hündin jaulen und konnte nur ein wenig vorne aus der Scheibe rausgucken, wo die vielen Verkehrsteilnehmer herumwirbelten. Wir fuhren links, wir fuhren rechts, es wurde gehupt, wir fuhren unter einer Brücke durch, die so niedrig war, dass der Frosch gerade so drunter durch

Durch die große Stadt

passte und während ich damit rechnete, dass der Tierarzt sie bestimmt nicht behandelt, weil sie ein Straßenköter ist, rechnete Till fest damit, dass der Rikscha-Fahrer bei dieser Stadt-Rallye keine Ahnung hatte, wo ein Tierarzt war.

Doch dann überraschte uns Indien wieder mit den guten Seiten: der Rikscha-Fahrer kannte tatsächlich den Weg und als wir endlich nach gefühlten Stunden auf den Hof der Open-Air-Tierarzt-Praxis fuhren, war der Veterinär tatsächlich sofort bereit, den Hund zu behandeln. Die Wunde wurde betäubt, gesäubert und genäht und wir waren unglaublich froh, dass wir den Weg geschafft hatten. Sie hatte sich die komplette Schulter zertrümmert und zwei Beine gebrochen, aber es wurde nichts geschient. Das müsste so wieder zusammenwachsen, sagte der Arzt. Doch was sollte nun mit ihr passieren? Wir konnten sie weder mitnehmen, noch mit ihren gebrochenen Beinen wieder in ihrem Dorf aussetzen. Wir fragten, ob wir sie dort lassen könnten. Wir durften. Einer der Praxis-Hausmeister würde sich um sie kümmern. Es blieb ein etwas mulmiges Gefühl, doch eine Arzthelferin versprach mir, dass sie ein Auge drauf haben würde. Da der Tierarzt für die ganze Behandlung nichts berechnete, hinterließen wir eine Spende, die auch die Arzthelferin daran erinnern sollte, tatsächlich ein Auge auf die Hündin zu haben. Dann säuberten wir den Frosch und mussten die Hündin ihrem neuen Schicksal überlassen, das immerhin besser war, als auf der Dorfstraße elendig zu verrecken. Wir hofften, dass es ihr gut geht und dass uns in Zukunft nicht noch ein hilfsbedürftiges Tier über den Weg läuft. Der Agonda-Zoo und diese angefahrene Hündin hatten den Bedarf an Tierrettung erst einmal gedeckt...

Ramoji Film City – indischer geht es nicht!

Wenn man dem Lonely Planet glauben soll, dann ist die Film City ein Highlight mit Tanz-Szenen, knallbunten Springbrunnen, Bollywood vom Feinsten und ein absolutes Muss. Wenn man dann davor steht und auf einem großen Schild liest, dass sogar die Film City größer sein soll als die Universal Studios in Hollywood, muss man schon das erste Mal schmunzeln. Wir erwarteten etwas typisch indisches und wurden in keinerlei Hinsicht enttäuscht...

Als wir am Abend auf das große Gelände fuhren und fragten, ob wir hier auf dem Parkplatz übernachten könnten, damit wir morgens früh gleich die Film City besuchen dürften, hieß es natürlich mal wieder Nein. Wir könnten ab 9 Uhr früh dort parken, vorher nicht. Da vorne unter dem Baum? Ja, da vorne unterm Baum. Als wir dann am nächsten Morgen ein schattiges Plätzchen unter dem abgesprochenen Baum auf diesem Parkplatz auswählten, kam natürlich wieder die Security. Wir sollten doch bitte da hinten parken und zeigte auf eine herrliche asphaltierte Freifläche ohne Schatten. Wir erklärten, dass wir Schatten für Ole benötigten und sie zeigten weiter auf den Sonnen-Parkplatz. Wir könnten auch mit dem Manager sprechen.

Der Mann am Eingang, der die VIP-Tickets verkaufte, gab sich plötzlich als eifriger Manager aus und erklärte uns, dass wir mit unserem Fahrzeug bis oben zur Film-City fahren, dort auf dem VIP-Parkplatz parken und dann mit einem klimatisierten Bus die Film-City-Tour machen könnten. In diesem ganzen Paket waren noch diverse Gutscheine für ein Base-Cap, ein Deluxe-Lunch, ein Wasser, eine Cola, ein Snack, Tee, Kaffee und diverse Attraktionen enthalten. Quasi ein Super-Schnäppchen! Wie es mit Schatten aussehen würde dort oben, fragten wir. Es wäre genügend Schatten vorhanden, bestätigte er uns und wir könnten unserem Tourguide zwischendurch auch sagen, dass er uns kurz zum Auto bringt, damit wir nach dem Hund schauen können. Das Super-Angebot stank zum Himmel, aber wir buchten es trotzdem.

Als wir oben auf dem VIP-Parkplatz ankamen, stand dort noch nicht mal ein einziger Baum. Soviel zum Thema Schatten! War klar. Was nun? Erst einmal gab es eine saftige Beschwerde in der VIP-Area. Dass man uns unten am Ticketcounter belogen hatte, nur damit wir das VIP-Ticket kaufen, war einfach eine Unverschämtheit. Und entweder es gab jetzt einen Schattenplatz für unseren Frosch oder wir wollten sofort unser Geld zurück! Es dauerte eine Weile, bis es dann hieß, dass man einen eigenen Raum für Ole hätte, wo er die ganze Zeit sein könnte, während wir in Ruhe die Film City anschauen könnten. Den Raum wollten wir sehen!

Wir wurden samt Ole vorbeigeführt an den Sicherheitsleuten und waren im Backstage-Bereich des Geländes, vorbei an den Blumen-Requisiten, die gerade gewässert wurden. Wir waren gespannt, was für ein Zimmer Ole bekommen würde. Während ich mir noch typisch deutsche Gedanken machte, dass Ole vielleicht die Tür des Zimmers zerkratzen könnte, lösten sich meine Gedanken prompt in Luft auf. Wir standen vor einem großen Hundezwinger mit 10 bellenden und springenden Hunden! Filmhunde? Sicherheitshunde? Auf jeden Fall hatte Ole dort ein sicheres Einzelzimmer mit einer Gitter-Tür! Wir fanden diese Lösung ganz okay. Er kannte Hundepensionszimmer mit Gitter-Türen und hier würde er wenigstens die Hitze gut ertragen können. Wir könnten schnell den Rundgang durch die Film-City machen und dann den kleinen Ole aus seinem Spielparadies wieder abholen. Gesagt getan.

Wir starteten die Film-City-Tour und wurden belohnt: wir fuhren an uninteressanten Gärten vorbei und durften beim japanischen Garten aussteigen. Aber nur zum Foto machen, den Garten anschauen und die Treppe hochlaufen durften wir nicht. Dann ging es für alle wieder zurück in den Bus und vorbei an ein paar Filmkulissen-Gebäuden. Dann kam das Highlight dieser Tour: die internationale Straße! Hier würde man innerhalb von Sekunden von England nach Deutschland reisen und man bräuchte noch nicht mal ein Visum! Diese Bollywood-Kitsch-Häuser-Kulissen erinnerten eher an Walt Disney und noch nicht mal mit viel Fantasie an England oder gar Deutschland. Aber egal. Wir waren VIP-Gäste und durften aussteigen und sogar die

Papp-Kulissen anfassen! Der Tourguide hatte es sich inzwischen zum Hobby gemacht, uns mit unserer Kamera vor den Super-Kulissen abzulichten. Es war herrlich. Herrlich indisch!

Danach war die Tour vorbei und wir durften in den Freizeitpark. Im Kinderland war niemand und es gab auch eigentlich nichts. Ein überdimensionaler Schuh, ein Essenskörbchen als Verkaufsstand, eine Eisenbahn u.ä. standen hier herum. Im Bauch eines großen Schiffs befand sich die Spielhölle: Videospiele und Spielzeug-Greifgeräte. Wir versuchten unser Glück und gewannen eine Frosch-Handpuppe, die eigentlich quaken sollte. Sie war aber bereits kaputt. Till fuhr Autorennen, ich fuhr Ski. Das Tanzspiel wäre für mich noch ein echtes Highlight gewesen, aber es nahm die Münzen nicht an. Einer der Mitarbeiter versuchte es noch schnell zu reparieren, aber es ging trotzdem nicht. Wir ließen es bleiben und da wurde er auch schon zum nächsten Gerät gerufen, das defekt war.

Natürlich waren wir sehr gespannt auf die Shows, die der Lonely Planet als hervorragend beschrieb. Die erste Show war eine Jonglier-Show. Könnte ich bereits mit vier Bällen jonglieren, hätten sie mich sofort mit ins Programm aufgenommen! Dann ging es weiter mit dem „Spirit of Film City". Hier gab es erst einen Akrobaten zu sehen, der auf den Händen balancierte und dabei Backsteine hoch stapelte und dann wieder herunter und danach eine Frau mit Hula Hoop-Reifen. Die Stunt-Show wartete im Anschluss auf uns. Und hier war es wirklich spannend! Wie eine herrliche Schulklassen-Aufführung und man ist hinterher sooo stolz auf seine Kinder! Wir beendeten unseren Bollywood-Ausflug mit dem absoluten Highlight: Magic Movie – sei dabei, wie ein Film gedreht wird! Das Highlight bestand aus einem Blue-Screen, einem davorstehenden Karren und einer Freiwilligen, die die Peitsche schwang. So einfach ist das also mit dem Filme machen in Bollywood und: Danke, dass wir dabei sein durften!

Wir verabschiedeten uns von unserem Tourguide, füllten für ihn noch den Referenz-Voucher aus, gaben ihm auf seinen Wunsch noch unsere Gutscheine für Snacks, Tee und Kaffee und bedankten uns für das große indische Entertainment an diesem Tag! Dann holten wir unseren Ole aus seinem indischen Kinderparadies ab und verließen die Traum-Welt von Bollywood.

Auf den Spuren Gandhis...

Bereits in Amritsar besuchten wir den Jallianwala Bagh, den kleinen Park, in dem 1919 eine friedliche Demonstration von 20.000 Indern stattfand. Ohne Vorwarnung wurde damals von 150 britischen Soldaten das Feuer auf die Demonstranten eröffnet, die aufgrund der hohen Mauer, die um diesen Park ging, nur die Chance hatten, in den einzigen tiefen Brunnen zu springen, um vor den Kugeln zu flüchten. 400 Menschen starben, über 1.500 Menschen wurden verletzt. Als Antwort auf dieses Massaker startete Gandhi sein Programm des zivilen Ungehorsams und sagte, dass jede Zusammenarbeit mit dieser satanischen Regierung eine Sünde sei. Gandhi predigte ab dem Zeitpunkt das Satyagraha: der gewaltlose Widerstand gegen die Herrschaft der Briten. Gandhi gründete mehrere Ashrams, unter anderem auch den Sevagram Ashram, wo er selber 10 Jahre lang lebte.

Noch heute gibt es diesen Ashram, in dem Menschen entweder vorübergehend für ein paar Tage, Wochen oder Monate oder auch für Jahre oder den Rest ihres Lebens nach Gandhis Glaubensgrundsätzen leben. Man kann den Ashram auch als Tourist besuchen und sich die verschiedenen Lehmhütten, natürlich auch die von Gandhi, anschauen. Hier ist auch sein einziges Hab und Gut ausgestellt: seine berühmte Brille, seine Schuhe, sein Gehstock, sein Spinnrad und die Gegenstände, die er im Ashram benutze.

Wir durften mit dem Frosch auf dem Ashram-Gelände neben der Schule unter einem großen Baum parken und drei Tage Ashram-Leben genießen. Die Grundsätze der Ashrambewohner sind einfach: Was du selber machen kannst, brauchst du nicht zu kaufen. Konsum ist Gift, habe nur so viel, wie du wirklich brauchst, denn mehr macht dich auch nicht glücklich. Selbst Zahnpasta wird hier nicht gekauft, sondern ein Pulver aus Pflanzen selber hergestellt. Der Abwasch wird auch nicht mit Spülmittel gemacht, es steht ein großer Korb mit Asche am Becken, die genauso gut reinigt, wie Fairy Ultra!

Unser erster richtiger Tag im Ashram wurde um 4.45 Uhr eingeläutet mit einer gesungenen Andacht vor Gandhis Lehmhütte. Danach sind wir nochmal schnell ins Bett gehüpft, bis es um 6.30 Uhr mit der einstündigen Arbeit für die Gemeinschaft weiterging. Um diese Uhrzeit hat die Luft noch genü-

Während der Morgenandacht wird gesponnen

gend Sauerstoff, um zu arbeiten, so ein Ashram-Bewohner. Der Hof wurde gefegt, die Kühe gefüttert, der Kuhdung zur Wiederverwertung in der eigenen Methan-Gas-Anlage für die Küche gesammelt etc. Till und ich wurden für die Feldarbeit eingeteilt und durften zweimal, während die Sonne langsam über dem Feld aufging und ihre Wärme schon wieder eine heftige Kraft ausstrahlte, einen Acker umgraben. Nach der Arbeit wartete bereits das Frühstück, das gemeinsam im Essensraum hinter der Küche, oder, wenn es eine große Gruppe war, draußen vor dem Küchenhaus eingenommen wurde. Gegessen wurde ausschließlich das, was hier im Ashram angebaut wurde und ebenfalls nach Gandhis vegetarischen Ernährungsgrundsätzen. So war das Essen hier z.B. unglaublich mild im Gegensatz zu dem sonst wirklich typisch scharf gewürztem indischen Essen. Um 11 Uhr gab es bereits Mittagessen, damit der Körper die Mittagshitze (unerträgliche 40 - 45 Grad!) besser verträgt und um 17 Uhr, bevor es dunkel wurde, gab es Abendessen. Nach dem Abendessen wurde um 18 Uhr zur Andacht auf dem großen Platz vor dem Peerpul-Baum, den Gandhi 1936 anpflanzte, geläutet. Hier, wo Gandhis Platz mit einem Kissen und einem Holzbrett freigehalten wurde, kamen wieder alle zusammen, es wurde gesungen und das „Vater Unser" gebetet. Als es dunkel wurde, kletterten wir müde von der Hitze auf das Froschdach in unser Zelt. Doch an sofortiges Durchschlafen war nicht wirklich zu denken. Erst kamen noch neue Ashram-Besucher, die neugierig waren und uns aus unserem Bett wieder aufstehen ließen, damit sie mit uns ein Handy-Interview führen konnten. Ich war zu müde und Till war in Übung. Er hatte am Nachmittag schon ein echtes TV-Interview für die Mahatma Gandhi Association gegeben und da sollte ein kleines Handy-Interview von einem Uni-Studenten ein Klacks sein. Kurz nachdem das Interview beendet war, kletterte Till wieder zu mir ins Bett. Kurz danach, um 21 Uhr, sowie nochmal um 23 Uhr, 3 Uhr und 4.30 Uhr wurde kräftig geläutet. Leider hing das Metallstück, auf welches der menschliche Wecker für den gesamten Ashram mehrfach kräftig drauf schlug, direkt an dem Baum, unter dem wir parkten. So freuten wir uns wenigstens um 3 Uhr Nachts, dass wir noch 1,5 Stunden weiter schlafen konnten und es noch nicht Zeit war, aufzustehen!

Am Tag unserer Abfahrt wurden wir am Vormittag in die Schule eingeladen. Die vielen Kinder hatten wir alle bereits kennen gelernt, da sie in ihren Pausen ständig um den Frosch herum standen und nach „Rüdiger" riefen. Rüdiger-

Ole war nach einem Tag bereits mit den Nerven am Ende und froh, dass wir diesen Ort endlich verlassen würden. Aber vorher durften uns die Kinder noch über unsere Reise ausfragen. Sie empfingen uns mit ihren Lehrerinnen mit einem gesungenen Gebet und frischen Blumen. Danach zeigten wir ein paar unserer Fotos und erklärten auf einer Weltkarte unsere Reiseroute. Sie fragten, warum der Frosch grün ist und lachten über die Geschichte, dass auch Rüdiger-Ole einen Pass hat. Die Lehrerinnen fanden mein Iran-Outfit so amüsant, dass sie allesamt kicherten. Erschreckend war für uns, dass die Kinder so taten, als würden sie sich gegenseitig Pistolen an die Köpfe halten, als wir erzählten, dass unsere Reise auch durch Pakistan ging. Nach einer Stunde mussten sie wieder die normale Schulbank drücken und wir verabschiedeten uns von den ganzen Ashram-Bewohnern.

Von einem der Bewohner wurden wir gefragt, was wir für Erfahrungen aus dem Ashram mitnehmen würden. Für einschlägige Erfahrungen waren drei Tage definitiv zu kurz, aber um einmal kurz in den Tagesablauf des Ashrams zu schnuppern und zu sehen, dass manche ihr Leben diesem Weg verschrieben haben, reichte es. Die friedliche Stimmung an diesem Ort und die Herzlichkeit, die uns gegenüber gezeigt wurde, waren beeindruckend. Unter dem Baum zu sitzen, den Gandhi angepflanzt hat, und zu meditieren, war ein besonderer Moment, doch bis wir dem Konsum entsagen, wird wohl gerade bei uns noch sehr viel Wasser den Ganges herunter fließen und einiges an Rupee-Scheinen mit dem Konterfei von Gandhi durch unsere Finger gehen... Om shanti shanti shanti!

Kundenservice auf indisch

Das Frosch-Thermometer im Fahrerhaus zeigte ab 10 Uhr bereits eine Temperatur von 40 Grad draußen und 37 Grad drinnen an. Über Mittag und bis zum Nachmittag kletterte es draußen regelmäßig auf 47 Grad (einmal sogar auf über 50 Grad) und bei uns im Fahrerhaus waren knuffige 42 Grad. Durch die Ausstellfenster kam heißer Wind herein und die einzige Abkühlung für Mensch und Tier war unsere in Griechenland gekaufte Wasser-Spritz-Flasche. Die Verdunstungskälte hielt zwei Minuten an, dann musste erneut gesprüht werden. Am Abend hatte sich unser Wohn- und Schlafzimmer auf

40 Grad aufgeheizt und ohne kalten Wind ging die Temperatur nur mäßig runter. Oft mussten wir uns bei 35 Grad in den Schlaf schwitzen. Es war nun definitiv das erste Mal auf unserer Reise Zeit für ein Hotelzimmer – wegen der Klimaanlage!
In Khajuraho, einem großen Touristenort mit zahlreichen Tempeln mit Kamasutra-Bildnissen, hielten wir am Jhankar Hotel gegenüber des Radisson an. Wir fragten, ob wir ein Zimmer bekommen und Ole mit reinnehmen könnten. Da uns gerade ein indischer Spitz aus einem der Zimmer entgegen kam, war schnell klar: Hunde waren tatsächlich erlaubt und wir checkten umgehend für zwei Nächte ein!

Die Klimaanlage wurde aufgedreht, wir bestellten uns Bier und Tee und ich holte die Richtantennen für das Internet aus meinem Rucksack. Das wäre doch gelacht, wenn hier nicht irgendwo ein freies Netz wäre, dachte ich und scannte aus dem Fenster. Ich empfing ein herrliches Radisson-Signal. Leider musste man sich offiziell gegen Geld einloggen. Till ging rüber und fragte im Radisson nach, ob er ein Internetticket erwerben könnte. Doch er durfte nicht, denn von gegenüber durfte nicht gesurft werden. Auch als Till samt Laptop ins Radisson kam inkl. Snack und Getränkebestellung, wollte man Till nicht surfen lassen! Da müsste man erst den Hotelmanager fragen, aber Getränke und Essen könne er ja schon mal bestellen. Und das, obwohl auf deren Webseite eine Log In-Kategorie für Besucher und eine Log In-Kategorie für Hotelgäste war. Bagaluten! Till kam umgehend wieder zurück.

Wir fragten in unserem Hotel nach, ob wir an den Computern in der Lobby ins Internet durften. Natürlich ging das nur gegen Geld. Ich kam eine knappe Stunde später zurück und entspannte beim Surfen für eine gute Stunde. Als ich zahlen wollte, wurden mir plötzlich zwei Stunden berechnet. Bitte? Wieso das denn? Weil der Hotelmanager den Computer vor 2 Stunden für uns hochgefahren hätte und wir ab dem Zeitpunkt zu bezahlen hätten. Ah ja. Schon klar. Ich versuchte zu diskutieren. Es brachte nichts. Ich zahlte und ab da begannen die weiteren Stories in diesem Hotel:

Die Klimaanlage: Nach einer herrlich kühlen Nacht ging unsere Klimaanlage ab dem nächsten Morgen auf einmal nicht mehr. Wir meldeten dies an der Rezeption. Man schickte uns einen Mann vorbei, der natürlich auf seine indische Art und Weise erst einmal wild alle Knöpfe drückte und dann unverrichteter Dinge wieder ging. Man bot uns ein anderes Zimmer an. Wir brachten gerade unsere Sachen in unser neues Domizil gegenüber, als man den Deckel von der Anlage abnahm und feststellte, dass dahinter alles komplett vereist war. Wir könnten in diesem Zimmer bleiben, in 15 Minuten wäre das abgetaut! Nein Danke. Wir zogen gegenüber ein. Als ich am späten Abend an der Rezeption stand, tauchte ein fluchender und richtig wütender Inder auf. Als ich zurück zu unserem Zimmer ging, sah ich den wütenden Inder und ein paar Angestellte in unserem alten Zimmer. Sie standen vor der immer noch völlig vereisten Klimaanlage! Der arme Inder musste ohne Klimaanlage die Nacht verbringen – das Hotel war in dieser Nacht ausgebucht.

Die Sim-Karte: In Indien bekommt man eine Pre-Paid-Karte nur, wenn man ein Passfoto, eine Passkopie und eine Wohnbestätigung vorlegen kann. In Goa reichte es aus, wenn man einfach nur den Namen von irgendeinem Hotel nennen konnte. Da wir mal wieder eine neue Sim-Karte brauchten, versuchte Till sein Glück in der Stadt. Natürlich akzeptieren sie nicht einfach die Visitenkarte des Hotels. Wieso auch einfach, wenn es mal wieder kompliziert geht? Till fuhr mit der Rikscha zurück und fragte nach einer Bestätigung an der Rezeption. Man riss einen DinA4 Zettel in zwei Hälften, es wurde handschriftlich darauf festgehalten, dass Till hier wohnt und das Ganze mit einem Stempel besiegelt. Der nette Mann vom Telefonladen verkaufte Till die Sim-Karte, verlangte aber trotzdem noch eine weitere Bestätigung auf Hotelbriefpapier, die Till nachzureichen hatte. Zurück an der Rezeption bat Till nach einer Bestätigung auf Briefpapier. Doch der gute Manager war gerade nicht da, man vertröstete Till auf später. Till fragte den ganzen Tag nach, doch der Hotelmanager war immer gerade nicht da. Plötzlich hieß es auch, dass sie gar kein Geschäftsbriefpapier hätten und Till eine solche Bestätigung nicht haben könnte. Am darauf folgenden Tag war der Manager tatsächlich wieder da, der uns ebenfalls weiß machen wollte, dass sein Hotel kein Geschäftspapier hätte...

Das Fahrrad: Till hatte nicht nur eine neue Sim-Karte in dem Telefonladen erworben, sondern auch einen Internet-USB-Stick, der uns von überall aus dem Frosch surfen lassen sollte. Als wir ihn im Hotel ausprobierten, ging er natürlich nicht. Oh Wunder. Till fragte an der Rezeption nach einem der

Miet-Fahrräder, die angeboten wurden, weil er keine Lust mehr hatte, wieder auf eine Rikscha zu warten. Mit zwei Schlüsseln bewaffnet ging der Mann von der Rezeption zu den Rädern und versuchte sie aufzuschließen. Natürlich passten die Schlüssel nicht und er wusste auch nicht, wo die Richtigen zu finden waren. Nach 15 Minuten typisch indischer Fummelei an den Schlössern, um festzustellen, dass die Schlüssel tatsächlich nicht passten, fiel ihm plötzlich ein, wo noch ein Schlüssel sein könnte! Dieser passte auf Anhieb und der Mann schob Till das Fahrrad hin – ein Kinderfahrrad, dessen Sattel knapp über Tills Knie ging! Till fuhr Rikscha...

Die Verlängerung: Da wir noch eine dritte Nacht in diesem kühlen Zimmer schlafen wollten, bevor uns die Straße wieder zurück hatte, fragten wir am Vormittag bei der netten Dame hinter der Rezeption nach, ob dies möglich wäre. Auch zu dieser Entscheidung war sie nicht alleine in der Lage. Der Hotelmanager musste her und zu Rate gezogen werden. Zum Glück war er tatsächlich gerade da! Er entschied, dass wir noch eine Nacht bleiben durften...

Die Speisekarte: Da wir mit Ole im Zimmer wohnten, bestellten wir uns mittags und abends unser Essen aufs Zimmer. In allen Zimmern lagen Speisekarten nur in unserem nicht. Ich ging zur Rezeption und bat um eine Karte. Der Mann an der Rezeption holte seine Kollegin und ich musste erneut meine Frage stellen. Ob wir denn keine auf unserem Zimmer hätten. Nein. Deshalb hätte ich ja gerne die Karte. Ich brachte sie danach brav zurück. Welch Fehler! Denn als wir sie am nächsten Tag noch einmal haben wollten, musste Till drei Mal erklären, dass ich sie am Tag zuvor zurückgebracht hatte! Er musste sogar versprechen, dass wir sie nicht einstecken würden! Als ich dann mit der Essensbestellung an die Rezeption kam, empfing mich die gute Frau mit der erneuten Diskussion über die verflixte Karte...

Unsere Lunch-Bestellung: Ich ging mit der Lunch-Bestellung an die Rezeption. Ich bestellte Veg-Pakora (frittiertes Gemüse). Die Frau guckte mich mit entsetzten Augen an. Und fragte mich in einem ebensolchen Ton der zu ihren Augen passte, ob ich das ernsthaft zum Lunch essen wollte! Ja, das wollte ich. Als ich dann ein Gemüse-Gratin bestellte, musste sie erst einmal in der Küche

anrufen, ob das denn überhaupt gehen würde. Wow, der Koch hatte keine Einwände! Bei meiner Chai-Tee-Bestellung folgte wieder der entsetzte Blick mit dem entsetzten Tonfall, ob ich das wirklich zum Lunch haben möchte. Ja, das möchte ich. Und zudem möchte ich auch wissen, wo hier die versteckte Kamera ist(!), dachte ich und ging.
Dass bei jeder Essenbestellung grundsätzlich die Getränke vergessen wurden, verwundert jetzt wahrscheinlich keinen. Als aber das Gratin, das wir zum Lunch zweimal bestellt hatten, tatsächlich aber nur einmal kam, behauptete die junge Dame hinter der Rezeption, dass es eine große Schüssel wäre – für zwei Personen. Am Abend zuvor war es allerdings noch für eine Person gewesen...

Bodh-Gaya – auf der Suche nach Spiritualität

Indien – ein Land voller Tempel und Spiritualität. So hatten wir es uns vorgestellt. Doch die einzige wirkliche spirituelle Gänsehaut-Erfahrung hatten wir bisher nur am Goldenen Tempel in Amritsar gemacht. So hofften wir auf eben genau dieses Gänsehaut-Gefühl, wenn wir den Baum in Bodh-Gaya besuchten – der Baum unter dem Buddha seine Erleuchtung fand!

Nach anstrengenden Tagen auf dem Weg nach Norden – Indien derweil im absoluten Hitzerekord – freuten wir uns über den National Highway 2, der tatsächlich bis Bodh-Gaya zweispurig in beide Richtungen blieb. Ein kleiner Strohhalm, an dem man sich festhalten konnte, und der einen für einen kurzen Moment entspannen ließ. Kaum in Bodh-Gaya angekommen, befanden wir uns wieder mittendrin im Gewusel. Überall waren Menschen, die in Busladungen angekarrt wurden. Wir parkten den Frosch im Schatten und hatten natürlich beim Aussteigen wieder einen Schwung Inder um uns versammelt. „Which country? What´s your name? What´s your profession?“ waren wieder die Standardfragen, die wir inzwischen an die Tausendmal beantwortet hatten. Hört das denn nie auf? Wir nahmen Ole und den Reiseführer und schauten erst einmal, wo denn der Buddha-Baum sein sollte. Über einen großen Platz, vorbei an diversen Ständen mit Gedöns, das auch wir nicht brauchten und das man sich auch nicht anschauen durfte, sonst war

Der heilige Ort und Menschenmassen

man sofort in ein nie enden wollendes Verkaufsgespräch verwickelt, fanden wir den Weg zum Tempel. Alleine auf diesen hundert Metern wurden wir mal wieder von jeder Person, die uns entgegen kam, angequatscht. Ein „No“ wurde grundsätzlich ignoriert und selbst wenn wir nicht mehr antworteten, hörten sie nicht auf. Eine Bettlerin klebte uns den gesamten Weg an der Seite und erst als Ole sie zum hundertsten Mal anknurrte und anbellte und ich ihm ein bisschen mehr Leine gab, ließ sie uns in Ruhe.

Wir durften Ole mit in die Tempelanlage nehmen und fanden dort eine kleine Wiese, auf der wir uns mit Reiseführer, Keksen und Wasser ausbreiteten. Doch die Ruhe währte nicht lang und wir waren wieder Anschauungsobjekt Nummer eins für jeden. Hinter uns machten es sich die Leute auf den Bänken gemütlich und Handymusik dröhnte aus allen Richtungen. Es störte sich keiner daran, dass wir eigentlich in einer heiligen Tempelanlage waren. Till und ich drehten abwechselnd eine Runde über die Anlage, um zu schauen, wo sich denn der heilige Baum befinden würde. Er stand direkt hinter dem großen Tempel, den man umrunden sollte, damit es Glück bringt. Ich ging einmal meine Runde und entdeckte überall „Silence“ Schilder in Augenhöhe. Beim Buddha-Baum angekommen, saßen überall Menschen drum herum. Sie meditierten, beteten oder schauten sich den Baum an. Als ich am Baum vorbei ging, sprangen zwei Inder vor meine Nase auf und riefen: „Which Country? Which country?“ Ich konnte es nicht glauben, dass sie selbst an diesem heiligen Ort, wo um andächtige Ruhe gebeten wird, nicht aufhören konnten zu nerven! Ich ignorierte sie und freute mich auf den nächsten Morgen. Wir wollten zum Sonnenaufgang hier sein und unter dem Baum meditieren.

Natürlich haben wir uns unsere Meditation ruhig und spirituell vorgestellt. Doch auch hier lagen wir mal wieder falsch. Auch um fünf Uhr morgens sind die Inder schon auf den Beinen, um Touristen gehörig auf die Nerven zu gehen und ihnen das Geld aus der Tasche zu ziehen. Und als wir am Buddha-Baum endlich unsere zwanzig Minuten spirituelle Ruhe finden wollten, holte einer der anwesenden Mönche sein Handy heraus und telefonierte fröhlich vor sich hin...

Im Reiseführer stand, dass der Dalai Lama hier regelmäßig seine Wintermonate verbringen würde... dass er sich das allerdings tatsächlich antut, können wir uns beim besten Willen nicht vorstellen.

Die letzten Tage in Indien...

Seit vier Monaten waren wir nun in Indien unterwegs und hätten unser Visum noch weitere zwei Monate ausschöpfen können. Doch wir brauchten eine Pause. Eine Pause von der Hitze, eine Pause von den chaotischen Verhältnissen auf der Straße, eine Pause von den wahrscheinlich für uns westliche Menschen nicht wirklich nachvollziehbaren Eigenarten und Charakterzügen der Inder, die einen manchmal verzweifeln ließen. Doch bevor wir diese Pause bekommen sollten, stand Varanasi auf dem Plan.

Der Weg durch Varanasi war der klassische Großstadt-Trip. Wir heuerten eine Rikscha an, um uns den Weg zum Hotel zeigen zu lassen. Die Rikscha fuhr vorweg, wir hinterher, die Rikscha bog ab, wo wir nicht langfahren konnten. Die Rikscha war weg. Also wieder von vorne: Mindestens drei unterschiedliche Leute nach dem Weg fragen, erst wenn alle drei die gleiche

Richtung anzeigen, losfahren. Das war die Devise. Dann wieder eine Rikscha anheuern, hinten dran kleben und hoffen, dass das Hotel bald auftauchen würde.

Irgendwann hatten wir uns durch den Dschungel der Straßen gewühlt und endlich das Hotel gefunden, das uns empfohlen wurde. Nun musste nur noch stundenlang diskutiert werden, warum Ole nicht in einem 47 Grad heißen Frosch bleiben konnte. Kurz bevor ich aus Verzweiflung zu heulen anfing, war plötzlich alles kein Problem mehr. Ole durfte mit ins klimatisierte Hotelzimmer. Scheinbar haben Inder Angst vor weinenden Frauen.

Wir verließen das Hotelzimmer an diesem Tag nicht mehr und zappten uns einfach durch die Movie-TV-Channels: es lief RoboCop Teil 1 und Teil 2, und am nächsten Tag dann auch nochmal in der Wiederholung! Was für Highlights!

Pflichtprogramm in dieser Stadt am Ganges ist natürlich die Fahrt auf dem heiligen Fluss zum Sonnenaufgang. Wir buchten eine Tour vom Hotel aus, ersparten uns damit, über den Tisch gezogen zu werden und sonstige lästige Touristen-Schlepper-Fallen und wurden in einem Taxi an die Gats gebracht. Hier ging es durch enge und richtig übel riechende Gassen, vorbei an Menschen, die sich gerade zähneputzend auf der Straße ihrem Morgenbad widmeten. Wir stiegen in unser Boot und hatten vom Wasser den besten Blick auf die zahlreichen Pilger, die die Treppen hinab in den Fluss stiegen, um sich spirituell rein zu waschen. Manche planschten auch einfach nur im heiligen und schmutzigen Wasser herum.
Gespannt waren wir auf die Feuerbestattungen, die an bestimmten Gats abgehalten wurden. Die brennenden Holzscheite verrieten, wo hier gerade eine Leiche verbrannt wurde. Doch dass man die Leichen tatsächlich erkennen würde, so wie es in Reiseberichten stand, können wir nicht bestätigen.

Dies war unser letzter großer Stopp in Indien und nach Varanasi ging es auf direktem Weg zur Grenze nach Nepal.

Der Highway glich mal wieder nur einer engen und schlechten Landstraße und auf den letzten 200km hatten wir das Gefühl, die Hälfte der indischen

Bevölkerung würde direkt auf dieser Straße leben und wir mussten mal wieder mitten durch. Wir konnten sie nicht mehr sehen, die nackten Hintern an der Straße, die ihr Geschäft vor allen Augen verrichteten, die rücksichtslosen Fahrer und das ständige Gerotze. Alle Hoffnung lag auf Nepal, endlich wieder ein bißchen Ruhe und Privatsphäre zu finden...

Namasté Nepal!

Kaum hatten wir die Grenze nach Nepal erreicht, konnten wir plötzlich wieder durchatmen. Es gab auf einmal Bürgersteige und das Leben begann erst 10m dahinter und fand nicht wie in Indien direkt auf der Straße statt! Auf den ersten Kilometern war noch nicht mal eine Kuh auf der Straße! Oh, es konnte tatsächlich nur besser werden! Und das wurde es auch. Zwar wurden wir nach unserer ersten Nacht in einem Wald sehr früh von einem Nepali geweckt, der unbedingt wissen musste, wer wir waren und wo wir herkamen. Doch wir schoben das Ganze auf die Tatsache, dass dieser Teil Nepals noch sehr nah an der indischen Grenze lag und so die indischen Eigenschaften noch leicht in diesen Teil des Landes überschwappten.

Die Ghats von Varanasi

Unser erstes Ziel in Nepal sollte Kathmandu sein und dank des Internets hatten wir zusätzlich zu den GPS Koordinaten auch noch eine perfekte Wegbeschreibung zu Irwins Werkstatt – wohl bei allen Nepal-Overlandern bekanntesten Werkstatt. Irwin sah uns unsere Indien-Erschöpfung sofort an und meinte, dass selbst er nach einem Indien-Trip erst einmal immer eine Pause braucht. Die Leute seien einfach crazy – und das sagt Irwin, der selbst Inder ist!

Das Glück war auf unserer Seite und so waren wir die ersten, die auf dem eingemauerten Nachbargrundstück stehen durften, das Irwin angemietet hat, um demnächst eine Motorradwerkstatt aufzubauen. Es war zwar staubig und auch hier vermüllt, aber es war ein eigener Platz nur für uns. Und ab da setzte die Entspannung ein. Ole hatte sein eigenes Areal, er musste nicht mehr angeleint sein und es gab keine bellenden Zuschauer, die ihn nervten! Auch unser erster Ausflug war Entspannung: wir wurden nicht ein einziges Mal angequatscht! Ein unbeschreibliches Gefühl!

Ab jetzt unternahmen wir regelmäßig Ausflüge ins Touri-Viertel Thamel, machten Besorgungen, konnten das Kamera-Objektiv endlich reparieren lassen, schauten uns Stupas und Tempel an, gingen ins Kino, in Shoppingmalls, hingen einen Nachmittag im Kaisers Garden ab und liefen barfuß über den Rasen der schönen Parkanlage! Welch Glücksgefühl – Rasen! Und wir machten einen Abstecher in den großen Namaste Supermarkt! Endlich wieder ein Supermarkt, der fast keine Wünsche offen ließ! Nur Joghurt und Schwarzbrot suchten wir vergebens. Bei den aufgerufenen Preisen mussten wir allerdings schlucken. Deutsche Verhältnisse. Egal, wir mussten ein paar Vorräte aufstocken.

Doch auch das faszinierende Kathmandu hat seine Kehrseite: den Dreck und den Smog. Ohne Mundschutz und Ohrenstöpsel gingen wir nicht mehr los, wenn wir nicht mit Kopfschmerzen zurückkommen wollten. Alleine am unfassbar ekelhaften Gestank, der ins Taxi hereinkam, wussten wir, dass in ca. 2km die Brücke über den Bagmati River, den wohl dreckigsten Fluss geht, den wir je gesehen haben. Das Wasser stand vor Dreck und der Müll und der Geruch ließen einem ernsthaft die Galle hochkommen. Hier fließt alles ungereinigt rein. Und es interessiert niemanden. Die Hoffnung, dass der nächste

Monsunregen alles mit sich nimmt, ist das Einzige was existiert. Dass der Dreck dann allerdings woanders landet, bedenkt niemand. Aus den Augen, aus dem Sinn...

Feiertage, Streik und sonstige Umstände

Bei einem Bier am zweiten Abend auf unserem Hinterhof erklärte uns Werkstatt-Inhaber Irwin auf seine humorvolle Art, wie das mit dem Arbeiten in Nepal generell gehandhabt wird: Fast die Hälfte des Jahres besteht aus Feiertagen, der nächste Großteil aus Streik, dazu Urlaubstage und Ausfall wegen Krankheit, dann blieben noch ca. 17 Tage an denen gearbeitet werden kann. Wobei man davon natürlich die täglichen Powercuts – die von der Regierung planmäßig angeordneten Stromausfälle – auch noch mal abziehen könnte. Was für ein großartiges Leben und was für ein herrlicher Witz! Ha ha! Der, wie wir kurze Zeit später feststellen mussten, irgendwie doch keiner war...

Wir hatten am nächsten Tag mit Irwin die Reparaturmaßnahmen an unserem Frosch besprochen. Alles gar kein Problem, sagte er uns. Und wir waren gespannt. Doch die nächsten Tage passierte natürlich gar nichts – es war Feiertag in Nepal – wir zelebrierten das neue Jahr 2.067! Auch danach wurde kein Werkzeug am Frosch angesetzt. Es passierte einfach Nichts. Irwin war wie vom Erdboden verschluckt. Nun waren wir schon fast zwei Wochen hier auf unserem Hinterhof – dabei hatten wir für unseren Werkstattaufenthalt maximal drei Wochen eingeplant. Wir lernten schnell dazu: in Nepal braucht man keine Pläne machen, die Uhren ticken hier einfach anders.

Plötzlich spuckte der Erdboden Irwin wieder aus! Er war wieder da. Aber nur, um mal wieder ein paar Bier mit uns zu trinken und um am nächsten Tag wieder zu verschwinden – zu einem Fotoshooting am Mount Everest Basecamp. Zum Glück konnten wir vorher noch einmal unser Reparaturanliegen besprechen und seine fleißigen Jungs fingen tatsächlich umgehend an!

Nachdem sie unsere Bremsen unter die Lupe genommen hatten, ging es an den ersten Tank. Entrosten, Säubern, Grundieren, Lackieren, Gummidich-

Zum Feiertag wird der Holzwagen geschmückt

tungen und Co. austauschen und wieder ran an den Frosch. Das war unser Plan – der Werkstattplan sah sehr viel einfacher aus: ein bißchen Abschleifen und Überlackieren ohne jegliche Grundierung oder Rostumwandler und natürlich wurde auch stumpf über sämtliche Gummidichtungen inklusive Dreck lackiert! Nein, so hatte das alles keinen Sinn, bitte nochmal von vorne! Und so fingen sie nochmal an. Abschleifen und Grundieren – das waren die beiden Maßnahmen, die sie geschafft hatten. Ab da warteten wir auf die Lackfarbe (klassisches schwarz), die derzeit nicht lieferbar war. Und dann kam der Streik!

Die Maoisten hatten aufgerufen, die Arbeit niederzulegen, um den Premierminister von seinem Thron zu stoßen. Sie wollten den Kommunismus und ließen sämtliche Bauern von den Dörfern nach Kathmandu karren, um einen ordentlichen Streik durch zu ziehen. Es sollte nun so lange gestreikt werden, bis der Premierminister von selbst aufgab und seinen Stuhl räumte. Das war die Vorstellung. Brav legten alle ab dem ersten Tag die Arbeit nieder – denn wenn es jemand nicht tat, wurde nachgeholfen. Sämtliche Fahrzeuge wurden von den Straßen verbannt, wer trotzdem fuhr, wurde mit Steinen zum Anhalten gezwungen. Die eine oder andere Scheibe wurde mit Sicherheit eingeschlagen - auch hörten wir, dass ein paar Fahrzeuge in Brand gesetzt wurden. Alle anderen hielten sich an diese Streikbedingungen und es herrschte eine unglaubliche Stille vor unserer Haustür. Kein Hupen, keine Motorengeräusche, kein Smog! Herrlich. Wir konnten entspannt spazieren gehen, so wie es halb Nepal scheinbar tat. Alle waren zu Fuß auf den Straßen unterwegs. Friedliche Stimmung. Von unserem Hinterhof aus konnten wir die Demonstranten beobachten, wie sie auf der 16km langen Ring Road eine Menschenkette bildeten oder auch bei uns am Kreisel eine Minister-Puppe verbrannten.

Bei uns vor der Tür lief alles recht friedlich ab. Die Shops durften im ganzen Land zwischen 18-20 Uhr öffnen, damit man seine Lebensmittelvorräte aufstocken konnte. In der Innenstadt von Kathmandu hingegen wurde man nach ein paar Tagen ziemlich sauer auf die Maoisten. Die Arbeit stand still, die Geschäfte ruhten, es gab kein Geld zu verdienen – es wurde ein wenig auf die Maoisten eingeprügelt, doch der Streik ging weiter. Die Demonstranten wurden mit der Zeit allerdings weniger - die Bauern von den Dörfern fuhren wieder zurück nach Hause, um ihre Familien wieder zu versorgen.

Sieben Tage stand das gewöhnliche Leben in Nepal still. Als wir am achten Tag am frühen Morgen plötzlich wieder von Motoren- und Hupgeräuschen geweckt wurden, wussten wir, der Streik war vorbei. Einfach so, ohne die große Randale, die jeder erwartete. Der Premierminister war weiter in seinem Amt und alles war scheinbar wie vorher. Wir waren froh, dass wir nun wieder Dinge unternehmen konnten: Mit dem Taxi in die Innenstadt fahren, um endlich im Kaiser Garden meinem einzigen Schwangerschaftsgelüst, dem Käsekuchen, nachgeben zu können, oder zum Supermarkt Toilettenpapier kaufen. Denn dieser wichtige Vorrat aus Deutschland neigte sich nach sieben Monaten nun tatsächlich dem Ende! Und unser Tank? Stand nach wie vor grundiert auf dem Hof und wartete darauf, dass die Farbe irgendwann geliefert wurde, während Irwin erst einmal in den wohlverdienten Urlaub fuhr!

Die 7 Waisen: Hundewelpen Rettungsaktion

Es war kurz nach Mitternacht. Wir nutzen den nächtlichen Strom, um über das Internet mit unserer Familie und unseren Freunden zu telefonieren. Ich

war nun in der zwölften Woche schwanger, wir hatten unsere erste Ultraschalluntersuchung hinter uns und wollten die frohe Botschaft endlich verkünden. Da erfuhren wir vom Nachtwächter, dass „die Mutti" ihre Welpen bekommen hatte. „Die Mutti" war eine von sechs Haus- und Hofhunden, die Irwin auf seinem Werkstattgelände wohnen ließ. Gefüttert wurden sie zwischendurch mal mit Keksen oder Essensresten, doch ansonsten galten sie als normales Selbstversorger-Straßenhunde-Rudel. Sie hatten ein Luxus-Quartier unter alten Autos und bekamen tägliche Streicheleinheiten von den Angestellten. Leider war der riesige Müllplatz vor der Haustür ihre größte Essensquelle. Das bedeutete für manchen Werkstatthund aus der Vergangenheit den Tod, da sie Gift oder sonstiges Unverdauliches gefressen hatten.
Natürlich waren wir neugierig auf die kleinen Welpen. Sieben an der Zahl quiekten uns schon von Weitem entgegen. Doch beim Anblick der Mutti und ihrer Kinder war sofort klar: hier stimmt etwas nicht. Die Mutti hatte den Babys den Rücken zugekehrt, die verzweifelt auf der Suche nach den Zitzen waren. Wir legten sie an, doch die Mutti rührte sich nicht. Wasser und Futter verweigerte sie, sie lag einfach nur mit halb geschlossenen Augen da. Wir durchforsteten das Internet und beschlossen, gleich am nächsten Morgen einen Tierarzt kommen zu lassen. Vielleicht hatte sich ihre Gebärmutter entzündet und ihr war mit Antibiotikum zu helfen? Doch der nächste Morgen sah mal wieder anders aus.

Die Mutti war weg, die kleinen Babys hatte sie alleine zurück gelassen. Der Nachtwächter war überzeugt, dass die Mutti nur auf der Suche nach Futter war. Doch Tills Gefühl wusste es besser: sie hatte sich zum Sterben zurückgezogen. Till schwang sich auf sein Fahrrad und fuhr die ganze Gegend ab. Keine Mutti. Zurück an der Werkstatt entdeckte er sie dann unter einem der Autos. Sie war tot.

Warum passieren diese Dinge immer uns? Scheinbar ziehen wir diese Tier-Rettungs-Aktionen immer wieder unbeabsichtigt an, denn natürlich blieb uns mal wieder keine andere Wahl, als nun Pflegeeltern für die kleinen Hundebabys zu spielen, bis wir eine Lösung gefunden hatten. Die Leute von der Werkstatt hatten kein wirkliches Interesse daran und waren mehr als froh, als ich am frühen Morgen die Kleinen in eine Kiste verfrachtete und mit zu uns zum Frosch nahm. Till raste derweil auf seinem Rad zum Supermarkt:

Nuckelflaschen und Milch mussten schnellstmöglich her, wer weiß, wann die Babys das letzte Mal getrunken hatten oder ob die Mutti überhaupt Milch geben konnte.

Sämtliche Fütterungs-Maßnahmen hatten wir uns in der Nacht schon im Internet angelesen. Und nun versuchten wir alle 3 - 4 Stunden die Babys von den Gummi-Saugern und der Pulver-Milch zu überzeugen. Am Anfang enttäuschend schlecht als recht. Doch nach und nach gewöhnten sich ein paar an die Gummi-Zitze und sogar die Kleinste von allen wurde zur besten Trinkerin. Nach dem Trinken folgte jedes Mal die Popo-Massage. Wir hatten gelesen: die Hundemutter leckt ihren Babys nach dem Trinken über den Popo, um so die Verdauung anzuregen. Wir imitierten dies mit leichtem Taschentuch-Streicheln und waren fasziniert, was sich die Natur so alles ausdenkt: es klappte. Jeder konnte sich lösen und es stank erbärmlich!

Wir waren stolz auf unsere Babys und auch ein bisschen auf uns, dass alles von Mal zu Mal besser klappte. In der ersten Nacht war es wie eine Belohnung, wenn alle getrunken hatten und tief und fest schliefen, bevor in zwei bis drei Stunden die nächste Runde ausgeschenkt wurde.

Doch dann kam der erste Rückschlag und wir mussten feststellen, dass eine der Kleinen auf einmal sehr schwach wurde. Sie ließ das Köpfchen hängen und an Trinken war bei ihr gar nicht mehr zu denken. Sie starb kurze Zeit später. Wir waren geknickt. Leider sollte es nicht der letzte Rückschlag sein: Die Kleinste und beste Trinkerin zeigte einen Tag später plötzlich die gleichen Anzeichen. Sie schleppte sich noch durch unsere schlaflose Nacht und entschied sich dann aber am Morgen ihrer Schwester und der Mutti zu folgen. Till musste ein weiteres kleines Grab neben dem Frosch buddeln.
Verzweiflung, Frust und Enttäuschung standen uns ins Gesicht geschrieben, als dann auch noch die nächste kleine Dame den Nuckel verweigerte und nur mit viel Überredungskunst ein paar Schlucke trank.

So konnte es nicht weitergehen. Die Babys waren jetzt fünf Tage alt und wir würden maximal noch zwei bis drei Wochen bei der Werkstatt bleiben. Wer kümmert sich nach unserer Abreise dann Tag und Nacht darum, dass alle satt werden? Würden bis dahin überhaupt alle überleben? Wieder half uns das

Internet, als wir uns auf die Suche nach einer Tierorganisation in Kathmandu machten, die sich um Straßenhunde kümmert.

Wir fanden die Seite animalNepal.org und Till fuhr mit seinem Rad zu deren Stadtbüro, das zum Glück in der Nähe war. Ein sehr netter junger Mann bot Till an, dass er mit uns zur animalNepal-Tierstation fährt, wir uns alles angucken können und dann entscheiden können, ob wir die Babys dort lassen wollen. Sie würden sich dann drei Monate um sie kümmern und sie dann zurück zur Werkstatt bringen. Gesagt, getan. Wir fütterten eine letzte Runde, putzten unsere Babys heraus und fuhren mit dem Taxi zur Tierstation.

Hier erwartete uns ein großes Gelände mit Hunde-Gehegen und Auslaufflächen. Ein Tierarzt war hier ständig vor Ort, denn die Organisation hat es sich unter anderem zur Aufgabe gemacht, Straßenhunde zu sterilisieren, um deren rasant ansteigende Vermehrung einzudämmen. Sie sammeln die Hunde in bestimmten Gebieten auf, operieren sie und lassen sie, nachdem alles verheilt ist, wieder in ihrem alten Revier raus. Auch kümmern sie sich um Esel und um verletzte Straßenhunde. So haben wir zum Beispiel einen Hund kennen gelernt, der beide Beine gebrochen hatte und nun in seinem Gehege gesund auf und ab sprang. In ein paar Wochen werde er entlassen und wieder dahin zurückgebracht, wo man ihn gefunden hatte. Ein anderer Hund kam ohne Fell zu ihnen. Inzwischen war er seine Räude los und sein Fell war nachgewachsen. Einer wird wohl für immer dort wohnen bleiben: er ist ein älterer Straßenköter, der inzwischen auf beiden Augen blind war. Es sei denn, es findet sich jemand, der ihn aufnehmen möchte. AnimalNepal hat überall in Kathmandu Aushänge verteilt, mit denen sie ihre Hunde zu vermitteln versuchen. Vielleicht würden unsere Welpen ja nach drei Monaten auch vermittelt werden und müssten nicht zurück ins Straßenhunde-Leben, hofften wir.

Nachdem wir uns alles angeschaut hatten, wurden unsere Puppies von unserer Kiste in ein gemütliches Bettchen umgebettet und bezogen sofort ihr eigenes Zimmerchen mit Gittertür. Eine sehr sympathische Nepalesin war ab jetzt ihre neue Pflegemutter und fütterte sie nun regelmäßig mit der Flasche. Und sollten Probleme auftauchen, war ja zum Glück gleich ein Tierarzt vor Ort, der mit Rat und Tat zur Seite stand.

Oh wie schön ist Pokhara!

Wir hatten es geschafft: die Wartungsarbeiten am Frosch waren erledigt, unser lang ersehntes „Post Restante“ Paket aus Deutschland war im General Post Office in Kathmandu eingetroffen und wir hatten den Frosch zur Abfahrt startklar gemacht! Urlaubsstimmung, denn wir wollten nun endlich nach zwei Monaten den Staub und Dreck der großen Stadt hinter uns lassen und freuten uns auf Entspannung in grüner Natur!
Hoch oben auf unseren Froschsitzen war es doch sehr viel überschaubarer als auf der Rückbank eines Taxis. Ein schönes Gefühl! Selbst fahren hatte uns doch irgendwie gefehlt! Oder doch nicht? Denn kaum hatten wir die ersten zwei Kilometer hinter uns, krachte mal wieder ein anderer LKW gegen meinen Außenspiegel. Wie gut, dass dieser vom letzten Mal noch kaputt war. Ein Austausch lohnt sich in diesen Ländern einfach nicht – acht Mal hatte es ihn jetzt schon erwischt und es war bestimmt nicht das letzte Mal gewesen!

Zweihundert Kilometer lagen vor uns. Wir rechneten mit einer Fahrzeit von circa sechs Stunden. Nach sechs Stunden hatten wir Pokhara nur leider immer noch nicht erreicht. Unsere Durchschnittsgeschwindigkeit lag bei 30 km/h. Berg rauf, Berg runter – in den Kurven noch langsamer, denn die nepalesischen Busse schlidderten hier besonders gerne in Renngeschwindigkeit entlang. In Computer-Autorenn-Spielen nennt man das „sliden“ und die nepalesischen Busfahrer hätten Unmengen an Punkten für ihre Fahrkünste kassiert!

Das letzte Stück zog sich wie Kaugummi, doch dann lag Pokhara vor uns. Ein angenehmes Städtchen am Fewa Lake, das in der Hauptsaison angeblich vor Trekking-Touristen überquillt. Doch jetzt gerade war es angenehm überschaubar. Unser Ziel lag etwas außerhalb vom Stadtteil „Lakeside“. Wir wussten, dass hier ein schönes Camping Areal sein sollte, wo Karlheinz, Uta und ihr Hund Vega, die zusammen über China mit ihrem LKW nach Nepal gekommen sind und mit denen wir auch schon ein paar Tage in Kathmandu bei Irwin verbracht hatten, auf uns warteten. Doch dieses Plätzchen der Erholung mussten wir erst einmal finden. Am See nach rechts abbiegen und immer gerade aus. Die Straße wurde immer enger und irgendwann war es nur noch Schotterpiste, die um den See herum ging und die einzelnen

Der Campingplatz, eine Insel inmitten der Reisfelder

Dörfer miteinander verband. Herrliches Offroad – doch beim letzten Dorf war Schluss! Der Weg war zu Ende. Und wo war der Campingplatz? Nach acht Stunden auf dem Bock wollten wir tatsächlich endlich ankommen. Wir drehten um und mussten über die Hälfte des Schotterweges wieder zurückfahren und fuhren ein zweites Mal vorbei... Doch aller guten Dinge sind drei, schlussendlich hatten wir den Overlander Campingplatz entdeckt: nun standen wir mit dem Frosch in einem herrlichen Garten, um uns herum Wiese, Blumen, grüne Berge!

Schon am nächsten Tag hatten wir uns komplett eingerichtet: Zeltplane gespannt, „Wohnzimmer-Möbel" ausgepackt. Ab jetzt hieß es entspannen und die Natur genießen! Und danach mussten zwei wichtige Fragen geklärt werden: 1) Haben wir hier Internetempfang und 2) Haben wir hier TV-Empfang? Internet konnten wir über unsere Sim-Karte bekommen, mehr schlecht als recht, aber besser als gar nichts! Karlheinz hatte die gleiche WLan-Richtantenne wie wir, aber bisher konnte nur verschlüsseltes Netz empfangen werden. Und TV? Till schloss den TV-USB-Adapter samt Antenne an seinen Laptop und scannte nach Programmen. Ein einziger nepalesischer Sender erschien auf dem Bildschirm. Die TV-Karte funktionierte. Fragte sich nur, ob genau dieser Sender auch die WM-Spiele übertragen würde? In der Nacht stellten wir uns den Wecker, denn das Fußballspiel Deutschland gegen Australien begann erst um 0:15h. Und was soll man anderes sagen: es war fantastisch! Wir waren live dabei als 4 Tore gegen Australien fielen – in unserem eigenen Bett im Frosch! Was will man mehr?

Ford - unser neues Familienmitglied

Als Till kurz vor Abfahrt nach Pokhara noch einmal bei animalNepal vorbei schaute, um zu sehen, wie es unseren kleinen Werkstattwelpen, die wir alle nach Automarken benannt hatten, geht, musste er feststellen, dass nur ein einziger überlebt hatte. Das war weder Mercedes noch Porsche, sondern Ford. Er war der einzige Rüde im Wurf, der Zweitdickste und natürlich der Hässlichste von allen. Im Großen und Ganzen sah er eher aus wie eine Bambusratte statt wie ein niedliches Hundebaby. Was tun? Er rief bei mir an und erzählte mir vom Hundeschicksal. Wir sprachen darüber, ob Ford es alleine schaffen würde, dabei war die Entscheidung im Herzen längst gefallen. Ich fuhr mit einem Taxi und einer Transport-Kiste zur Tierstation und packte Ford wieder ein, um ihn wieder bei uns aufzunehmen. Schließlich hatten wir genügend Zeit, ihn die nächsten Monate aufzupäppeln und ihm ein neues Zuhause zu suchen, bevor es wieder zurück nach Indien gehen sollte. So war der Plan.
Ford hielt uns auf Trab. Alle vier Stunden hieß es: Milch anrühren, im neu gekauften Baby-Flaschenwärmer auf die richtige Temperatur bringen und rein mit dem Silikon-Sauger in das kleine hungrige Hundemaul, das den Sauger dann plötzlich nur noch mit viel Überzeugung nahm. Aber er trank. Und wir führten Buch über die Milliliter, die in seinem kleinen, immer dicker werdenden Bauch verschwanden.

Noch blind und mit geschlossenen Ohren verschlief er seine erste Froschfahrt von Kathmandu nach Pokhara im Juni. Doch dann dauerte es nicht mehr lange und er öffnete die Augen, machte seine ersten Schritte, seinen ersten richtigen Haufen und entdeckte die Welt. Nachts versuchte er grundsätzlich aus seinem Bettchen herauszukrabbeln und nörgelte jedes Mal so lange herum, bis wir hellwach waren und nicht mehr einschlafen konnten.

Danke Ford! Das Einzige, was half, waren Steine. Steine? Ja, Steine. Warum auch immer, Ford entwickelte eine große Leidenschaft für Steine. Je unbequemer, desto tiefer sein Schlaf. Also legten wir ihm zwei Steine in sein Körbchen. Und es funktionierte. Er schlief durch und wir auch!

Inzwischen wurde er auch immer niedlicher. Sein Fell wurde heller, die Schnauze spitzer und weniger schwarz, seine Ohren immer größer und seine Pfoten leider auch. Wie groß er wohl werden wird? Sein großer Bruder Ole war faszinierend – Ole hingegen fand den kleinen Hund einfach nur nervig! Um ein neues Zuhause für ihn zu finden, setzte ihn animalNepal auf ihre Adoptionsseite. Und dann kam die erste SMS und dann noch eine Email mit dem Wunsch unseren Ford zu adoptieren. Wir gerieten ins Schwanken. Wollten wir Ford tatsächlich wieder hergeben? Diesen kleinen, süßen und irgendwie doch immer noch hässlichen Kerl? Mit zwei Hunden reisen? Und Ende des Jahres noch unser Baby? Funktioniert das alles? Wir überlegten hin und her und natürlich siegte Herz über Verstand. Ford in einer anderen Familie, das konnten wir uns nicht mehr vorstellen. Irgendwie gehörte er jetzt zu uns und es war außerdem schön, wieder einen zweiten Hund zu haben.

Wir suchten einen Tierarzt auf, um Ford die ersten Impfungen zu verpassen. Dieser stellte Ford auf seinen Schreibtisch, schaute ihn von vorne und von der Seite an, zuppelte ihm an den Ohren, drehte ihn hin und her und entschied mit ziemlicher Überzeugung: Ford ist ein Deutscher Schäferhund! Nun hatten wir also einen „Rassehund" aus Kathmandu mit den Manieren eines klassischen Straßenköters. So viel Glück muss man haben!

Bei Ford drehte sich alles ums Essen. Dann gingen die Ohren auf Durchzug und nichts anderes zählte mehr. Dabei musste es noch nicht einmal schmackhaft sein. Hauptsache Wirkung! So hatte Ford leider bereits im zarten Alter von drei Monaten seinen ersten Nikotinflash und auch schon seinen ersten Schluck Bier intus. Bei Ford musste man permanent ein wachsames Auge haben, ansonsten verschwand alles, was nicht niet- und nagelfest war, in seinem kleinen Hundemaul: Taschentücher, tote Fische, Wäscheklammern – auch unsere neuen Stühle wurden bereits angenagt. Unsere Frosch-Inneneinrichtung interessierte ihn glücklicherweise nicht – nur der Fliegenschutz an der Tür wurde jeden Abend aufs Neue bekämpft. Bisher konnte der Vorhang stand halten...

Ford im bequemen Tiefschlaf

Beim Abwasch half Ford fleißig mit. Spülmittel schien einen besonders leckeren Geschmack zu haben und Abwaschschwämme brauchte man auch nicht zu kauen - einfach runterschlucken, bevor sie einem jemand wieder aus dem Maul zerrt!

Wenn es mal nicht ums Essen ging, ging er seiner zweiten Leidenschaft nach: Jo. Seine erste große Liebe und unsere englische Reisebekanntschaft aus Goa, die mit ihrem Freund Mark seit Mitte Juli ebenfalls in Nepal war. Bei Jo auf dem Schoß zu liegen, musste das Größte sein: Gestreichelt werden und dabei genüsslich einschlafen – Jo schien magische Hände zu haben, denn bei ihr mutierte er innerhalb von Sekunden zum liebsten Schoßhündchen der Welt, der niemals etwas anknabbern würde!

Und Ole? Der gewöhnte sich dann doch recht schnell an seinen neuen Bruder und teilte während der Fahrt sogar schon sein Körbchen mit unserem neuen Familienmitglied.

Fußball-Fieber in Nepal

Die Welt blickte zur Fußball-WM! Glücklicherweise war man auch in Nepal absolut Fußball begeistert, auch wenn Nepal keine eigene Fußballmannschaf hat – mal abgesehen von den vielen Jungs und Mädels auf nepalesischen Bolzplätzen. Public Viewing? Auch in Pokhara Lakeside - in vielen Bars und Restaurants wurden sämtliche Spiele auf Leinwand übertragen - nur nicht beim klassischen Stromausfall oder grundsätzlich nicht die späten Spiele, jedenfalls nicht offiziell.

Für das Spiel Deutschland gegen Ghana waren wir extra mit dem Frosch nach Lakeside gefahren und machten uns um Mitternacht auf in die Busy Bar. Die Bürgersteige in Pokhara waren bereits hochgeklappt. Nur vereinzelt sah man noch Menschen auf der Straße. Bei der Busy Bar sah von außen auch alles mehr als geschlossen aus. Doch wir wussten: Hier wurde man mit bestimmtem Klopfzeichen eingelassen, denn eigentlich war es verboten, nach 23 Uhr noch Gäste zu bewirten. Aber für die WM drückte die Polizei scheinbar beide Augen zu, wenn die Bar von außen geschlossen aussah.

So hockten wir also hinter verschlossenen Türen, aber Open Air zwischen diversen Touristen und vielen Nepalis an den Tischen und Bänken, schauten auf die große Leinwand und hofften auf einen Sieg für Deutschland. Mitternacht – was für eine unchristliche Zeit für zwei Frosch-Bewohner, die es gar nicht mehr gewohnt waren, um diese Zeit noch auf den Beinen zu sein. Man darf nicht vergessen: um 19 Uhr ist es hier stockfinster und mit der Dunkelheit kommen die Mücken oder der Regen und man macht es sich im Frosch gemütlich, schaut noch ein Filmchen und horcht sehr zeitig an der Matratze. Für Till war es nicht so ein großes Problem, die Augen offen zu halten. Doch Mitternacht bedeutete für meinen Körper seit Wochen programmierte Tiefschlaf-Phase. Das Spiel tat sein Übriges, es war gähnend langweilig und so schlief ich bereits in der ersten Halbzeit mit dem Kopf auf dem Tisch ein. Shame on me, aber wenigstens gewann Deutschland und ich hatte danach einen dicken Abdruck auf der Stirn von meiner Handtasche…

Beim legendären Spiel gegen England waren wir auf 1.600m Höhe in Sarangkot. Alleine, zu zweit, im Frosch mit TV-Karte, die versagte. Mist. Gerade dieses Spiel. Aber das Internet war auf unserer Seite und so hörten wir wenigstens übers Radio, wie die Engländer fertig gemacht wurden. Ein spannendes Spiel! Und ich schlief trotz der Uhrzeit nicht ein!

Nun war Deutschland wieder eine Runde weiter. Diesmal hieß der Gegner Argentinien. Ob das gut gehen sollte? Für dieses Spiel verließen wir unseren Berg wieder und planten unsere Besorgungen und Einkäufe in Pokhara so, dass wir das Spiel wieder in Lakeside schauen konnten. Die Uhrzeit war diesmal biorhythmusfreundlich, das Spiel sollte um 19 Uhr angepfiffen werden. Am Abend des Spiels hatten wir uns in unserem neuen Lieblingsrestaurant Caffe Concerto (Dauer-Wifi-Empfang, toller Service, die Hunde wurden gemocht und der Frosch konnte direkt vor der Tür im Schatten parken) gerade Pizza bestellt, als der Beamer angestellt wurde. Blauer Bildschirm. Man fummelte hier, fummelte da. Kein Bild. Was wahrscheinlich daran lag, dass gerade mal wieder kompletter Stromausfall in Pokhara Lakeside war und der Restaurant-Generator absolut nichts schaffte. Es wurden Kabel ausgetauscht. Es wurde ein Profi geholt. Es wurde weiter gefummelt. Die Pizza kam. Die Jungs hatten noch 15 Minuten Zeit, die Übertragung zum Laufen zu bringen. Aber es klappte nicht. Und dann begann das Spiel. Ohne uns.

Man vertröstete uns, dass es mit der Übertragung bestimmt gleich klappen würde. Dann schaute Kasper (Overlander aus der Schweiz) auf sein iPhone: Dritte Minute, das erste Tor war gefallen. Ohne uns. Till wurde nervös. Panik machte sich breit. Till fuhr seinen Laptop hoch und schloss die TV Karte an. Nichts. Der Bildschirm auf der Leinwand im Restaurant war weiterhin blau. Kasper versuchte sein Glück am Beamer. Nichts. Hier konnten wir nicht bleiben. Wir bezahlten ganz schnell die Rechnung und dann ging es los im Eiltempo zu Fuß die Straße runter. Bloß nicht noch ein Tor verpassen!

Zur zweiten Halbzeit fanden wir uns in der Busy Bar wieder, die wie erwartet proppenvoll war und genügend Power hatte, auf der großen Leinwand das Spiel zu übertragen. Um uns herum: Nepalis in Argentinien-Trikots! Deutschland zeigte es den Jungs aus Südamerika gewaltig. Nach dem 3. Tor wurde am Tisch neben uns das erste Argentinien-Trikot verbrannt. Nach dem 4. Tor flogen kurzfristig Gläser durch die Gegend. Konnten wir jetzt noch jubeln? Doch anders als erwartet, gab es auf die kaputten Gläser keine Kettenreaktion. Die leichte Unruhe vom ersten Tisch wurde ignoriert und nach weiteren fünf Minuten hatte eben dieser Tisch scheinbar von sich aus die Nase voll von Fußball und ihrer Lieblingsmannschaft und sie verabschiedeten sich. Friedlich und ohne großes Aufsehen. Sie fuhren nach Hause. So wie Argentinien.

Briefe, Päckchen und Pakete

Was ist, wenn man nach langer Zeit auf Reisen mal wieder deutsche Zeitschriften lesen möchte? Oder neue deutsche Bücher und es ist gerade kein anderer deutscher Overlander in Sicht, der Bücher und Zeitschriften zum Tauschen an Board hat? Man lässt sich welche schicken. Aber wohin, wenn man doch in einem Frosch wohnt und dieser keinen Briefkasten hat? Für diese Fälle gibt es die Möglichkeit, sich postlagernd Briefe, Päckchen und Pakete an die Hauptpost schicken zu lassen. In unserem Fall: das General Post Office in Kathmandu.
Befüllt mit einem neuen engmaschigen Moskitonetz fürs Bett, Zeitschriften, Toilettenpapier (zum Ausstopfen von Lücken), Büchern, Brotbackmischungen, Tee, Homöopathischen Mittelchen und sonstigem dringend benötigten

Allerlei, machte sich das erste Paket meiner Schwester auf den Weg von Hamburg nach Kathmandu. Dank Trackingnummer konnten wir genau sehen, dass es wenige Tage später bereits am Flughafen in Nepal eintraf. Doch dann hieß es erstmal warten, warten, warten. Wo war das Paket geblieben?

In der Zwischenzeit hatte Tills Mutter auch schon zwei Maxiumschläge mit Zeitschriften bestückt und diese waren bereits in der Hauptpost eingetroffen! In einem kleinen Büro hinter den Schaltern befand sich sämtliche Post, die „post restante", also postlagernd, nach Nepal geschickt wurde. In einem grauen Kasten stapelten sich die Briefe aus aller Welt zur Abholung und dazwischen steckten die großen Umschläge von Tills Mutter! Nun noch den Pass gezückt, in einem großen Buch unterschrieben und die Umschläge gehörten uns! Das war ja einfach.

Nicht so einfach war dann die Abholung des großen Pakets meiner Schwester, als es nach weiteren zwei Wochen Warterei endlich abzuholen war. Zuerst schauten wir in diesem kleinen grauen Kasten nach und fanden tatsächlich einen visitenkartengroßen Zettel, auf dem man mit sehr viel Fantasie meinen Namen entziffern konnte! Nun wurde ein kleiner Schrank aufgeschlossen, aus dem ein Schlüssel für den großen Schrank entnommen wurde. In diesem großen Schrank wurde ein weiteres großes Buch gelagert und nun musste ich in dieses Buch, sowie in das kleine Buch, Name, Passnummer etc. eintragen und das ganze natürlich mit meiner Unterschrift bestätigen. Danach gab es aus einem weiteren Kästchen aus dem großen Schrank mit dem dicken Schloss den nächsten Abholschein und mit diesem ging es dann in die Paketzentrale. Hier schickte man uns wieder auf die Straße – Kopien vom Pass mussten besorgt werden. Zurück mit der Passkopie wurden wieder Formulare ausgefüllt, mit denen wir nun wieder in das nächste Büro geschickt wurden. In diesem Büro saßen zehn äußerst fröhliche Menschen – jeder von ihnen mit einer Aufgabe vertraut: Zettel überprüfen, Zettel weiter ausfüllen, Geld einfordern, Wechselgeld ausgeben und so weiter. Wie gesagt, jeder hatte nur eine(!) von diesen Aufgaben. Mit dem nächsten Zettel ging es zurück zum Paketschalter und hier wurde nun tatsächlich unser großes Paket gebracht. Es folgte eine knappe Sichtkontrolle und mit der Packliste ging es wieder in das Büro mit den fröhlichen Menschen, wo nun die Zolltarife herausgesucht wurden. Es wurde diskutiert und im Endeffekt einiges nicht verzollt, weil sie nicht wussten wie. Wir zahlten umgerechnet 1 Euro Zoll und mit der letzten Quittung durften wir unser Paket endlich entgegennehmen und fühlten uns beim Auspacken wie an Weihnachten! Brotbackmischungen, Zeitschriften, Bücher – was für ein herrliches Paket!

Natürlich war dies nicht das letzte Paket, das uns erreichen sollte. Denn zu Hause wurde zu unserer großen Freude Tills Mutter unser persönlicher Paketengel! Seien es Ersatzteile oder ein ganzer Schwung gebrauchter Babykleidung, die uns unsere Freundin Marsha zur Verfügung stellte, sie wurden ab nun direkt zu Tills Mutter geliefert und von ihr und ihrem Helfer Konrad profimäßig verpackt und nach Nepal verschickt. Doch da wir inzwischen Kathmandu verlassen hatten, nutzten wir den „post restante“ Service in Pokhara. Und siehe da – hier ging alles irgendwie sehr viel einfacher! Die ersten Päckchen und Briefe lagerten in einem großen Schrank – keine Zettelchen, keine Formulare, kein Zoll. Zur Abholung genügte hier einfach nur unser Pass, eine Unterschrift und innerhalb von zwei Minuten hatte man das mit ebenfalls fröhlichen Menschen befüllte Postamt wieder verlassen!

Nach zwei Abholungen beim G.P.O. in Pokhara brauchte Till seinen Pass gar nicht mehr herausholen und wurde von den Mitarbeiter freundlich mit „Namaste Mister de Boer“ begrüßt!

Auch das Verschicken von Paketen war von Pokhara aus viel einfacher. In Kathmandu wurden unsere Versand-Pakete erst auf ihren Inhalt geprüft und natürlich gab es dann wieder den üblichen Formular-Wahn. Danach wurden die Pakete fein säuberlich in Baumwolltücher eingenäht und versiegelt. Schließlich durfte man sich beim Express-Versand-Schalter in die Massen drängeln, um sich als schwangere Frau erst herumschubsen zu lassen und dann herauszufinden, dass die Pakete das Doppelte an Versand kosten sollten, wie aus Pokhara! Abbruch der Aktion „Versand aus Kathmandu“!
Denn in Pokhara geht das so: Paket abgeben, wiegen, Briefmarken drauf kleben wo Platz ist, bezahlen, fertig!

Und was macht man, wenn eine liebe Freundin einem ein kleines Päckchen zum Geburtstag nach Nepal schicken möchte und die Post schickt es laut Sendungsverfolgung nach Neapel in Italien? Sich ganz doll freuen, wenn es dann doch irgendwie noch den Weg nach Nepal geschafft hat und man es in Kathmandu am Schalter abholen darf!

Monsun: Wenn aus Spaß auf einmal Ernst wird

Mitte Juni begann offiziell die Regenzeit. Laut Lonely Planet sollten die Temperaturen nach den angeblich heißesten Monaten Mai und Juni wieder nach unten gehen und der Regen seinen Höhepunkt im Juli haben. Aber welches Klima hält sich schon an die Richtlinien im Lonely Planet? So hieß es für uns schwitzen und fröhlich sein, denn auch der regelmäßige, am Anfang noch mäßige Regen in der Nacht brachte keine Abkühlung. Die Regenzeit in Pokhara zu verbringen war wahrscheinlich nicht unbedingt die schlauste Weise, schließlich ist Pokhara der Ort, mit dem meisten Niederschlag in diesen Monaten.
Sämtliche Wolken, die von Indien kamen, regneten sich hier im Annapurna-Gebiet ab. Aber deswegen weiterhin in Kathmandu sein, wenn man die schöne Natur am Tag genießen konnte – ohne Staub und Lärm und Dreck? Dann doch lieber den vielen Regen…

Oben in Sarangkot verschwanden wir zeitweilig in dichten Regenwolken. Das war der Punkt, an dem die Feuchtigkeit endgültig zuschlug. Unsere Liegestuhl-Bezüge setzten Schimmel an, die Wäsche wurde nicht mehr richtig trocken und unser Kocher entschied sich, nun ordentlich und mit gutem Tempo das Rosten anzufangen. Wir konnten nichts dagegen tun. Bitte halten Sie Fenster und Türen geschlossen, drei Tage Dauerregen prasselten auf uns ein – danach wieder heftige Hitze, die einem das Hirn schmelzen ließ. Nachts wieder Platzregen. Nach einer kurzen Stippvisite in Kathmandu Mitte Juli zum Baby-Check-Up in der sehr guten Ciwec Clinic (www.ciwec-clinic.com), ging es wieder zurück nach Pokhara. Mark und Jo, unsere Goa-Agonda-Beach-Freunde aus England, waren endlich in Nepal angekommen. Zeit für ein großes Wiedersehen!

Gemeinsam ging es auf den Campingplatz in Pame, wo sich inzwischen einiges verändert hatte. Die große, breite Kies-Straße war bis dato nur ein ausgetrocknetes Flussbett gewesen. Jetzt rauschte das Wasser aus den Bergen

Der Monsun bringt so manche Wasserdurchfahrten mit sich

hier herunter und direkt am Campingplatz vorbei. So dicht, dass Mark Angst hatte, plötzlich und über Nacht abzusaufen. Inzwischen musste er über diese Angst selber grinsen, denn der kleine Seiten-Fluss stieg auch nach heftigstem Platzregen nicht über die Mauern und war eine willkommene Abkühlung für alle. Was wir nicht wussten: wenn die Schleusen in Pokhara Lakeside bei starkem Regen nicht rechtzeitig geöffnet werden, kann auch der Campingplatz mal einen Meter oder mehr unter Wasser stehen! Zum Glück konnten wir dies nur auf Fotos bewundern, als wir uns alle mal wieder in Kathmandu befanden.

Mit aufgeblasenen LKW-Reifen ging es so manches Mal den großen Fluss herunter – selbst Ole kam jedes Mal mit und schwamm 30 Minuten neben uns her, bis wir wieder an Land gingen und zurück zum Campingplatz liefen! Wir gewöhnten uns sogar an den Schlamm, in dem wir mit unseren LKWs standen. Till legte kleine Steinwege an, damit wir alle nicht permanent bis zu den Knöcheln im Matsch steckten, und baute temporäre Fenster-Vorrichtungen, damit wenigstens zwei Fenster offen bleiben konnten für Frischluft, wenn es nicht zu stark regnete. Das Monsun-Leben in Pame war fein. Heiß und zeitweilig extrem nass – aber dennoch verging die Zeit mal wieder rasend schnell. Und dann war Aufbruch. Aufbruch nach Kathmandu mit einem kleinen Abstecher nach Bandipur, der es in sich haben sollte.

Bandipur - ein kleines, ursprüngliches Dorf zwischen Kathmandu und Pokhara auf 1.300m Höhe. Wir wollten zwei Nächte bleiben. Es wurden vier. Nicht, weil es so schön war, durch die kleinen Gassen zu laufen und die alte Architektur zu bewundern. Dafür reichten zwei Tage völlig aus. Der Grund für unser Bleiben war das bisher nervenaufreibendste Erlebnis (abgesehen von unserer ersten Nacht im Iran) – unsere Reise drohte mit einem Mal zu Ende zu sein: Frosch Totalschaden. Kaputt. Ende. Aus. Vorbei.

Wir standen mit Mark und Jo an dem früheren Marktplatz, auf dem sich die Kaufleute auf ihrem Weg von Tibet nach Indien oder von Indien nach Tibet trafen. Heute ist dieser historische Platz mit seinen fünf heiligen Feigenbäumen, der ca. 1km vor den Toren von Bandipur liegt, ein Fußballplatz. Ein herrliches Plätzchen. Die Hunde konnten frei herumlaufen, es war überall grün, es war nicht mehr so heiß wie in Pokhara und es wehte ein herrlicher Wind. Selbst die Berge zeigten sich zeitweilig hinter den dicken Regenwolken!

In der zweiten Nacht hatte es mal wieder stark geregnet. Till und ich wollten am nächsten Morgen frühzeitig aufbrechen, um dem heftigen Verkehr nach Kathmandu wenigstens noch ein bisschen aus dem Weg zu gehen. Mark und Jo wollten noch nicht direkt nach Kathmandu, sie planten eine Woche Rafting oder Kajak fahren.

Um fünf Uhr klingelte der Wecker. Um sechs Uhr startete Till den Motor. Und dann passierte das, womit keiner gerechnet hatte. Till fuhr einen Meter zurück und wir sackten mit dem Frosch ein. Nicht weiter schlimm, wären wir auf einer ebenen Fläche. Doch wir parkten direkt neben einem „Tank" – einem 10 x 10m breiten und 2m tiefen, historischen Wasserauffangbecken, das leer war. Und als Till wieder einen Meter nach vorne fuhr, drohte die Randbefestigung komplett einzubrechen.

Innerhalb von Sekunden sank der Frosch mit seiner linken Seite ein, drückte die inzwischen total rissige Befestigung immer weiter nach innen und stand dann so schief, dass er jede Sekunde nach links kippen konnte, um 2m tief in sein Grab zu fallen. Die Hunde hatten wir umgehend aus dem Frosch geholt, am Fußballplatz angebunden und weckten nun Mark und Jo. Leider war ihr Truck nicht schwer genug, um uns dort herauszuziehen. Doch wenigstens konnten sie uns mit dem Abschleppseil stabilisieren und dies und ein weiteres Seil, das seitlich am Frosch und an einem Baum angebracht wurde, gaben dem Frosch genügend Sicherheit, dass sich der Schwerpunkt nicht noch weiter nach links verlagerte. Nach vorne hatte der Frosch noch ca. 3m. Dann war Sackgasse. Irgendwie musste der Frosch da rückwärts wieder raus. Aber wie?

Uns lief die Zeit davon. Wie lange würde die Wand noch halten, bis sie dank der Monsun-Nässe und dem Tonnengewicht des Frosches kollabierte? Die Wand zu stabilisieren war nicht möglich. Sie war so durchweicht vom nächtlichen Regen, dass schnellstmöglich eine andere Lösung her musste. Aber welche? Die Antwort hatten drei Nepalis, die uns zu Hilfe eilten.

Sie kamen weder mit Kran noch mit sonstigem schweren Gerät. Sie hatten einzig und allein ihre Muskelkraft, Spaten und vor allem Köpfchen. Es hieß, den Schwerpunkt zu verlagern. Unter vollem körperlichem Einsatz buddelten die Männer mit Till und Mark unter den rechten Rädern tiefe Löcher. Danach zogen alle Helfer und Zuschauer so lange an dem seitlich befestigten Abschleppseil, bis der Frosch in Bewegung kam und nach rechts in die tiefen Löcher für die Räder rutschte. Aufatmen! Der Frosch war wieder gerade und lag nicht mehr mit seinem vollen Gewicht auf der Abbruchkante.
Da die Wand am hinteren Reifen stabiler wirkte als vorne, musste der Frosch nun halb rechts nach vorne von der Wand gefahren werden, um von dieser Stelle wegzukommen. Wir sprachen schon davon, alle Helfer zu einem leckeren Frühstück einzuladen. Dass wir davon noch weit entfernt waren, wussten wir nicht.

Die Hoffnung, hier und jetzt heile aus der Sache herauszukommen, war groß. Doch sie brach zusammen mit dem hinteren Teil der Wand, als Till den Frosch einen Meter nach vorne fuhr. Zwar war er jetzt ein paar Zentimeter von der instabilen Wand vorne entfernt, hing nun aber wieder in totaler Schieflage – diesmal mit einem Reifen im Abgrund!

Die kleine Winde von Mark hielt den Frosch nun vorne rechts und die beiden großen Abschleppseile gaben wieder die alte Stabilität. Während Till noch aus dem Frosch sprang, lag der Frosch hinten bereits mit seinem Chassis auf. Wenn die Wand nicht noch weiter brach, würde der Frosch in dieser Position bleiben. Die Männer handelten innerhalb von Sekunden und bauten mit den Steinplatten, die auf einem Haufen herumlagen, eine Befestigung unter dem hängenden Reifen. Diese Arbeit machten sie definitiv nicht das erste Mal! Es dauerte seine Zeit und viel Schweiß, doch dann war der Frosch in diese Richtung ebenfalls abgesichert. Doch was jetzt?

Jo war in der Zwischenzeit mit einem Taxi im nächsten Dorf gewesen. Eigentlich wollte sie Öl für die größere Winde an deren Truck organisieren. Doch statt mit Öl, kam sie mit dem nepalesischen Dorf-Abschleppdienst zurück, und diese drei Jungs brachten eine große Winde mit, die 10 Tonnen halten sollte. Nun wurde vorm Frosch ein tiefes Loch gebuddelt. Danach mussten wir dem Nachbarn einen 1,50m langen und 20cm dicken Baumstamm abkaufen, der nun als Anker für die Winde im Loch verschwand. Das Loch wurde wieder zugebuddelt und das Gegenstück am Frosch angebracht. Zentimeter für Zentimeter wurde der Frosch nun aus seiner verfänglichen Lage gebracht und nach vorne rausgezogen. Alle nahmen großen Abstand von den Jungs und ihrer Winde, denn ungefährlich war diese Aktion weiß Gott nicht.

Der Frosch ächzte und krächzte, aber er kam heraus! Nun stand er direkt vor der Mauer zum Fußballfeld – Sackgasse. Und jetzt? Wie soll der Frosch dort wieder wegkommen? Die Jungs vom Abschleppdienst machten eine Mittagspause und bis sie zurückkamen, hatten wir die Hoffnung, dass sie wissen, was sie tun – schließlich waren sie zwischen Pokhara und Kathmandu das einzige „Abschleppunternehmen“ und hatten schon so manchen Bus und LKW aus dem Abgrund befreit. Doch auch diese Hoffnung starb. Denn als sie eine halbe Stunde später zurückkamen, war der Chef der Truppe so betrunken, dass er sich kaum mehr auf den Beinen halten konnte!

Und eben dieser Chef war jetzt der Ansicht, dass Till mit ganz viel Schwung einfach zurücksetzen sollte. Das würde schon passen. Na herzlichen Dank für diese großartige Idee. Er war überzeugt, dass die Wand schon halten würde. Dass der Frosch wieder mitten in seinem ursprünglichen Loch landen würde und womöglich auch noch der vordere Teil der Wand unter dem Vorderrad zusammenbrechen könnte, konnte er sich bei bestem Willen nicht vorstellen.

Mark hatte die endgültige Idee parat: Warum setzen wir den Frosch hinten nicht auf Holzplanken, seifen diese Holzplanken mit Abwaschseife ein, befestigen die große Winde am Baum und ziehen den Frosch über die rutschigen Holzlatten Stück für Stück zur rechten Seite? So steht der Frosch dann zum Schluss mit seinen Hinterreifen so weit vom Abgrund weg, dass Till ihn ohne Bedenken zurücksetzen kann. Diese Idee fand der Abschlepp-Boss übrigens gar nicht gut. Inzwischen wurde es anstrengend, mit ihm zu kommunizieren, da seine Helfer mehr auf Mark und Till hörten, als auf ihn, und dass wir seine Idee nicht umsetzen wollten, passte ihm überhaupt nicht.

Wir ließen uns auf keine Diskussion ein und schafften Holzbretter herbei. Till fuhr den Frosch mit den Hinterreifen auf die Bretter. Danach wurden diese mit Flüssigseife eingeseift. Nach weiterem Theater mit dem betrunkenen Chef, der inzwischen nur noch im Weg herumstand und die Arbeit behinderte, war die große Winde endlich befestigt und wurde angezogen. Doch der Frosch bewegte sich nicht. Nun kamen wieder die Wagenheber zum Einsatz. Leicht aufgebockt ließ sich der Frosch nun Millimeter für Millimeter über die Holzbretter ziehen. Wenn er sich nicht mehr bewegte, wurden die Wagenheber wieder neu unter den Frosch gesetzt und so ging es langsam aber sicher in die richtige Richtung. Nach einer gefühlten Ewigkeit und glücklicherweise kurz vor Sonnenuntergang, stand der Frosch so, dass er rückwärts aus seinem Dilemma herausgefahren werden konnte.

Till fuhr in heraus und dann parkte der Frosch da – als wäre nichts gewesen. Nur noch das Schlamm-Chaos und die eingebrochene Wand verrieten, dass hier vor zwölf Stunden ein Frosch in Schieflage geraten war.

Bei jeder Menge Bier wurde die geglückte Rettung gefeiert und erschöpft, aber unendlich erleichtert, ging jeder in dieser Nacht schlafen. Für den Schaden an der Mauer sowie den Einsatz der gesamten Helfer konnten wir finanziell aufkommen. Glücklicherweise riss dieses Abenteuer kein großes Loch in unsere Reisekasse. Auch am Frosch konnten wir bisher keinen Schaden feststellen – er scheint uns seine Schräglage nicht allzu übel genommen zu haben. Und auch Mark, der beim Holzbretter-organisieren erst ausrutschte und sich schmerzhaft am Kopf verletzte und danach auch noch mit Schwung eines der Holzbretter ins Gesicht bekam, so dass seine Lippe aufplatzte, mag uns glücklicherweise immer noch!

Wir sind unendlich dankbar für die ganze Hilfe, die wir an diesem Tag bekommen haben, dankbar für die brillante Idee, den Frosch über das Holz zu ziehen, und dankbar, dass unsere Reise weitergeht. So nah am Himalaya, dem Dach der Welt, wo die Götter zu Hause sind, hat mindestens einer von ihnen an diesem Tag unsere Gebete erhört, den Frosch zu retten. Danke!

Indische Logik und Zahlengewirr

Gerade wenn es um Indien geht und speziell um Indiens Bürokratie, möchte man manchmal verzweifeln. Denn Inder nehmen es gerne ganz genau. So darf man mit seinem Fahrzeug maximal 180 Tage im Land sein und muss dann mindestens 180 Tage außerhalb des Landes sein. Wenn man sich nicht an diese scheinbar einfache Regel hält, kann einem der indische Zoll einen Strich durch die Rechnung machen, das Fahrzeug konfiszieren oder eine hübsche Summe Steuern verlangen. Also sind wir nach Nepal ausgewichen, um festzustellen, dass man als Tourist aber nur maximal 150 Tage im Land verbringen darf. 30 Tage zu wenig, um der einfachen indischen Regel Folge zu leisten!

Gleich nach Ankunft in Kathmandu versuchten wir dieses Visa-Problem beim Immigration Office zu klären, um unser Visa auf insgesamt 180 Tage zu verlängern. Keine Chance. Auch unsere Erklärung mit den indischen Zollregelungen interessierte nicht. Die Antwort lautete: 150 Tage, mehr gibt es nicht! Woher sollten wir nun die letzten 30 Tage nehmen? Viele Overlander nutzen diese Regel, um per Flugzeug für einen Zeitraum nach Hause oder in ein anderes Reiseland zu fliegen. Da das Fahrzeug nicht in den Pass eingestempelt wird, kann man sein Fahrzeug problemlos in Nepal zurücklassen. Aber wir hatten die Hunde und die konnten wir ja schlecht in Nepal lassen. So hätte jeder von uns für jeweils 30 Tage ausreisen müssen, während der andere auf Frosch und Hund aufpasst – das wären 60 Tage getrennt voneinander – und das ging ja nun auch nicht!

Wir schoben das Problem auf – eine Lösung wird sich schon irgendwie finden – und schon schien das nächste Problem aufzutauchen: Wir trafen einen anderen Overlander, der permanent darauf beharrte, dass das eigene Fahrzeug ebenfalls nur 150 Tage in Nepal verweilen dürfe! Er wisse es ganz genau, schließlich hätte das der Chief-Officer an der Grenze ihm genau so gesagt. Da man das Carnet in Deutschland nur über den ADAC bekommt, fragten wir dort nach. Die Antwort war eher schwammig formuliert und ebenfalls keine definitive Aussage, dass es wirklich 180 Tage sind. Bei einigen Overlandern waren plötzlich auch handschriftlich „30 days" auf dem Einreise-Carnet notiert. Hilfe! Und jetzt? Wie lange darf ein Fahrzeug nun in Nepal bleiben? 30 Tage? 150 Tage? 180 Tage? Wenn man zu früh wieder nach Indien einreist, wird das Fahrzeug konfisziert! Einfach weiter nach China reisen ist auch nicht so einfach möglich...

Jeder versuchte irgendetwas herauszufinden und jeder bekam andere, schwammige oder gar keine Aussagen. Jacque und Elisabeth, ein Paar aus Frankreich, hatten ihr Fahrzeug in Nepal abgestellt und waren gerade auf Heimaturlaub. Nach ihrer Rückkehr wollten sie beim Customs Office, dem Zollamt in Kathmandu, genau nachfragen.
Bis die beiden aber wieder zurück waren, ergab sich bei uns natürlich die nächste Hürde: Bei der indischen Botschaft in Kathmandu bekam man als Deutscher nur ein 3-Monats-Visum für Indien. Auch wenn man etwas anderes beantragt hatte, es gab nur 3 Monate und weder eine Aussage warum, noch die Möglichkeit es im Nachhinein zu ändern. Zwei Menschen verdienten sich mit dieser Tatsache wohl eine goldene Nase: Harry und Lakshmi. Die beiden sind die einzigen, die angeblich gute Kontakte zur Botschaft haben und 6 Monate organisieren können. Wir suchten Harry in der Freakstreet in Kathmandu auf, denn mit einem 3-Monats-Visum wären unsere gesamten Pläne, den Winter und die ersten Wochen mit Baby entspannt in Goa zu verbringen, hinfällig gewesen. Harry hatte allerdings keine guten Nachrichten für uns. Weil unser Tourist-Visa für Nepal nur noch eine Woche gültig war und wir es nicht verlängern konnten, wäre die Zeit zu kurz, um 6 Monate zu beantragen. Aber er schickte uns zum Immigration Office. Wir sollten uns einen „Broker" suchen, der unser 30-Tage-Nepal-Visum-Problem lösen sollte. Gesagt, getan. Wir suchten einen „Broker" auf und bekamen gegen „Aufpreis" ein temporäres Business-Visa, das mit viel Papierkram und Zeit-

aufwand dann doch noch pünktlich in den Pass gestempelt wurde. Puh. Das 30-Tages-Visa-Problem hatten wir also gelöst, wir waren weiter legal in Nepal. Unser Frosch auch?

Wir entschieden uns für Plan B bezüglich des Indienvisums. Genau für diese Fälle hatten wir einen Zweitpass dabei, den wir nun samt unserer Anträge nach Hamburg zu meiner Schwester schickten. Wir beantragten das 12-Monats-Visum (das für einen Aufenthalt von max 180 Tagen berechtigt). Leider schickte man meine Schwester mit der Aussage nach Hause, dass man bei diesem speziellen Visum nach 90 Tagen für 2 Monate ausreisen muss und dann erst weitere 90 Tage in Indien verbringen kann. Also kam dies für uns nicht in Frage. Meine Schwester beantragte dann das klassische 6-Monats-Visum, denn dieses berechtigt einen, 180 Tage am Stück in Indien zu sein. Indien, deine Logik möchte ich haben, aber egal. Es funktionierte. Wir bekamen das 6-Monats-Visum und meine Schwester schickte die Pässe noch am gleichen Tag mit UPS direkt zur deutschen Botschaft nach Kathmandu, die sich glücklicherweise dazu bereit erklärt hatten, die Dokumente für uns anzunehmen. Mit dabei war auch unser neues Folge-Carnet. Unsere Papiere waren also vollständig!

Blieb also nur noch eine Frage offen: Wie lange darf ein Fahrzeug in Nepal verweilen, ohne dass Steuern fällig werden oder das Fahrzeug konfisziert wird? Und die Antwort gaben uns Jacque und Elisabeth inkl. Kopie des Gesetzesauszuges des nepalesischen Zolls: Es sind 180 Tage!

Ende gut, alles gut: Nun steht einer korrekten Ausreise aus Nepal und einer korrekten Einreise nach Indien am 1. Oktober nichts mehr im Wege! Goa, wir kommen!

Danke für die schöne Zeit, Nepal!

„180 Tage in Nepal sein? Was sollen wir denn ein halbes Jahr in diesem klitzekleinen Land machen? Bist du verrückt?" Das war Tills Aussage vor unserem Aufenthalt in Nepal. Es ging aber ja nicht anders. Wir mussten 180 Tage raus aus Indien, Verschiffung nach Australien war zu teuer, Weiterreisen nach

China zu teuer und für mich mit Babybauch nicht machbar (wir hätten über 5.000er-Pässe gemusst und als Schwangere darf man nur max. 2.000m in die Höhe wegen der Sauerstoff-Versorgung). Es blieb uns nichts anderes übrig, als uns auf ein halbes Jahr in Nepal einzustellen. Und jetzt, nach 6 Monaten in diesem Land, fragten wir uns, wo die Zeit eigentlich geblieben ist!
Als wir im April über die Grenze nach Nepal kamen und das verrückte Indien mit seinen hohen Temperaturen hinter uns ließen, mussten wir durchatmen. Endlich fand das Leben wieder hinter dem Bürgersteig statt, die Verkehrsteilnehmer waren auf einen Bruchteil reduziert, die Temperatur wieder auszuhalten und die Distanz zwischen Einheimischen und Frosch wieder auf ein angenehmes Niveau heran gewachsen. Wir brauchten Entspannung!

Zwei Monate am Stück verbrachten wir in Kathmandu. In den ersten Tagen oder Wochen nutzten wir die Zeit um runterzukommen von den letzten Indien-Strapazen, dann warteten wir auf Reparaturmaßnahmen am Frosch. Till kaufte sich ein Mountain-Bike und erkundete die Gegend. Wir lebten im Smog, im Werkstatt-Dreck, erlebten unseren ersten Generalstreik, entdeckten Kathmandu und sehnten uns nach frischer Luft und grüner Natur!

Die Natur, die Berge, die frische Luft – aber auch den Regen – fanden wir in Pokhara. Ein touristisches Naturparadies, hier konnten wir es gut aushalten! Anfangs war der Regen noch zu ertragen. Es regnete nachts, tagsüber war es heiß. Später regnete es irgendwie permanent. Wir konnten ein paar Blicke auf die Annapurna-Gebirgskette erhaschen, bevor sie wieder in Wolken verschwand und waren jedes Mal aufs Neue erstaunt, wie nah wir dem Himalaya waren. Inzwischen konnten wir den Regen nicht mehr sehen und fragten uns, wann der Monsun tatsächlich zu Ende ist – offiziell war er das nämlich schon seit ein paar Wochen.

Wir sind um eine eigene „Landslide"-Erfahrung in Bandipur reicher, haben zwölf Stunden um unseren Frosch und unsere weitere Reise gebangt und sind dann doch mit einem blauen Auge davon gekommen. Insgesamt sind wir die Strecke zwischen Kathmandu und Pokhara sechs Mal gefahren. Jedes Mal sieben Stunden für 200km. Die nepalesischen Fahrgewohnheiten stehen den indischen in Nichts nach – sie fahren wie die Wahnsinnigen und hoffen wohl auf einen guten Schutzengel. Meinen Außenspiegel hat es auf den Fahrten zwischen Kathmandu und Pokhara übrigens vier Mal erwischt.

Das letzte Mal sind wir nach Kathmandu geflogen, um unsere Pässe abzuholen, einen letzten Ultraschall-Check-Up zu machen und von der Ärztin das o.k. zu bekommen, die Reise nach Indien anzutreten. Wir haben das Flugzeug genommen, weil die Straße in den vergangenen Tagen durch Landslides gesperrt war und wir keine Lust hatten, das siebte und achte Mal hier lang zu fahren. Auch dies war eine interessante Erfahrung, dachten wir doch: mit dem Flugzeug geht es schneller! Auf dem Hinweg hat es auch geklappt, für den Rückweg mussten wir allerdings 24 Stunden Wartezeit einrechnen, da der Flughafen in Pokhara aufgrund des Regens geschlossen wurde.

Neben der Natur sind es die Menschen, die Nepal zu etwas Besonderem machen. Sie sind unglaublich freundlich und begrüßen einen mit einem respektvollen „Namasté", während sie einen dabei höflich anlächeln und die Hände zum Gruß falten. Man beantwortet ihnen gerne die Frage, wo man herkommt, denn das penetrante „Which country? Which country?" hört man hier kaum bis gar nicht. Natürlich gibt es auch einige Taxifahrer, die einen gegen horrende Summen gerne irgendwohin fahren. Aber die meisten lassen mit sich verhandeln und merken schnell, wenn man sich mit den Preisen auskennt. Und wenn es immer noch zu teuer ist, muss man ja nicht einsteigen.

Der Monkey-Tempel

Faszinierende Sicht auf die Annapurna-Gebirgskette

Die Froschtüren wurden kaum bis gar nicht abgeschlossen, Angst, ausgeraubt zu werden, hatten wir hier nicht.

Nepal hat uns leider auch viel Geld gekostet: Visa-Gebühren, Arztrechnungen, Werkstattrechnungen, Stellplatzkosten und auch Lebensmittel sind hier nicht gerade billig. Dennoch war die Zeit in Nepal eine der schönsten auf der Reise, denn mit Nepal haben wir nicht nur Ford bekommen, sondern auch ein neues Lieblingsland! Danke, Nepal, für die schöne Zeit!

Zurück nach Indien

Mit gemischten Gefühlen traten wir die Reise Richtung Grenze Indiens an. Vor einem halben Jahr waren wir froh, dieses Land mit seinen chaotischen und oft nicht nachvollziehbaren Facetten zu verlassen, und jetzt waren wir wieder auf direktem Weg dorthin – Ziel: Goa. Goa war ja nicht gleich Indien. Indien war spannend, nervig, bunt, unverständlich, in allem immer grundsätzlich umständlich und dann auch immer wieder für eine positive Überraschung gut. Man liebt es oder man hasst es – so heißt es. Goa hingegen ist das klassische Paradies, um dem kalten Winter aus dem Weg zu gehen. Hier stürzen die Glücksgefühle auf einen ein, wenn man mit seinem Roller oder der Enfield am Strand lang fährt, diesen bestimmten Goa-Geruch in der Nase hat, die Shops links und rechts sieht und einen traumhaften Sonnenuntergang vor sich hat. Das ist Goa. Liebe. Und der Rest von Indien? Wir hatten eine gewisse Hassliebe für dieses Land entwickelt – und wir waren gespannt auf den zweiten Eindruck, den uns Indien nun bescheren sollte.

Die Grenzabwicklung in Nepal war ganz so, wie viele sie erlebt haben: einfach! Vom Carnet de Passage hatten die Grenzer keine Ahnung. Es wurde weder geprüft, wie lange wir im Land waren, noch der Frosch, geschweige denn die Motornummer etc. begutachtet. Wir erklärten, dass wir auf dem einen Abschnitt einen Ausreisestempel plus Unterschrift benötigten und ein weiterer Abschnitt für ihre Unterlagen bestimmt war. Fertig. Unsere persönliche Ausreise hingegen war mit etwas Gezeter verbunden. Unsere Visa liefen bis zum 30. September, wir waren nun aber erst am 1. Oktober an der Grenze. Dass es noch nicht einmal 9 Uhr morgens war, interessierte den Beamten nicht. Er wollte Cash für die Überziehung unserer Visa. Aber nicht mit uns. Beim Immigration Office in Kathmandu hatten wir extra gefragt, ob wir am 30. September ausreisen müssten oder ob es auch am 1.Oktober gehen würde. Letzteres wäre vollkommen o.k. Nach einigem Hin und Her, drohte Till seinen nepalesischen Anwalt anzurufen und war bereits aus der Tür, um sein Handy zu holen. Ich hingegen, das schwangere, schweigende Weib, blieb sitzen, und schaute den Grenzer einfach nur mit großen Augen an. Dann schob er mir die Pässe rüber: „Get out!“ Ich sprang auf und folgte seinen Anweisungen natürlich umgehend.

Es folgte die Einreise nach Indien. Wie kompliziert sollte dies nun werden? Würden sie nach dem alten Carnet fragen? Würden sie in unser neues Carnet einen Übertrag machen, damit bei der Ausreise aus Indien in sechs Monaten jeder Grenzer Bescheid wisse, dass wir bereits ein Jahr zuvor mit dem Frosch in Indien waren und dann irgendwer auf die Idee käme, irgendetwas mit den 180 Tagen nachzurechnen? Tausend Gedanken hatten wir uns gemacht. Doch unser Plan ging auf! Nur unser neues Carnet wurde gestempelt, nur unsere Zweitpässe, wo noch kein vorheriges Indienvisum eingetragen war,

Der Frosch auf dem Rückweg nach Indien

wurden gestempelt, keine Fragen, keine Überträge, keine Frosch-Beschau, kein Interesse, dass wir zwei Hunde dabei hatten. Rein gar nichts, nur ein hübscher Einreisestempel! Und schwupps waren wir wieder in Indien! Welch guter Start!

Mal abgesehen von den ersten 100km nach der Grenze, bei denen ich dachte, mir platzt hier und gleich in der 33. Schwangerschaftswoche die Fruchtblase, so schlecht sind diese Straßen, ging es ziemlich gut weiter. Gute Highways, kein Verkehrs-Terror, wie wir ihn vor einem halben Jahr hatten, keine Froschpanne, keine nervigen Inder, keine Zwischenfälle und 5.000 Rupees gesparte Mautgebühr, weil uns die Maut-Jungs grundsätzlich durchgewunken haben. Es lief wie am Schnürchen. Auch dank unserer neuen Begleiterin „Lakshmi" – unser indisches Navigations-Gerät à la TomTom. Man würde ja vermuten „Map my India" – so der offizielle Name von Lakshmi – wäre so richtig typisch indisch. Aber nein, bis auf ihr Unwissen, was Einbahnstraßen betrifft und dass sie einen sehr gerne entgegengesetzt dieser Straße führen möchte, kennt sie jeden noch so kleinen Weg! Und der abenteuerlustige Overlander? Probiert auf den letzten 150km einfach mal aus, was die gute Dame tatsächlich kann und wünscht sich von ihr den kürzesten Weg nach Goa. Dass dieser

Querfeldein-Weg nicht unbedingt der schnellste ist und man für 7km durch Dickicht, Wald und engste Feldwege auch gerne über eine Stunde benötigt, stört den Overlander nicht. Frei nach dem Motto: „wird die Straße weitergehen oder müssen wir gleich im Rückwärtsgang 5km durch den Dickicht zurücksetzen?" wird nochmal der Adrenalinspiegel nach oben geschraubt!

Und dann sind wir da. Nach sechs Tagen Fahrt von der Grenze Nepals erreichen wir Goa – unser Ziel für die nächsten vier Monate!

Assagao – vom Frosch ins Appartement

Es war mein Wunsch. Ich wollte unsere geliebten 8 Quadratmeter Frosch gegen ein kleines Appartement eintauschen. Ein bisschen Platz, Deckenventilatoren, Fenster, die bei Regen geöffnet sein konnten und vor allem ein richtiges Badezimmer! Wenigstens so lange, bis das Baby geboren war und wir dann zu Weihnachten mit Sack und Pack im Frosch nach Agonda wieder an den Strand umziehen würden. Mein Wunsch wurde erfüllt und so zogen wir Mitte Oktober in Assagao gegenüber der Villa Blanche im ersten Stock von Chayas und Tulsis Haus ein.
Während der Sommermonate hatten sie das Appartement neu gebaut und wir waren die ersten Mieter! Entsprechend spärlich war es eingerichtet. Ein Doppelbett, ein paar Stühle. Vielleicht auch typisch indisch: 3 Schlafzimmer, 1 Wohnzimmer, 1 Küche, 1 großer Balkon – keine Möbel. Aber das war uns egal. Wir waren weniger als 2km vom Geburtshaus entfernt, das Badezimmer war traumhaft, der Balkon wunderbar groß und darunter sogar ein perfekter Frosch-Parkplatz. Nur das Bett war zu hart – wir zogen mit unserer Froschmatratze ins Kinderzimmer – auch nicht weiter schlimm. Das „eigene Bett" ist ja eh am schönsten. Wir bekamen noch ein „Sofa" für den Balkon – den Fernseher wollten wir nicht.

Da es auch keine Schränke gab, wurde ein Zimmer unser „großer, begehbarer Kleiderschrank" und gleichzeitig auch Gästezimmer für die Geburtstagsgäs-te von Till! Die reisten nämlich zum Gratulieren aus Agonda an: Unsere Zwickauer Overlander Mandy und Steffen sowie die Engländer und Frosch-Retter Mark und Jo! Unsere Agonda-Beach-Connection! Wir waren wieder vereint!

Da wir so viel Platz hatten, zogen sie gleich für vier Tage bei uns ein und Mandy verkündete: wenn sie oder Steffen Geburtstag hätten, hätte man grundsätzlich drei Tage Geburtstag! Welch ein schönes Ritual, das Till natürlich sofort in Anspruch nahm. Unsere neuen Goa- und Baby-Bauch-Freunde Regina und Alexis sowie unser Nepal-Kumpel Rob (ebenfalls für sechs Monate in Goa) stießen noch dazu und so ging es am ersten Tag los mit Kuchen, Saft und Bier, im Anschluss zum Sonnenuntergang nach Little Vagator zum Griechen, danach Cocktails auf unserem Balkon. Am nächsten Tag zum Planschen in den Pool, dann zum großen Geburtstagsfeuerwerk auf die Klippen von Vagator (das Feuerwerk kippte übrigens zur Seite und schoss dann alles auf uns, rette sich wer kann…) und zum abendlichen Grillen bei Regina und Alexis. Hier wurden die Pläne für den nächsten Tag geschmiedet: Roller bzw. Enfield-Ausflug nach Old-Goa, zum Sonnenuntergang auf eine Insel und danach nach Panjim! Puh. Ganz schön viel Programm!

Am vierten Tag konnten dann alle nur noch relaxen, bevor es am nächsten Morgen für Mandy und Steffen nach fast drei Jahren auf Reisen mit ihrem Mad Max Mobil auf den Weg Richtung Heimat ging! Mark und Jo hingegen schwangen sich auf ihren Scooter und fuhren zurück nach Agonda. Und wir? Machten da weiter, wo wir aufgehört hatten: freuten uns jeden Morgen über den Bäcker, der uns die Brötchen an die Tür hing, genossen den Pool, fuhren an den Strand nach Anjuna, Vagator oder Ashvem. Till machte kleine Ausflüge mit seiner Royal Enfield, ich machte die letzten Baby-Besorgungen mit meinem Scooter, wir genossen die Gesellschaft von Rob, Regina und Alexis und freuten uns auf die Eröffnung des Villa Blanche Bistros auf der anderen Straßenseite. Wir feierten Diwali, das indische Lichterfest, mit unseren Vermietern, feierten den Tag der Deutschen Einheit im deutschen Konsulat. Schließlich machten wir auch endlich den Geburtsvorbereitungskurs bei Corinna im Geburtshaus, in der Hoffnung, dass sich das Baby Ende November pünktlich auf den Weg machen würde!

Royal Enfield-Mania

Till konnte der Versuchung nach wirklich sehr langem Überlegen nicht widerstehen und nun stand sie vor der Tür: seine Bullet 500, seine indische Royal Enfield, sein Motorrad! Eigentlich müsste ich schreiben b-b-b-b-b-b-b-b-b-b-b-b-b-Bullet, denn genau das ist der Sound, den diese Maschine von sich gibt. Das Geräusch ist so dominant, dass die Hunde Till bereits von weitem hören konnten und dann wie Else Kling am Balkon standen, um zu gucken, ob Papi denn nun wirklich angefahren kommt!

Welch ein Glück, dass die Royal Enfield-Mania in Goa, direkt vor unserer Haustür, besser gesagt, auf dem Hill Top Gelände in Vagator stattfand! Und da muss Mann natürlich hin, egal ob Frau hochschwanger zu Hause liegt und es jede Sekunde losgehen konnte.

Ende November trafen sich Hunderte von Enfield-Fahrern und -Liebhabern aus ganz Indien in Vagator, Anjuna, Goa. Es waren ausschließlich nette Inder, ganz ohne Höllenengel-Allüren, allerdings auch kaum Biker-Chicks. Die einzigen heißen Mädels hatte Red Bull losgeschickt, um Dosen zu verschenken. Neben diversen ausgestellten Enfield-Sondermodellen, standen reichlich Wettkämpfe auf dem Programm: wer kann am langsamsten fahren oder wer

Auf die Enfield, fertig, los!

Kugelfische

kann am schnellsten sein Kingfisher-Bier austrinken? Letzteres war herrlich amüsant, da stellten die Inder sich an wie Frauen. Das Bier in einem Zug austrinken? Konnten sie nicht! Viele gaben nach einer halben Flasche auf! Drei Tage wurde auf dem Hill Top Gelände die Royal Enfield zelebriert und hätte Till sich nicht vorher eine Enfield gekauft, er hätte es spätestens jetzt getan, so wie seine Augen beim Anblick der Enfields geleuchtet haben.

Seitdem er also dieses Schmuckstück sein eigen nannte, war er natürlich nur noch unterwegs: Dies und das besorgen! Für jede Kleinigkeit wurde der Bock angeschmissen und mit Sicherheit auch mal absichtlich etwas vergessen.

Was mich allerdings wahnsinnig machen würde: der Kickstarter. Wenn ich nämlich bereits mit laufendem Motor mit meinem Roller auf der Straße stand und auf Till wartete, dass wir endlich losfahren, fiel mir nur noch eins ein: Kickst du noch, oder fährst du schon? Aber Till meinte, das gehöre nunmal dazu. Auch wenn es ihn Schweißperlen und Nerven kostete, das Ding anzuschmeißen, so war sein Grinsen jedes Mal umso breiter, wenn er an mir vorbei donnerte mit seiner b-b-b-b-b-b-b-b-b-b-b-b-b-Bullet.

Theos Geburt

Es war inzwischen Dezember, das Baby hatte sich natürlich nicht an seinen errechneten Geburtstermin gehalten. Das war auf der einen Seite gut, so wurde Till und mir ein weiterer Skorpion in der Familie erspart, auf der anderen Seite waren die letzten Tage der Schwangerschaft mehr als anstrengend. Der einzige Ort, an dem ich mich nicht wie ein Walross gefühlt habe, war der Pool! Da war die Temperatur auszuhalten und ich so wunderbar schwerelos! Nach 9 Tagen über Termin, einer Hill-Top-Party, um das Baby rauszutanzen (hatte leider auch nichts genützt) gab es am Nachmittag einen „leckeren" Rizinus-Cocktail und drei Stunden später platzte endlich die Fruchtblase! Rock´n´Roll! Till wollte, dass ich mit ihm auf seiner Enfield ins Geburtshaus fahre. Ich zeigte ihm den Vogel. Ich fuhr selber! Auf meinem Roller. Da hätte ich wenigstens anhalten und absteigen können, falls die Wehen auf dem Weg dahin zu heftig geworden wären. Das Problem war nur, dass der Roller erst einmal nicht ansprang! Hilfe! Jetzt bloß nicht nervös werden, dachte ich, und atmete tief durch. Nach 10 Versuchen sprang er endlich an. Die 2km zu Corinna ins Geburtshaus legte ich in einem Stück zurück. Doch kaum angekommen, wurden die Wehen immer heftiger.

Corinna quartierte uns in ihrem Gartenhaus ein. Das Geburtszimmer in ihrer portugiesischen Villa musste sie erst noch herrichten, hier wurde gerade ein kleines Mädchen zur Welt gebracht. Wir richteten uns im Gartenhaus ein und fanden schnell Gefallen an der idyllischen Atmosphäre. Es war Nacht, es war warm draußen, sternenklar, und der Mond beleuchtete den schönen Garten, in dem ich auf und ab spazierte. Bis jetzt war alles recht entspannt, die Wehen waren regelmäßig, die Herztöne des Babys konstant gut. Zum Morgen hin wurde es immer heftiger, doch der kleine Mann in meinem Bauch hatte es sich nochmal gemütlich gemacht. Wir zogen um ins Geburtszimmer. Während Corinna das Wasser in die Wanne ließ, kam Red, ihre Hebammenunterstützung, und Till fuhr kurz nach Hause, um mit den beiden Hunden Gassi zu gehen.

Kaum in der Wanne wusste ich: das sind jetzt also richtige Wehen! Vielen Dank! Ab jetzt verstand ich jede Frau, die sich eine PDA setzen lässt! Gott sei Dank hatte Corinna diese Möglichkeiten nicht, denn bei ihr wird alles auf natürlichem Wege gemacht. Will man richtige Schmerzmittel, so geht dies nur mit einer Verlegung ins Krankenhaus. Und das war ja nun der letzte Ort,

an dem ich unseren Theo bekommen wollte. So kam ich also nicht in die Versuchung, mir Schmerzmittel geben zu lassen und musste da jetzt durch. Ganze acht Stunden verbrachte ich in der Badewanne. Es ging nicht voran. Doch weder Corinna, Red oder Till verfielen in Panik und ich schlief zwischen den Wehen immer für ein paar Sekunden ein. Die Herztöne des Babys waren konstant gut.
Gegen Mittag hielt ich es in der Wanne nicht mehr aus – Wassergeburt adé. Zum Nachmittag hin hatte mich Corinna aufs Bett verfrachtet. Inzwischen war ich völlig erschöpft, aber die Geburt näherte sich endlich der letzten Phase. „Wir müssen jetzt Gas geben", sagte Corinna, „es ist fast 24 Stunden her, dass die Fruchtblase geplatzt ist und bei anfänglich grünem Fruchtwasser muss der Kleine da jetzt mal raus!" Puh. Stoßgebet zum Himmel, noch einmal von irgendwoher die letzte Kraft nehmen. Till war immer noch die Ruhe selbst. Und auch Corinna und Red als eingespieltes Team waren die perfekte Unterstützung für die letzten Presswehen. Und dann erblickte unser Theo um 17.31 Uhr endlich das Licht der Welt. 57cm und 5kg schwer mit einem Kopfumfang von 38cm! Kein Wunder, dass es so ewig gedauert hat!
Wir beäugten uns alle und Till und ich zählten heimlich alle Zehen und Finger nach! Alles dran und kerngesund! Rot, zerquetscht und verquollen sah er aus, mit riesigen Füßen und Händen! Inzwischen stand die nächste Frau mit Wehen in der Tür. Wie wir, wurde sie erst einmal ins Gartenhaus geschickt. Die Zeit verging, doch die Plazenta machte sich nicht auf den Weg. Corinna wurde ernst und sprach schon von einer Verlegung ins Krankenhaus. Nun war ich um den Kaiserschnitt herumgekommen und es drohte mir trotzdem eine OP? Bitte nicht! Wir starteten einen letzten Versuch, die Plazenta raus zu bewegen und Corinna spritzte mir ein leichtes Wehenmittel. Ich spürte die Wehen kaum und presste irgendwie ins Blaue hinein. Doch das war genau richtig. Endlich war die Plazenta auch geboren! Im Nachhinein war es auch hier kein Wunder, dass sie ebenfalls so lange gebraucht hat, denn auch sie war riesig groß.

Theo wurde angezogen und in eine Decke gewickelt. Corinnas Haushälterin brachte uns derweil ein bißchen Biryani (indisches Reisgericht). Genau die richtige Stärkung! Und auch ich, noch etwas wacklig auf den Beinen, duschte und zog mich an. Und dann schickte uns Corinna nach Hause, mit diesem kleinen, unschuldigen, süßen Baby im Arm als unwissende Eltern in die große weite Welt hinaus. Ein sehr komisches, aber schönes Gefühl. Nein, mit dem Roller oder der Enfield sind wir nicht nach Hause gefahren! Wir haben uns mit dem Auto abholen lassen. Und während wir unsere erste Nacht mit Theo verbrachten, kamen innerhalb der nächsten 24 Stunden bei Corinna noch zwei weitere Babys auf die Welt.

Es ist kein Wunder, dass sich so viele Frauen dafür entscheiden, dort ihr Baby zu bekommen. Es ist einfach eine unbeschreiblich harmonische Atmosphäre, die Corinna dort geschaffen hat. Gepaart mit ihrer Kompetenz als Hebamme und ihrem Urvertrauen in die Natur, ist dies der beste Platz der Welt, um ein Kind zu bekommen. Wir sind froh, dass wir die Möglichkeit dazu hatten!

Zurück in Agonda

Weihnachten hieß es für uns: Sachen packen. Am 27.12. wollten wir wieder in den Frosch einziehen und runter nach Agonda fahren. Wie war es möglich, dass all diese Sachen wieder in den Frosch reinpassen? Und doch ging es – er ist eben doch immer wieder ein Raumwunder, unser LKW.

Ford und Theo

Zurück in Agonda in der ersten Reihe

Leider hat die ganze Packerei diesmal viel länger gedauert als sonst. Einer war immer mit Theo beschäftigt und zwischendurch wollte ja auch noch Weihnachten gefeiert werden und auch in Assagao kann man zu Weihnachten in ziemlichen Terminstress geraten.
Da ist man so weit weg von zu Hause und hat doch genauso viel Stress... So brauchten wir drei Tage, bis alles irgendwie verstaut war und dann startete Till am Mittag des 27. Dezember den Motor.

Nach fast drei Monaten Standzeit sprang er brav an! Leider bellte Ole dann so laut in Theos Ohr, dass dieser wach wurde und wie am Spieß anfing zu schreien. Wir kamen also ganze 100 Meter weit, dann musste Theo raus aus seinem Sitz, ran an die Brust und die Welt war ganz schnell wieder in Ordnung. Das war einfach! Eine halbe Stunde später starteten wir Versuch Nummer zwei und waren tatsächlich dreieinhalb Stunden später zum Sonnenuntergang in Agonda. Und Theo? Der machte seine Augen erst wieder auf, als der Motor ausging. Brav!

Da waren wir also wieder. In Agonda, direkt am Strand. Und obwohl der Platz voll mit Overlandern war, ergatterten wir doch noch einen Erste-Reihe-

Platz, den wir dann, ein paar Tage später, sogar noch gegen unseren alten Platz vom letzten Jahr tauschen konnten! Für die Hunde begann mit unserer Ankunft endlich wieder das Paradies: den ganzen Tag frei herumlaufen, spielen, toben, fressen und abends müde und glücklich ins Körbchen fallen. Welch ein Hundeleben! Sie hatten es sich nach der langen Zeit im Appartement aber auch wirklich verdient!

Einen Tag nach unserer Ankunft ging es für uns auch gleich los mit Besuch aus Deutschland! Erst Oli und Vanessa, dann Nicola, die bei uns am Strand zeltete und dann Marco, für den wir ein Zimmer in einem Guesthouse neben dem Overlander-Parkplatz reserviert hatten. Mit Oli und Vanessa verbrachten wir eine schöne Zeit in Agonda, machten Ausflüge nach Palolem und Patnem. Mit Nicola und Marco fuhren wir nach Anjuna und zeigten ihnen, wo wir die letzten drei Monate verbracht hatten, gingen auf den Fleamarket, erlebten Hippie-Feeling am Strand von Arambol. Feiern war allerdings nicht drin. Für mich mit Theo ja sowieso nicht, aber für die Jungs leider auch nicht. In Vagator hatte man die Türpolitik geändert. Hier kam man nur als Frau oder Hetero-Pärchen rein, nicht als Single-Mann. Auch eine Kopfhörerparty in Palolem entpuppte sich für die beiden als Flop – zum Feiern ist Goa einfach nicht mehr gemacht.

Der Besuch von meinem Vater und Thomas über Silvester wurde abgesagt. Die beiden mussten zu Hause bleiben, weil das Schneechaos an Weihnachten alle Pläne durchkreuzt hatte und sämtliche Flüge gestrichen wurden. Und ich hatte mich doch so sehr darauf gefreut, dass Theo seinen Opa kennenlernt! Nun mussten wir also alle noch ein halbes Jahr warten…

In der Zwischenzeit hatten wir uns mit Theo sehr gut im Frosch und am Strand eingelebt. Das Meeresrauschen oder seine Hängematte schienen ihre Wirkung zu tun, denn: Augenringe wurden schnell gegen 5 - 7 Stunden Schlaf am Stück getauscht! Und auch sonst machte Theo es uns einfach. Im Tragetuch war er überall dabei, sei es auf einem Ausflug mit dem Roller oder zum nächsten Restaurant. Wurde er wach, haben die Kellner ihn uns aus den Händen gerissen, so vernarrt waren sie in Babys. Für uns nur von Vorteil, so konnten wir in Ruhe essen! Und wenn Theo angefing zu weinen, brachten sie ihn einfach wieder zurück zu Mami. In Deutschland: unvorstellbar!

Pampers in Indien?

Wenn man zu Eltern wird, hat man so einige Vorstellungen, wie man etwas handhaben möchte. Dass dies vielleicht nicht immer praktisch ist, weiß man ja noch nicht. Es ist ja das erste Kind. Man ist voller Motivation und Überzeugung, aber manchmal muss man sich eingestehen, das praktisch manchmal einfacher ist.

Stoffwindeln – eine gute Sache? Dachten wir! Zum einen wollten wir an Theos Po in der Wärme nicht dauerhaft Plastik haben, zum anderen war dies auch ein Umweltgedanke. In Indien gibt es nun mal keine Müllabfuhr. Man ist für seine Müllentsorgung selbst verantwortlich und die heißt entweder alles verbrennen oder für die meisten leider: ab in die Natur! Und bei 5 - 7 Plastikwindeln pro Tag, die nicht richtig verbrennen, wollten wir nicht die Natur verschandeln! Statt aber sofort mit Stoffwindeln anzufangen, riet uns Corinna, mindestens die ersten zwei Wochen normale Windeln zu verwenden, schließlich wären wir den ganzen Tag mit dem Baby beschäftigt und dann auch noch die Stoffwindeln waschen... dafür bliebe einfach gar keine Zeit. Also hielten wir uns an Corinnas Rat und kauften im Supermarkt Pampers! Ja, auch in Indien gibt es Pampers, zumindest in den großen Städten und in Touristengebieten. Von Regina hatten wir dann schließlich den Tipp bekommen, dass eine bestimmte Sorte Pampers sogar leicht verbrennbar ist – entsprechend konnten wir das Müllproblem insoweit begrenzen, dass wir diese Pampers selber verfeuern konnten, statt sie irgendwo in der Natur zu verscharren.

Trotzdem wollten wir von dem Stoffwindel-Thema noch nicht ganz lassen und probierten es in Agonda am Strand ganze drei Mal aus. Die Stoffwindel hielt jedes Mal für eine halbe Stunde und schon war wieder alles nass samt Body. Schnell hatten wir auch hier festgestellt: permanent alles nass zu haben, bringt es erstens nicht und zweitens macht es auch einen wunden Po. Außerdem haben wir gar nicht so viele Klamotten für Theo und wären ja nur noch mit waschen beschäftigt. Mit der Hand. Eine richtige Waschmaschine gibt es im Frosch ja nicht. Stoffwindeln gehörten also schnell wieder der Vergangenheit an, denn wenn es um Babys und Kinder geht, dann regiert praktisch nun einmal die Welt. Und praktisch sind Pampers allemal! Auch die aus Indien!

Wenn ein in Indien geborener Deutscher ausreisen will

Die indische Bürokratie hat es in sich. Insbesondere wenn es darum geht, für sein deutsches Kind, das in Indien geboren wurde, die nötigen Ausreisepapiere zu besorgen. Als erstes brauchte es einen Reisepass. Diesen Kinderreisepass konnten wir problemlos beim Generalkonsulat in Goa beantragen und hatten ihn eine Woche später in den Händen! Zwar gab es da nochmal ein Problem mit Theos Nachnamen, aber das war in diesem Fall jetzt einfach zweitrangig. Nach Theos Geburtsurkunde, laut der Theo Tills Nachnamen trägt und nicht meinen, wie in seinem Pass, wird schon keiner bei der Grenzkontrolle fragen.

Seitdem wir den Pass für Theo hatten, räumten wir ständig Steine aus dem Weg, die uns die Inder beharrlich dorthin legten. Erst hieß es bei der Beantragung der Ausreiseformulare: „Wir müssen das Kind sehen und brauchen eine Appartement-Registrierung." Kein Problem, dachten wir. Bei unserem Ausflug nach Anjuna mit Marco und Nicola wollten wir die Appartement-Registrierung holen und dann weiter nach Panjim fahren, Theo vorzeigen und den Stempel bekommen. Doch das war mal wieder zu einfach gedacht. Erst war der zuständige Beamte nicht da, dann krank, und dann wollte er noch einen Polizei-Report, nochmal tausend Kopien von unseren Pässen, nochmal Passfotos von Theo und nochmal anderen Quatsch. Dann war die Appartement-Registrierung plötzlich auf einem veralteten Formular und dann wieder nicht rechtzeitig genug abgegeben worden. Es war ein Spießroutenlauf!
Till musste diverse Male die Strecke Agonda - Anjuna - Anjuna - Agonda fahren (ca. 3,5 Stunden Fahrt auf der Enfield) und kennt nun jeden Speedbreaker auf der Strecke. Insgesamt fünf Mal musste Till bei der Polizei vorstellig werden und erst als er beim letzten Mal 2.000 Rupees über den Tisch schob, ging alles plötzlich ganz schnell und wir hatten für Theo die Ausreisepapiere in der Tasche! Was für ein Akt!
Aber wenigstens hatten wir jetzt den Ausweis samt Ausreisepapieren, um endlich die Rückreise-Visa zu beantragen!

„Die Overländers“: Campingplatzatmosphäre in Indien

Verglichen mit der letzten Saison war Agonda in diesem Jahr völlig anders. Kennengelernt hatten wir es als absolutes Overlanderparadies, parken direkt am Strand unter Palmen, Ruhe und Entspannung mit Wohnzimmer-Atmosphäre dank Sofa vor der Froschtür. Vielleicht hatten wir in unserem Blog zu sehr von diesem Platz geschwärmt, so dass in diesem Winter scheinbar alle Overlander diesen Strandabschnitt in Agonda anpeilten und nun hatten wir den Salat: Agonda fühlte sich plötzlich so an wie ein überlaufener Campingplatz an der Ostsee! 20 deutsche, 2 englische, 1 österreichisches und 1 schweizer Fahrzeug quetschten sich an das letzte Strandstück – VW Bus neben Allrad-LKW neben klassischem Wohnmobil neben Toyota Landcruiser oder Mercedes G-Modell – alle dicht an dicht auf extremem Kuschelkurs – nicht wirklich unser Ding.

Die Inder hingegen hatten das große Geschäft mit uns Ausländern gerochen und so wurde der Service spontan ausgebaut: ein fahrender Supermarkt kam jede Woche vorbei und brachte, was der gemeine Overlander so brauchte, der Wassermann lieferte jetzt auch Bier und kaum fuhr das nächste ausländische Mobil auf den Platz, stand der Scooter-Vermieter da und erklärte, warum man nun gerade seinen Roller dauermieten sollte.
Fast jeden Tag fand man die Männer ganz typisch vor einer geöffneten Motorhaube vor, es wurden Ventil-Einstellungs-Workshops veranstaltet, Plastikschweißen vorgeführt und über H-Kennzeichen gefachsimpelt. Hier konnte man viel lernen, musste aber auch zwischendurch tief durchatmen, denn es gab grundsätzlich immer einen, der sowieso alles besser wusste, egal ob es um das richtige Fahrzeug, die Reiseroute oder Omas Apfelkuchenrezept ging.

Auf dem Agonda Overlander Campingplatz wurde die Stromüberproduktion eines Fahrzeugs nur gegen Internetzugang getauscht. Gab es kein Internet, wurde der Strom abgeklemmt! Ja, so waren die Regeln. Da war es doch irgendwie angenehmer, als wir im letzten Jahr alle unsere Rupees zusammenschmissen und immer wieder Benzin für den gemeinsam genutzten Generator gekauft haben.

Die Campingplatz-Stimmung wurde weiter angeheizt durch lustige Quiz-Abende. An sich eine nette Idee, aber wenn es heißt, dass eine Teilnahmepflicht besteht und die Teams ausgelost werden, damit sich alle besser kennenlernen, dann fragt man sich doch, ob man hier eine All-inclusive-Neckermann-Reise mit Animateur gebucht hat oder warum man mit seinem Allrad-LKW nach Indien gefahren war.
Raushalten war unsere Devise und Agonda trotzdem genießen! Oder zugucken und amüsieren, wenn am Lagerfeuer wieder Sprüche geklopft wurden und sich der eine oder andere über seine lautstarke Unterhaltung mal wieder in den Mittelpunkt drängen wollte. Ja, das war dann manchmal wirklich wie Fernsehen, als gäbe es eine neue Soap, bei der man live dabei war: 20.15 Uhr RTL 2: „die Overländers"!

Auf Wiedersehen Goa! Auf Wiedersehen Disneyland!

Es war klar, dass der Tag irgendwann kommen würde. Der Tag, an dem wir uns von all dem verabschieden mussten, was uns in den letzten Monaten ans Herz gewachsen war.

Generator-Workshop für Overlander

Ein fantastischer letzter Sonnenuntergang in Anjuna

Der erste Abschied war tränenreich, als wir aus Agonda losfuhren und uns von unseren liebgewonnenen Freunden Mark und Jo verabschieden mussten. Wir hatten so viel schöne Zeit miteinander verbracht und würden uns wahrscheinlich erst Ende des Jahres wiedersehen.

Der zweite Abschied war Herzschmerz. Das war der Abschied von Anjuna, Vagator und Assagao, wo wir noch einmal zwei Wochen verbrachten. Was hatten wir für eine herrliche Zeit hier, im Disneyland für Erwachsene, wie Alexis immer so schön sagte. Das Leben hier war einfach schön. Mit dem Roller oder der Enfield konnte man alles innerhalb kurzer Zeit erreichen. Ob man nun das typische indische Leben wollte und einfach eine kleine Tour für einen Masala Dosa in die Stadt Mapsa machte oder ein bißchen weiter nach Panjim fuhr oder ein bißchen Entspannung als Tourist suchte und sich im Hotelpool amüsierte, sich in die Wellen zum Sonnenuntergang am Strand von Anjuna stürzte, danach einen Tee und ein Palak Paneer in einem der Restaurants gönnte oder in Ashvem am Strand einen Familien-Sonntag verbrachte und zusammen mit seinen Freunden Pläne schmiedet, wie dieses schöne Leben bitte niemals zu Ende geht. Nicht zu vergessen, der fantastische Sonnenuntergang beim Griechen in Little Vagator auf den Klippen samt Veg-Souvlaki!

In der letzten Woche vor unserer Abfahrt durften wir noch einmal portugiesisches Villen-Leben schnuppern, denn Alexis und Regina waren mit ihren Kindern nach Mysore aufgebrochen und überließen uns ihr Haus um uns für die Rückfahrt durchzuorganisieren, den Frosch vernünftig zu packen, Vorräte einzukaufen etc.

Und dann mussten wir den Motor starten und es war uns noch nie so schwer gefallen, einen Ort zu verlassen. Und in diesem Moment wussten wir: wir kommen wieder. Es geht einfach nicht anders!

Dorn im Fuß und Frau am Steuer

Nun hatten wir sie geschafft! Wir waren auf dem Rückweg und die erste große Etappe lag hinter uns, wir standen in Amritsar auf dem Hof von Mrs Bandharis Guesthouse. Herrlich: Garten, Pool, heiße Dusche! Leider waren wir hier nur zwei Tage, denn am nächsten Tag ging es über die Grenze nach Pakistan! Es hätten mehr Tage sein können – auch Tage, in denen wir noch ein bisschen durch Amritsar hätten laufen können. Wenn da nicht der böse Dornenbusch gewesen wäre…

Ende Februar starteten wir in Goa. Drei Tage haben wir bis Mumbai gebraucht und hatten es dank Navi ganz leicht, um 5 Uhr morgens durch die Millionenstadt zu fahren. Von Verkehr keine Spur, eineinhalb Stunden brauchten wir, um die Mumbai-Schleife zu schaffen. Genauso viel, vielleicht auch weniger, als hätten wir die Abkürzung über Thane genommen, die tagsüber bei normalem Verkehrsaufkommen in Mumbai wahrscheinlich die bessere Streckenwahl ist, auch wenn die Straße dort eine einzige Schlaglochpiste ist.

Mumbai hatten wir nun also hinter uns. Jetzt nur noch die Baustellenstrecke bis Surat schaffen und dann sollte es nur noch so flutschen. Dachten wir. Doch kurz vor Jaipur trat Till bei einer Hunde- und Pinkelpause in einen Dorn. Und der ging sofort durch seinen Gummilatschen durch und rein in den Fuß. 4cm wäre er lang gewesen, meinte Till. Wenn dem so gewesen wäre, wäre er wahrscheinlich oben wieder rausgekommen… Egal! 4cm hin oder her, der Dorn hatte es wirklich in sich! Innerhalb von ein paar Stunden konnte Till nicht mehr kuppeln, geschweige denn auftreten. Der Fuß schwoll an und schmerzte höllisch. Bingo. Genau das, was wir jetzt gebrauchen konnten. Was tun? Zu Hause angerufen. Wieder einmal konnten wir von Glück sprechen, dass wir Ärzte in unserem Freundeskreis haben und so wurden Nicola und Babs konsultiert und sie rieten zu Antibiotika-Dröhnung, Fuß hochlegen und kühlen!

Zwei Tage verweilten wir an einer stillgelegten Reliance-Tankstelle – Tills Fuß wurde nicht besser. Zum Glück aber auch nicht schlechter. Was dies bedeutete: ich musste ran. Und zwar ans Steuer! Das letzte Mal war ich im Iran bzw. dieses kleine Stück in Pakistan gefahren und jetzt sollte ich dieses riesige Gefährt über Indiens Straßen lenken? Hilfe! Aber ich hatte keine Wahl. Die ersten Kilometer waren o.k. Normaler Highway, gut geteert – genau richtig, um sich wieder ans Fahren des LKWs zu gewöhnen. Jaipur hatte glücklicherweise eine schöne Umgehungsstraße. Doch danach ging es los: Baustelle, Baustelle, Baustelle! Runter vom Highway, rauf auf den Highway, runter vom Highway, rauf auf den Highway, runter vom Highway, rauf auf den Highway… Wie nervig! Wir kamen mal wieder kein Stück voran!

So verschoben wir Delhi auf den nächsten Morgen, der für mich um 3 Uhr nachts begann. Theo stillen, aufstehen, mit den Hunden Gassi gehen, den Frosch abfahrbereit machen, Till wecken, Theo in seinen Sitz schnallen, Motor starten und Gas geben! Auf durch Delhi! So früh am Morgen war hier tatsächlich Verkehr! Aber alles im Rahmen, wir kamen sehr gut durch und auch das Fahren verlief gut. Irgendwie hatte ich den Dreh schnell raus und konnte Till auf einmal sehr gut verstehen, wenn er sagte, dass defensives Fahren einfach nicht möglich ist in diesem Land. Und so ging es weiter. Weiter mit rauf auf den Highway, runter vom Highway, rauf auf den Highway, runter vom Highway, denn die Baustelle sollte tatsächlich erst kurz vor Amritsar enden! 700km Mega-Baustelle!

Und so erreichten wir nach drei Tagen tatsächlich unser letztes Stückchen Indien - und ich war inzwischen wieder so Frosch-fahr-geübt, dass ich vielleicht auch mal ein klitzekleines Stückchen in Pakistan übernehmen würde… aber auch nur vielleicht…

Indien: Ausreise verweigert!

„14.03. Pakistan“, hatte ich bereits in unser Fahrtenbuch geschrieben und dachte schon während ich schrieb: das letzte Mal, als du vorher das Ankunftsziel im Kalender notiert hast, kam die Frosch-Katastrophe in Bandipur dazwischen und wir kamen an dem Tag nicht in Kathmandu an, so wie ich es vorher eingetragen hatte. Aber was sollte dazwischen kommen? Wir mussten schließlich raus aus Indien, am 14.03. lief nämlich das Visum ab! Aber, da hatten wir wohl die Rechnung mal wieder ohne die Inder gemacht…

Nach zwei entspannten Tagen in Bhandaris Guesthouse starteten wir mittags zusammen mit Familie Weil. Die Weils, das sind Marion und Patrick und ihre Kinder Marla und Luis. Wir hatten sie bereits in Pokhara/Pame kennengelernt und nicht nur hier einige Zeit zusammen verbracht, sondern auch in Agonda, Goa. Mit ihnen ging es nun Richtung Grenze. Noch schnell getankt und schwupps lagen die letzten 30km Indiens bereits hinter uns. Der erste Stopp an der Grenze war das Immigration Office: Ausreise-Zettel ausfüllen und gespannt sein, ob sie Theos Stempel im Pass und den ganzen Papier-

Geschützt gegen Motorenlärm und Gehupe

Kühe haben Vorfahrt

kram, den wir in Panjim für seine Ausreise organisieren mussten, akzeptierten. Es dauerte eine halbe Ewigkeit. Die Weils waren natürlich vor uns fertig und starteten bereits die Fahrzeug-Ausreise-Prozedur. Doch, oh Wunder, die Ausreise von Klein-Theo klappte dann doch ohne Probleme! Nach dem Wilby, der LKW der Weils, auf der Rampe stand und seine Kontrolle hinter sich hatte, war der Frosch dran. Beim Frosch wollten die Zöllner, im Gegensatz zum Wilby, natürlich auch drinnen einen Check machen. Sollten wir die „Bitte Schuhe ausziehen"-Nummer bringen? Eigentlich war der Zollbeamte zu nett dafür, also ließen wir ihn gewähren. Allerdings klappten wir nicht die Sandbleche runter. Sollte er doch kurz beweisen, dass er sportlich genug war, ohne Tritt hineinzukommen! Sein Kollege schob von hinten und schon war er drin. Rein sporadisch schaute er in zwei Schränke – Kontrolle beendet, der Frosch konnte wieder von der Rampe.

Und nun ging die Warterei los, denn inzwischen hatte man die große Gruppe aus dem großen pakistanischen Reisebus am Wickel, statt uns erst einmal abzufertigen. Nun gab es die große Zollkontrolle für die Insassen des Busses: bitte jedes Gepäckstück öffnen! Hier wurde alles untersucht, jedes Teil aus jedem Koffer genauestens begutachtet. Das dauerte und dauerte.

Kurz vor 16 Uhr bekamen wir dann endlich den benötigten Stempel in unser Carnet und durften ausreisen – dachten wir. Wir fuhren also die paar hundert Meter zum nächsten Posten. Doch auf dem Weg dahin war die Schranke bereits runter. Rückwärtsgang rein, den ganzen Weg zurück und auf der Gegenfahrbahn im Eiltempo wieder dorthin. Großes Geschimpfe, warum wir so spät kommen würden, die Grenze würde doch jetzt zu machen und die Grenzzeremonie starten usw. Jungs, was konnten wir dafür, dass eure Kollegen die ganzen Pakistanis dazwischen schieben? Er trug unsere Pässe in sein großes Buch ein und dann hieß es plötzlich: „Heute doch keine Ausreise mehr! Bitte zurückfahren, vom Grenzhof runter und morgen wiederkommen." Wir drehten um, die Diskussion brachte nichts mehr. Inzwischen kamen uns auch schon die Weils entgegen und guckten uns verblüfft an: wie, keine Ausreise mehr? Schon war ein Grenzofficer da, der uns unsere Ausreise aus Indien im Pass durchstreichen wollte. Super Plan, Junge, wir haben kein Visa mehr! Das interessierte ihn herzlich wenig. Auch sollten wir bitte umgehend vom Grenzgelände herunterfahren. Ohne Visum? Und ohne gültiges Carnet? Er verstand es nicht. Er wollte es auch nicht verstehen, denn er hatte jetzt Feierabend und die Bürokratie sagt: wer nicht ausreist, dem wird die Ausreise im Pass gestrichen. Er wurde laut, er wurde aggressiv und wir hatten keine andere Wahl, wir ließen unsere Ausreise canceln. In dem Augenblick fuhr der pakistanische Reisebus an uns vorbei. War das zu fassen? Der Bus wurde tatsächlich noch abgefertigt, obwohl ja angeblich nichts mehr ging. Aber zu spät. Unsere Ausreisestempel waren nicht mehr gültig. Während wir uns noch aufregten über diese typisch indische Art und Weise, war der Grenzbeamte plötzlich weg. Es interessierte ihn zum Glück nicht mehr, dass wir nach wie vor auf dem Zollhof standen, auf seinem heiligen Gelände. Wir parkten gegenüber und nachdem der Chiefofficer vom Ausreise-Zollamt auch endlich verstanden hatte, dass es mehr Probleme geben würde, wenn er uns ohne Visa und ohne Carnet wieder nach Indien hinters Grenztor schicken würde, statt uns die Nacht hier einfach schlafen zu lassen, hatten wir auch endlich Ruhe! Wenn man von Ruhe sprechen kann, die Lautsprecher dröhnten uns mit indischer Anheizer-Musik voll, die Grenzzeremonie war im vollen Gange!

Der nächste Morgen war recht entspannt und nachdem wir nochmal die ganzen Zettel ausfüllen durften, konnten wir endlich weiterfahren. Auf nach Pakistan!

Quer durch Pakistan

Es war über ein Jahr her, dass wir durch Pakistan gefahren waren. In der Zwischenzeit gab es im Sommer eine Flutkatastrophe, die Brücken und Straßen zerstört hatte. Wie würde die Fahrt wohl diesmal laufen? Waren die Straßen schlimm? Würden wir genauso schnell durchkommen wir beim letzten Mal? Wie würde es mit den Bucheintragungen und Polizeieskorten sein? Wir waren gespannt, wie Pakistan auf dem Rückweg für uns laufen würde.

Für Marion und die Kinder war es die erste Tour durch Pakistan. Auf dem Hinweg war Marion mit Marla und Luis geflogen und Patrick alleine durch Pakistan gefahren. Für die Heimreise schlossen wir uns zusammen und stellten schnell fest, dass wir zum Konvoi-Fahren und gemeinsamen Reisen sehr gut zusammen passten. Das kann nämlich auch anders laufen, wenn man die Erfahrungsberichte von anderen Reisenden hört und die Konvoi-Partner mit Stress-Situationen unterschiedlich umgehen, man eine unterschiedliche Vorstellung von morgendlichen Abfahrtszeiten oder generellen Zwischenpausen hat oder schlimmstenfalls die Mitreisenden durch unüberlegte Aktionen in Gefahr bringt. Glücklicherweise passten wir aber sehr gut zusammen, das frühmorgendliche Aufstehen war für alle kein Problem und die regelmäßigen Pausen für Kind und Kegel sowie die vier Hunde musste nicht diskutiert werden, sondern waren selbstverständlich. So war unsere Pakistandurchfahrt sehr entspannt und hat mit den Weils wirklich Spaß gemacht.

Vom pakistanischen Zollhof ging es früh morgens zum Sonnenaufgang los durch Lahore. Das abendliche Ziel hieß Multan, hier wollten wir wieder beim Sindbad Hotel stehen. Dort eingetroffen wurden wir leider abgelehnt, aber die nette Dame an der Rezeption kümmerte sich um eine Alternative um die Ecke. Ebenfalls ein Hotelparkplatz. Till und ich nahmen uns mit Theo ein Hotelzimmer, da der Weilsche „Wachhund" Ellie läufig und unser kleiner Ford scharf auf sie war. Das hieß, er jaulte des nachts ununterbrochen und wir konnten nicht mehr schlafen. Das Hotelzimmer entpuppte sich aber als noch schlimmer, ohne Fenster und Klimaanlage hätte der Ventilator permanent laufen müssen. Für Theo irgendwie nicht das Gelbe vom Ei – die super stickige Luft allerdings auch nicht. Nachts um 1 Uhr zogen wir wieder um in den Frosch, da war Fords Liebeskummer tatsächlich besser zu ertragen.

Am nächsten Morgen ging es weiter nach Sukkur – immer noch ohne Polizeieskorte und ohne nervige Bucheintragungen! Wir kamen sehr gut voran. Nach der Hälfte der Strecke wurde es allerdings recht holprig, Schlaglöcher ohne Ende, so dass wir für das letzte Stück nach Sukkur eine gefühlte Ewigkeit brauchten. Trotzdem schafften wir es vor Sonnenuntergang am Circuit House in Sukkur einzutreffen. Auch hier war es wieder kein Problem, die Nacht zu verbringen. Die Jungs kannten uns noch vom letzten Mal. Wieder schlugen wir hier mit vier Hunden auf – und wieder einmal war es kein Problem. Je mehr Hunde, desto weniger Diskussion über eben diese schien es zu geben.

Nach Sukkur kam eine recht heftige Strecke. Drei Stunden für 100km, die Strecke war mehr als schlecht, aber trotzdem ging es irgendwie. Und dann wurde es spannend. Wie war die Umgehungsstraße von Jakobabad? Sie sollte richtig schlimm sein. Glücklicherweise war hier nur ein fieses Sandstück von ca. 100m Länge, was wir mit Allrad-Zuschaltung ganz einfach durchqueren konnten. Nicht so die zahlreichen pakistanischen LKWs. Reihenweise blieben sie stecken, einer kippte sogar um!

Immer wieder Bucheintragungen

Verkehr in Pakistan - bunt und voll besetzt

Durch die Berge ging es weiter nach Quetta. Die erste Bucheintragung! Aber keine Eskorte, wie auf dem Hinweg. Komisch, dass es auf dem Rückweg plötzlich gar nicht mehr gefährlich war. Leider hatten wir für diese Nacht keinen Stellplatz in Aussicht. Das Bloomstar-Hotel hat eine zu niedrige Einfahrt für Wilby und das Lourdes Hotel nahm keine Overlander mehr. Wo also stehen? Patricks Vorschlag, es an der Mautstation hinter Quetta zu versuchen, klappte einwandfrei! Keine Polizei, die uns wegschickte oder auf einen Polizeihof mitnahm. Alles easy going!
Auf dem Weg nach Dalbandin am nächsten Morgen, unserem letzten Zwischenstopp vor der Grenze, ging es dann los mit der Polizeieskorte. Zuerst fuhren sie im Jeep vor, danach gab es immer einen Mitfahrer für die Weils. Da wir nämlich keinen Sitzplatz in unserem Frosch hatten, mussten sich Patrick, Marion und die Kinder jedes Mal bereit erklären, den bewaffneten Pakistani mitzunehmen. Und dieser musste es sich dann - ob er wollte oder nicht - auf der Rückbank, die eigentlich Ellies Hundekörbchen war, bequem machen! Für uns bedeutete dies: je mehr Eskorten bei den Weils mitfuhren, desto höher unsere Efes-Bier-Schulden für die Weils. Der Schuldenberg häufte sich übrigens bis Bam im Iran, hier war die permanente Polizeieskorte zum Schluss richtig nervig.

In Dalbandin angekommen, erwies sich Patrick dann wieder als Einpark-Profi. Mit seinem fast 8m langen Wilby schaffte er es tatsächlich auf den Hinterhof des Al-Dawood Hotels. Es war Zentimeter-Arbeit, um diese Ecke herumzukommen und sich dort nicht zu verkeilen, aber Patrick lenkte seinen LKW vor und zurück, als säße er hinterm Steuer eines kleinen PKW! Wieder turnten unsere vier Hunde kurze Zeit später auf dem Hinterhof herum und wieder schien es so, als füge sich der Hotelbesitzer einfach seinem Schicksal und akzeptierte ohne Murren unsere Hundebande!

Nach Taftan zur Grenze waren es jetzt nur noch 300km – feinster glattgebügelter Teer! Immer noch mit mitfahrender Eskorte, aber das wohl einfachste und schnellste Stück in Pakistan.

Wenn man die Rückfahrt durch Pakistan mit der Hinfahrt vergleicht, so war diese wirklich einfach und entspannt. Wir hatten unsere Tagesziele jedes Mal geschafft, kannten unsere Stellplätze (bis auf Quetta) im Vorfeld und wurden nicht permanent durch Bucheintragungen oder Eskorten-Wechsel aufgehalten. Und auch die Straßen waren machbar.
Nach zwei einwandfreien und gut vorbereiteten Durchfahrten durch Pakistan können wir sagen: Wir würden es auch ein drittes Mal machen.

Persepolis: Frosch aufgebrochen, Ford geklaut!

Marla träumte in der Nacht von kaputten Scheiben und Luis fragte mich, was unser „Beware of the dog"-Schild bedeuten würde. Manchmal sollte man aufmerksamer sein, wenn einem das Schicksal einen Wink mit dem Zaunpfahl gibt!
Doch wir waren es nicht und ließen den Frosch, Wilby und die Hundebande zurück, um uns Persepolis, einen Haufen alter Steine, anzuschauen. Nachdem wir die alten Steinruinen, die früher einmal Paläste gewesen sein sollen, besichtigt hatten, wurde Theo müde und quengelig. Zeit für sein Mittagsschläfchen in seiner Hängematte. Ich ging mit ihm zurück zum Frosch, während die anderen noch schnell ein Eis essen wollten. Schon von Weitem sah ich, dass die Fahrertür des Frosches offen stand und je näher ich kam, desto besser konnte ich erkennen, dass die Scheibe eingeschlagen war.

Mein Herz klopfte bis zum Hals, als ich am Frosch ankam und einen Blick durch die Fahrertür warf. Radio noch da, am GPS war gefummelt worden, aber es war ebenfalls noch da. Aber wie geht es den Hunden? Ich rief sie, rannte um den Frosch, schloss die Seitentür auf und öffnete sie. Ole kam mir sofort entgegen gesprungen, aber Ford nicht. Er war nicht mehr da. Ich rief ihn, dachte, er wäre aus der offenen Tür gesprungen und lungerte nun draußen herum. Doch er kam nicht. Ich rief und rief und rief. Kein Ford. Der kleine Schäfersjunge nebenan hatte Ford auch nicht gesehen. Hatte man tatsächlich unseren Ford geklaut?

Kurze Zeit später waren Till und die Weils zurück. Wir verständigten die Polizei. Nochmal stellten wir fest, dass die Diebe nicht hinten drin gewesen waren und sämtliche Wertsachen noch da waren. Mein Handy, Tills MP3-Player und eine Börse mit 50 Euro lagen vorne und waren nun Diebesgut. Doch selbst das Handschuhfach war nicht geöffnet worden und Radio und GPS waren noch da. Ging es hier tatsächlich nur um Ford?

Marion erzählte, dass Iraner sie auf ihrer ersten Fahrt durch den Iran gewarnt hätten, sie sollten Ellie generell nicht frei herumlaufen lassen, man würde Hunde stehlen und dann auf dem Schwarzmarkt teuer verkaufen. Auch wurden ihnen permanent bis zu 2.000 Dollar für ihren Hund geboten. Uns fiel ein, dass gestern viele Leute bei uns an den Fahrzeugen standen, und viele Fragen über die Hunde gestellt hatten. Aber ahnt man gleich, dass daraufhin der Frosch aufgebrochen wird? Egal wo wir bisher waren, die Hunde hatten immer die ganze Aufmerksamkeit auf sich gezogen – so war es für uns inzwischen Normalität, nach ihnen ausgefragt zu werden und gerade im Iran fanden wir es recht amüsant, dass alle dachten, Ole wäre ein deutscher Schäferhund. Denn dies ist der einzige Hund, den der unerfahrene Iraner kennt - und zwar aus dem Fernsehen aus der aus Österreich eingekauften TV-Serie „Kommissar Rex“!

Dass der Hund im Iran als unrein gilt, wussten wir. Es gibt sogar Gesetze, die es verbieten, dass ein Hund im Auto mitfährt! So wurden wir zwischendurch tatsächlich angehalten und sollten Strafe dafür zahlen, dass Ole bei uns an Bord war. Hunde sind nur als Wachhunde erlaubt und so mussten wir lange erklären, dass vorne zwar das Auto ist, aber hinten ja unser Haus drauf sitzt und Ole unser Haus bewacht, bevor wir ohne Strafe weiterfahren durften – oder steif und fest behaupten, Ole wäre eine Katze...

Kein Wunder also, dass die Polizei nicht wirklich an Fords Schicksal interessiert war. Warum ich weinen würde, ob der Hund sehr teuer war und ob ich die Nummern der gestohlenen Geldscheine hätte. Dass uns das Geld nicht interessierte, sondern nur der Verbleib von Ford, stieß auf großes Stirnrunzeln und ziemliche Ignoranz. Die einzigen Zeugen, ein paar Kinder und der Schäfersjunge, die tatsächlich fünf Leute auf zwei Motorrädern gesehen hatten, wurden von den Polizisten mit Steinen beworfen, damit sie abhauen. Unfassbar!

Mit ausgedruckten Fotos gingen Till und Patrick auf die Suche nach Ford. Patrick klapperte mit seinem Motorrad die gesamte Umgebung ab, Till ging zu Fuß zurück zum großen Parkplatz vor dem Eingang der Persepolis-Ruine und befragte die Leute dort. Unverständnis war das einzige, auf das man traf. Es wäre unhöflich, die Leute nach Ford zu befragen und so wurde es uns untersagt, weiter nach ihm zu suchen. Außerdem sollten wir diesen Platz nun umgehend verlassen. Viel zu gefährlich. Wir weigerten uns. Wenn Ford nicht

Till bedrängt von neugierigen Iranern

geklaut, sondern einfach abgehauen war, würde er ja vielleicht zurückkommen, spätestens zur Fütterzeit oder wenn es Nacht wird, um in sein warmes Körbchen zu krabbeln.
Ewige Diskussion, bis wir die Cops endlich soweit hatten, dass sie zwei Polizisten abstellen würden, die uns die ganze Nacht bewachen könnten. Und statt im eigenen Auto zu sitzen, wollten sie unbedingt wo sitzen? Genau, bei Marion und Patrick im Fahrerhaus...

So verbrachten wir also die Nacht in der Hoffnung, Ford würde einfach wieder vor der Tür stehen. Doch er tauchte nicht auf. Nicht zum Essen, nicht zum Schlafen. Zum Sonnenaufgang machten wir uns wieder auf die Suche. Aber er war nirgendwo zu finden. Nun mussten wir ohne ihn fahren, die Geduld der Polizisten, uns hier stehen zu lassen, war bereits überstrapaziert und wir brauchten neue Fensterscheiben. Diese bekamen wir glücklicherweise problemlos. Marion, Patrick, Marla und Luis fuhren danach nochmal zu unserem Parkplatz und suchten ein letztes Mal die ganze Gegend ab. Kein Ford weit und breit. Und so fuhren wir letztendlich weiter.

Einen Tag später rief Till bei der Polizei an, ob es etwas Neues geben würde. Und den Tag darauf hatten sie unseren Ford natürlich aufgegeben. Sie legten einfach auf. Doch dann kam plötzlich Hilfe von anderer Seite! Till hatte eine iranische Tierorganisation im Internet gefunden und diese engagierte sich sehr bei der Suche nach Ford. Sie veröffentlichten die Geschichte und Fotos bei Facebook, wo zahlreiche Iraner per Kommentarfunktion ihr Mitgefühl aussprachen. Auch druckten sie auf ihre Kosten Poster mit Fords Suchanzeige, die sie in Shiraz, Persepolis und Tehran verteilten. Ein in Kanada lebender Iraner hatte die Geschichte auf Facebook gelesen und rief einen Tag später auf unserem Handy an. Er würde ihn Shiraz Tierärzte kennen und wir sollten ihm per Email Fotos und Mikrochipnummer von Ford schicken. Diese leitete er dann an die Tierärzte weiter, vielleicht würde Ford ja früher oder später dort auftauchen. Es meldeten sich einige auf das Poster, doch leider stellte sich nur heraus, dass es sich lediglich um ähnlich aussehende Straßenhunde handelte.

Unglücklicherweise hat diese Geschichte kein Happy End und es gibt kein „Wunder von Persepolis“. Wir sind nun tatsächlich nur noch zu viert unterwegs. Ole, der ein paar Tage sehr komisch drauf war, hat sich glücklicherweise wieder erholt. Es ist müßig, sich darüber Gedanken zu machen, was wohl genau passiert ist. Wir hoffen einfach, dass Ford sich im Iran wohl fühlt und sein neuer Besitzer gut zu ihm ist.

Kulturschock mal anders

Mit gemischten Gefühlen verließen wir nach insgesamt vier Wochen den Iran. Einerseits natürlich sehr traurig wegen Ford, der trotz Suchaktion nicht wieder aufgetaucht ist, andererseits froh, endlich das Kopftuch loszuwerden und wieder bedenkenlos Flip Flops und T-Shirts tragen zu dürfen.

Mit den Weils fuhren wir noch gemeinsam durch die Osttürkei bis nach Göreme auf einen Campingplatz. Hier trafen wir dann auch wieder auf klassische Wohnmobil-Reisende, die ihren Osterurlaub in der Türkei verbrachten und uns in einem typisch europäischen Tonfall darauf aufmerksam machten, dass hier doch die Europäische Norm(!) gelte und Hunde an der Leine zu halten wären und wir auf ihre zwei Katzen, mit denen sie reisten, Rücksicht zu nehmen hätten. Willkommen zurück. Wieso kann man nicht einfach freundlich und nett darauf aufmerksam machen? Tief durchatmen mussten wir auch bei den Campingplatz-Preisen. Für europäische Verhältnisse billig, für asiatische Verhältnisse ein Vermögen. Auch daran musste man sich wieder gewöhnen.

Da wir auf dem Hinweg die Türkische Küste außen vor gelassen hatten, wollten wir auf dem Rückweg nun noch einmal ans Meer und an der Westküste wieder hochfahren. Ein Berg nach dem nächsten musste überquert werden und jedes Mal dachten wir: das ist nun aber bestimmt der letzte, um dann festzustellen, dass dahinter wieder Bergkuppen in den Himmel ragten! Doch irgendwann hinter den nächsten sieben Bergen waren wir endlich am Meer!

Unser Ziel war Alanya, eine touristische Hochburg und ein Shopping-Paradies für Markenfetischisten, wie wir feststellten. Aber Christiane, unsere Freundin, war mit Kind und Kegel dort auf Osterurlaub und den Spaß, sie zu überraschen, gönnten wir uns! Und spätestens als wir feststellten, dass dort alle Türken deutsch (gerne mit schwäbischem Akzent) sprechen, waren wir gefühlt wieder da. Zurück im Konsum, zurück in der westlichen Welt!

Völlige Überforderung dann im ersten großen Supermarkt in Griechenland: tausend Produkte und man weiß plötzlich gar nicht mehr, was man eigentlich kaufen wollte. Unglaublich aber wahr: Wir standen völlig planlos vorm Regal, erschlagen von den vielen Produkten und haben Euro in indische Rupees umgerechnet, weil uns jegliches Gefühl verloren gegangen ist, ob das jetzt teuer oder billig ist, was hier als Sonderangebot angepriesen wurde! Kulturschock der anderen Art!

Schatz, sollen wir nicht vielleicht...?

Dank der vielen Berge in der Türkei war von unserem Iran-Diesel nur noch recht wenig im Tank. Kurz vor Igomenitsa in Griechenland:
Ich: Schatz, sollen wir nicht vielleicht doch die nächste Tankstelle ansteuern?
Till: Nein, das reicht noch! Und wenn nicht, dann lass ich die 50 Liter aus dem linken Tank ab und füll sie in den rechten um!

Also fuhren wir weiter. Noch einmal den Berg rauf und wir hätten es geschafft. Hätten! Aber der Frosch ging 300m vor der Bergkuppe aus. Also standen wir – im Regen – auf dem Seitenstreifen der Autobahn. Tills Plan, die Ablass-Schraube aufzumachen und den Diesel aus dem linken Tank rauslaufen zu lassen und umzufüllen, ging nicht auf. Wir standen in Schräglage, der restliche Diesel war entsprechend hinten im Tank und die Ablass-Schraube vorne.

Aber wozu hat der Mann von Welt eine manuelle Dieselpumpe dabei? Also Dieselpumpe vom Dach geholt, um festzustellen, dass der Schlauch ja auch viel zu kurz war und gar nicht bis hinten in den Tank reicht. Wie ärgerlich. Also füllte Till seine restlichen 5 Liter aus dem Reservekanister in den rechten Tank. Aber da musste er selbst auch schon lachen und feststellen, dass 5l den Diesel-Spiegel im Tank auch nicht wesentlich weiter anheben, damit wieder genügend angesaugt werden konnte zum Weiterfahren.

Da blieb dann also nur eins: einen LKW anhalten und Diesel schnorren! Till füllte seinen Reservekanister wieder auf, machte aus diesem einen Ersatztank, klemmte ihn an meinem Trittbrett fest, baute die Ansaugleitung aus dem Tank aus und klemmte sie in den Reservekanister. Dann der Klassiker: Pumpen bis es knarzt und entlüften - und der Frosch sprang tatsächlich wieder an!

Mit 5 Litern sollten wir den Berg hochkommen – und ab da ist ja eh nur noch bergab bis zur nächsten Tankstelle! So Till. Das war also der neue Plan. Doch Ole machte uns einen Strich durch die Rechnung. Es ging ihm eh schon den ganzen Tag nicht gut und nachdem der Frosch endlich ein paar Meter gefahren war, musste Ole sich übergeben. Also wieder rauf auf den Seitenstreifen und raus mit dem Hund. Seinen Mageninhalt im Frosch brauchten wir jetzt nicht auch noch. Danach sprang der Frosch zwar wieder an, doch dann war 50m vor der Bergkuppe der Reservekanister alle! Und der Frosch ging natürlich ein weiteres Mal aus...

Glücklicherweise stand dort ein Wagen der Straßenkontrolle, die sofort den Verkehr regelte, so dass wir uns rückwärts, bergab, wieder auf den Seitenstreifen rollen lassen konnten. Und wieder mussten wir nach Diesel fragen (peinlich, peinlich...) und auch diese Jungs hatten glücklicherweise ein paar Liter für uns übrig! Und so schafften wir es dann die letzten 50m über den Berg, konnten uns ab da runterrollen lassen zur nächsten Tankstelle, die auch tatsächlich kam… Glück gehabt!

Wenige Tage später bei Einfahrt in die Schweiz:
Ich: Schatz, sollten wir nicht dieses Ding da kaufen (Vignette, Schwerlastabgabe)?
Till: Nein, das brauchen wir nur auf der Autobahn.
Ich: Schatz, sollten wir das nicht kaufen?
Till: Nein, nein, das brauchen wir nur auf der Autobahn.

Und wenn Till zweimal sagt, wir brauchen das nicht, brauchen wir das auch nicht. War auch so. Brauchten wir auch nicht! Bis wir aus der Schweiz ausreisen wollten Richtung Österreich. Da wurden wir von einem Schweizer Grenzbeamten doch noch angehalten und auf die Waage gebeten. Wo denn unser Zettel wäre, dass wir die Schwerlastabgabe bezahlt hätten. Zettel? Haben wir nicht. Stattdessen aber eine Kreditkarte, mit der wir dann die Schwerlastabgabe plus 100 Franken Strafe zahlen durften... Und somit kann man sagen: Schweiz – Österreich war tatsächlich unser teuerster Grenzübergang…

Wir sind zurück in Deutschland!

Nach dem Iran ging alles ganz schnell. Plötzlich war man wieder aufgetaucht und in der westlichen Welt angekommen, überall stand wieder ein Lidl neben dem nächsten, die Reisenden, die man mit Wohnmobil traf, waren keine Exoten, sondern normale Urlaubsreisende - Indien war auf einmal ganz weit weg. Mit der Fähre fuhren wir von Igomenitsa nach Venedig, wo wir unser Reise-Finale ganz romantisch mit Knutschen in der Öffentlichkeit (darf man ja spätestens ab dem Iran nicht mehr) und einem Prosecco (seit 1,5 Jahren nicht mehr getrunken) feierten!
Einmal noch volltanken im zollfreien Gebiet in Livigno und auf einmal hat man wieder deutsche Autobahnen unter den Reifen! Glücklicherweise empfing uns Deutschland mit strahlendem Sonnenschein. So machte heimkommen Laune!

Die Sonne blieb allerdings in Freiburg. Seit wir in Norddeutschland unterwegs waren, regnete es ununterbrochen. Okay, ein bis zwei Tage Sommer gab es zwischendurch mal, aber irgendwie hatten wir doch gehofft, dass uns ein bombastischer Sommer erwartete. Falsch gedacht. Freunde und Familie nach fast zwei Jahren wiederzusehen, war natürlich fantastisch, jedoch ist man im deutschen Alltag ganz schnell wieder drin. Und so kommt es uns manchmal vor, als wären wir nur zwei Wochen unterwegs gewesen. Ein Blick auf Theo erinnert uns dann aber daran, dass es doch länger gewesen sein muss.

Ohne Wohnung ist das Leben in Deutschland anstrengend. Im Frosch zu wohnen bedeutet nämlich, dass man bei allen immer nur Gast ist – und permanent Gast zu sein und fragen zu dürfen: darf ich mal das Badezimmer besetzen, darf ich mal dies, darf ich mal jenes, das nervt auf Dauer. Nicht die Gastgeber, aber uns. Auch haben wir hier keinen vernünftigen Stellplatz und stehen mal hier, mal da. Auf einem Supermarkt-Parkplatz, in einer kleinen Nebenstraße, am Fluss. Und permanent eckt man an. In der Türkei kamen

Passt!

die Menschen mit Tee und fragten uns, wer wir sind und was wir machen. In Deutschland wird sofort gemeckert und uns wurde sogar schon mit der Polizei gedroht – ein Parkplatz wäre kein Campingplatz. Dabei haben wir hier tatsächlich einfach nur geparkt, um Theos Oma zu besuchen. Warum fragen die Menschen nicht einfach, bevor sie sich ihr Urteil bilden?

Die Wohnungssuche war auch nicht leicht, nicht jeder kommt mit unserer Reisegeschichte zurecht. Doch jetzt haben wir ein kleines Häuschen mit einem großen Grundstück gefunden, auf dem wir auch den Frosch parken dürfen, auf dem Ole sich endlich wieder austoben kann und wo auch wir uns wohl fühlen.

Es ist nicht ganz einfach, wieder hier anzukommen, und derzeit noch ein permanentes Auf und Ab. Deutschland und seine Strukturen sind auf der einen Seite sehr angenehm. Zu wissen, dass man Leitungswasser ohne Probleme trinken kann und dass man permanent Strom hat, ist Gold wert. Doch das indische Chaos fehlt uns trotzdem. Zwischendurch vermissen wir Goa sehr, das angenehme Klima und die Freunde, die wir dort gefunden haben.

Und deshalb ist unser neues Motto: nach der Reise, ist vor der Reise! Wir wollen den Geldbeutel schnellstmöglich wieder füllen, damit wir bald wieder hinfahren können, in unser kleines indisches Paradies!

Danksagungen

Danke Corinna, dass du unsere Hebamme warst, und danke für dein Geburtshaus in Goa und deine Unterstützung vor, während und nach Theos Geburt. Thank you Red for being our midwife! Thank you Mark and Jo for having such a great time with us in Goa and Nepal and thanks for saving our truck in Bandipur! Danke an all die anderen lieben Freunde, die wir in Goa und Nepal kennengelernt haben – es waren unvergessliche Zeiten! Danke an Papa und Janina, Anke und Konrad für eure Hilfe und Unterstützung von zu Hause aus! Danke an Familie Flügge – ohne euch wäre manches komplizierter geworden! Danke an unsere Freunde, für eure Hilfe vor und während der Reise (Umzugshilfe, Besuche, Post, das Verschicken und Mitbringen von dringend benötigten Dingen etc). Danke an all unsere Freunde und den Rest der Familie, dass ihr immer an unsere Reise geglaubt habt und uns nicht den Kopf abreißen werdet, wenn wir uns wieder für länger auf Reisen begeben. Wir kommen ja wieder zurück!

Markusplatz - zurück in Europa...

Wichtige Adressen

Geburtshaus in Goa, Indien:
Birthing Center pvt. Ltd
Corinna Stahlhofen
161 Bairro Alto
Assagao Goa – 403507
India
info@birthing-center.com
www.birthing-center.com

Ärtzehaus in Kathmandu, Nepal:
Ciwec Clinic Travel Medicine Center
Lainchaur, Kathmandu, Nepal
Gegenüber der Englischen Botschaft
Tel: +977-1-4424111 / 4435232
www.ciwec-clinic.com
bookings@ciwec-clinic.com

Stellplatzangaben

Zur richtigen Eingabe ins GPS-Gerät oder -Programm:
Das Positionsformat Grad/Minute/Sekunde (°/'/") kennt drei gängige Darstellungen, wobei das Dezimalkomma als Punkt eingegeben wird: Entweder Gradangabe mit vier oder fünf Stellen hinter dem Komma (N29.0389° E58.4656°), Grad und Minute mit drei oder vier Nachkommastellen (N29°02.3333' E58°27.9333') oder die Darstellung, die wir verwenden: Grad, Minute und Sekunde (N29°02'20.0 E58°27'56.0 bzw. N29 02 20.0 E58 27 56.0) Bei unseren Beispielkoordinaten handelt es sich um denselben Standort.

Wer die Koordinaten zwischen den Darstellungsformaten umrechnen möchte, dem sei folgende Internetseite empfohlen: www.jeeep.com/details/coord

Kroatien

Split, Parkplatz am Yachthafen
43°30‘6.80“N 16°25‘34.00“E
Dubrovnik, Krankenhaus-Parkplatz
42°38‘53.92“N 18°4‘41.02“E

Albanien

Durrës (albanisch Durrësi), problemlos am Strand geparkt
41°18‘37.15“N 19°26‘23.37“E
Berat, Burg von Berat (Albanischer Name: Kalaja e Beratit)
40°42‘42.10“N 19°56‘48.23“E
Nähe Himare, fantastischer Strand, menschenleer
40°10‘08.82“N 19°35‘05.29“E
Qeparo, schöner Stellpatz am Meer
40°03‘06.98“N 19°48‘52.61“E
Gjirokaster, über den steingedeckten Häusern, Parkplatz direkt vor der Burg
40°04‘29.91“N 20°08‘25.39“E

Griechenland

Athen, Camping Athens, schöner Camping Platz, eine Oase in Athen
37°58‘16.08“N 23°39‘52.15“E
Thessaloniki Beach, Nähe Flughafen, mit Blick auf Thessaloniki und Olymp
40°32‘41.11“N 22°58‘44.59“E
Thessaloniki, halblegaler Stellplatz in der Stadt, mit Blick über die Bucht
40°35‘42.0“N 22°56‘53.0“E

Türkei

Istanbul, Parkplatz direkt am Marmara Meer,
nur wenige Gehminuten zur Blauen Moschee und Hagia Sofia
N 41°00‘09.0“ E 28°58‘07.0“
Olympos, antike Stadt an der Ostküste Lykiens, öffentlicher Parkplatz
36°23‘34.0“N 30°28‘14.0“E
Pamucak bei Ephesus, Ionien, Stellplatz direkt am Meer
37°56‘31.0“N 27°16‘28.0“E
Pinarbasi, Provinz Kayseri in Kappadokien, Restaurant-Parkplatz, kostenfrei
38°43‘09.0“N 36°23‘11.0“E

Göreme, Kappadokien, Kaya Camping Caravaning,
toller Campingplatz mitten in wunderschönen Tuffsteinformationen
38°38'13.0"N 34°51'14.0"E
Bolu, auf einem Acker
40°44'22.03"N 31°33'31.57"E
Kayadibi, Acker hinter dem Dorf, am Dorfbrunnen gibt es Frischwasser
39°56'57.43"N 33°20'33.30"E
Yildizeli in Zentralanatolien,
Stellplatz mit Blick über Moschee und Neubaugebiet, ruhig und ungestört
39°52'18.64"N 36°35'12.02"E
Erzincan, Ostanatolien, östlicher Stadtrand in einem Wohngebiet
38°53'8.26"N 045°02'1.72"E
Van, Ostanatolien, direkt am Van See, Touristenkomplex, parken kostenfrei
38°25'36.0"N 43°16'35.0"E
Bingöl, Ostanatolien, Hotel-Parkplatz, kostenfrei
38°53'42.0"N 40°30'15.0"E
Dogubayazit, Ostanatolien, 35 km bis zur Grenze zum Iran,
Murat Camping, schöner **Overlander-Campingplatz** mit Waschmaschine,
direkt unter dem Ishak-Pasa-Palast
39°31'14.0"N 44°07'33.0"E

Iran

Qarahziyaeddin (Qara Ziya Eddin), direkt an der Hauptstraße, 2. Wahl
38°53'49.0"N 045°02'10.0"E
Urmia, vor der Grenze Iran (Sero) - Türkei (Esendere),
Restaurantparkplatz gegenüber der Urmia University
37°39'05.0"N 44°59'37.0"E
Tabriz, Parkplatz am Shah-Goli-Park, vor dem Hotel Pars
38°01'15.0"N 46°21'57.0"E
Hinter Hashtrud, einfach neben der Autobahn hinter einem Hügel geparkt
37°18'10.0"N 47°06'18.0"E
Teheran, Khomeini Int. Airport, großer Parkplatz auf dem Flughafen,
Einkaufsmöglichkeiten (SIM-Karte fürs Handy und Internet-Terminal)
35°25'3.08"N 051°09'8.08"E
Teheran, Mausoleum vom Ayatollah Khomeini, großer Campingplatz
35°33'02.0"N 51°22'00.0"E

Kashan, Parkplatz direkt bei Fin Garden, mit öffentlichen Toiletten
33°56‘51.0“N 51°22‘21.0“E
Esfahan, im Norden der Stadt, Parkplatz Isfahan University of Technology
32°42‘29.0“N 51°32‘06.0“E
Esfahan, Sarrafan Parking (www.esfahan-parking.com),
Mitten im Schrauber-Viertel, Parkplatz auf Werkstatt-Gelände,
für Reparaturen nicht zu empfehlen, als Stellplatz zu empfehlen,
alle sehr nett und sehr hilfsbereit, der Chef kann perfekt Englisch,
für 4 Dollar kommt man per Taxi ins Zentrum von Esfahan,
Internet funktioniert recht gut, die Toiletten und die Dusche sind
im Bürogebäude und nur tagsüber zugänglich, alles sauber
32°43‘46.4“N 51°34‘57.8“E
Persepolis, wir parkten abseits im Wald, der Wagen wurde aufgebrochen,
besser bewachten Parkplatz benutzen.
29°56‘06.0“N 52°52‘50.0“E
Shiraz, Shiraz Tourist Complex, Hotel und Camping Platz, tolle Duschen
29°36‘39.0“N 52°34‘18.0“E
Yazd, Parkplatz mitten in der Lehm-Altstadt,
am 12 Imam Mausoleum und Alexander´s Prison,
sicherheitshalber vorher freie Fläche zu Fuß überprüfen
31°54‘12.0“N 54°22‘09.0“E
Kerman, Hinterhof vom Akhavan Hotel, mit Internet und Dusch-Zimmer
30°17‘07.0“N 57°02‘49.0“E
Rayen, direkt an der Zitadelle
29°35‘37.0“N 57°26‘20.0“E
Bam, bewachter Parkplatz vor Hotel Arg-E-Jachio, Restaurant, evtl. Internet
29°02‘20.0“N 58°27‘56.0“E
Mirjaveh, Zollhof Grenze Iran – Pakistan (Taftan)
28°58‘40.0“N 61°32‘53.0“E

Pakistan

Taftan, Zollhof, nach Absprache mit den sehr netten Grenzern
28°58‘29.0“N 61°33‘18.0“E
Dalbandin, Hotel Al-Dawood (http://irfeejan.webs.com),
sicheres Parken im Hinterhof, enge Einfahrt (max. Fahrzeuglänge 7m)
28°53‘06.0“N 64°24‘06.0“E

Quetta, Bloom Star Hotel, Hotelhof, maximale Einfahrtshöhe 3,25 m, das Bier kostet 5 USD, unbedingt probieren, es gibt kein schlechteres…
30°11‘20.0“N 67°00‘19.0“E
Quetta, RCD Highway N25, 15km südlich von Quetta, frei am Straßenrand, nahe der Maut-Station
29°59‘50.0“N 66°53‘25.0“E
Sukkur, Innenhof vom Circuit House (eine Art Behördenhaus) an der Lab-e-Mehran Road, nahe dem Interpak Hotel
27°41‘16.0“N 68°50‘59.0“E
Multan, Sindbad Hotel, nahe dem Kalma Chowk, parken nur mit Zimmer (ca. 25 Euro pro Übernachtung)
30°12‘03.0“N 71°27‘10.0“E
Multan, Parkplatz vom Hotel Fiesta Inn (gegenüber Tax House Multan)
30°11‘47.0“N 71°27‘17.0“E
Wagha Border, gegenüber Customs Office, PTDC-Hotel
31°36‘13.0“N 74°34‘10.0“E

Indien

Andhra Pradesh, NH 7, Bangalore-Hyderabad Highway, ruhige Tankstelle
15°21‘18.0“N 77°49‘21.0“E
Andhra Pradesh, Ramoji Film-City (bei Hyderabad), NH 9, neben dem Haupteingang zur Film-City auf einem Feld
17°18‘26.0“N 78°40‘58.0“E
Bihar, Bodh-Gaya, etwas abseits bei einem Feldweg
24°42‘13.0“N 84°59‘01.0“E
Delhi, Gurgaon, NH 8, Parkplatz in gehobenem Wohnkomplex
28°27‘47.58“N 77°02‘59.84“E
Goa, Agonda, der **Overlandertreffpunkt**, direkt am Strand
15°01‘52.0“N 73°59‘27.0“E
Goa, Little Vagator (Small Vagator), oben auf den Klippen, kein Schatten, aber wunderschöner Blick über das Meer und sehr zentrale Lage
15°35‘29.0“N 73°44‘05.0“E
Goa, Morjim Beach, auf einer Wiese unter einem riesigen Mango-Baum, um die Ecke ein Restaurant mit WLAN
15°37‘01.0“N 73°44‘13.0“E

Gujarat, NE 1, Ahmedabad Vadodara Express Highway,
30 km nördlich von Vadodara, Tankstelle
22°28‘09.0“N 73°06‘53.0“E
Gujarat, NH 8, Tankstelle, 10km südlich von Vadodara
22°11‘38.40“N 73°11‘30.71“E

Karnataka, National Highway 63, hinter Hospet, 12 Kilometer vor Hampi,
große Wiese gegenüber vom Vijayashree Heritage Village (Freizeitpark)
15°16‘58.0“N 76°25‘33.0“E
Karnataka, Hampi, Kricket-Feld am Ortseingang von Hampi
15°19‘50.0“N 76°27‘22.0“E
Maharashtra, Sevagram (östlich von Wardha),
mit Erlaubnis vor der Schule im Mahatma Gandhi Ashram Gelände
20°43‘48.0“N 78°39‘45.0“E

Maharashtra, Mumbai - Pune Express Highway NH 4,
10km südöstlich von Khopoli, Tankstelle
18°47‘25.52“N 73°18‘00.81“E
Maharashtra, NH 4, ca. 40km nordwestlich vor Pune,
Parkplatz Wachsfiguren-Museum, Strom erhältlich
18°45‘34.0“N 73°26‘14.0“E
Madhya Pradesh, NH 7, bei Khawasa, mitten im Pensch Nationalpark,
freistehend, weil die „Jungle Camps“ sehr teuer sind
21°43‘41.0“N 79°20‘59.0“E

Madhya Pradesh, NH 7, bei Jabalpur, ruhige Tankstelle
23°40‘39.0“N 80°17‘25.0“E
Madhya Pradesh, Khajuraho, Hotel Jhankar, klimatisiertes Zimmer
24°50‘40.0“N 79°55‘23.0“E
Punjab, NH 1, Tankstelle 10km südöstlich von Ludhiana
30°46‘32.19“N 76°03‘42.91“E
Punjab, Amritsar, Mrs. Bhandari‘s Guest House,
klassischer **Overlandertreffpunkt**, etwas teurer, aber großartig
31°38‘30.3“N 74°50‘56.8“E
Rajasthan, NH 76, Tankstelle, 10km östlich von Udaipur
24°37‘06.23“N 73°50‘23.08“E

Rajasthan, NH 8, Reliance Tankstelle zwischen Ajmer und Jaipur
26°41'55.96"N 75°15'26.69"E
Rajasthan, NH 79, zwischen Ajmer und Bhilwara,
Parkplatz „The Rajasthan Midway" Restaurant, Strom erhältlich
25°47'35.0"N 74°37'01.0"E
Uttar Pradesh, Varanasi, Hotel Surya, Zimmer mit Klimaanlage, Pool,
„nur Parken" ist hier auch möglich
25°20'21.0"N 82°58'47.0"E
Uttar Pradesh, NH 28C, ca. 30km östlich von Lucknow, Tankstelle,
es gibt bessere Stellplätze
26°58'33.0"N 81°17'44.0"E
Uttar Pradesh, Agra, Hotel Akbar (nähe Taj Mahal), Cariappa Road,
kostenloses Parken im Hotelgarten
27°10'15.0"N 78°01'04.0"E

Nepal

Highway H 05 Richtung Kathmandu, zwischen Ramnagar und Jugedi,
Lichtung im Wald mit Blick ins Tal
27°44'53.0"N 84°27'18.0"E
Kathmandu (Lalitpur, Satdobato),
Irvins Workshop (www.nepalworkshop.com)
27°39'43.0"N 85°19'40.0"E
Pokhara, Pame Basar, ca. 7,5km von Pokhara Lake Side entfernt,
Overlander-Campingplatz (www.overlander-camping.com)
28°14'09.0"N 83°54'23.0"E
Pokhara, Lakeside, Camp Choak, direkt am See auf der Wiese,
mitten im Geschehen und umgeben von Restaurants und Shops
28°12'52.0"N 83°57'25.0"E
Pokhara, Sarangkot, in 1.500m Höhe, traumhaft, nur mit 4x4 zu empfehlen
28°14'52.0"N 83°56'45.0"E
Kathmandu, beim Monkey Tempel, Hinterhofwiese,
teurer aber dicht am Zentrum (Thamel) und schön für Hunde,
von der Ringroad bei den 3 Buddhas reinfahren, auf der rechten Seite
nach ca. 100m blaues Tor
27°42'54.8"N 85°17'05.8"E

Bandipur, am alten Marktplatz, der jetzt ein Fußballfeld ist
27°56‘31.0“N 84°24‘19.0“E
H 01, 50km vor Nepalgunj, zwischen Lamahi und Ameliya, ruhiger idyllischer Platz abseits des Highways
27°56‘44.0“N 82°17‘04.0“E
Nepalgunj, H 12, kurz vor der indischen Grenze, Hotel Batika, schöner Stellplatz, in Verbindung mit Restaurantbesuch kostenlos
28°02‘59.0“N 81°36‘58.0“E

Nordsee
Hannover
FRANKREICH
München
Großglockner
Triglav
Venedig
ITALIEN
Split
Risan
Durrës
Himare
Igomenitsa
Athen
GRIECHEN-
LAND
Thessaloniki
Schwarzes Meer
Istanbul
Dogubayazit
TÜRKEI
Van
Tabriz
Ephesus
Göreme
Mittelmeer
Kaspisches Meer
Aral-See
Teheran
IRAN
Esfahan
Yazd
Kerman
Shiraz
Bam
Dalbandin
Quetta
Sukkur
PAKISTAN
Amritsar
Multan
Agra
NEPAL
Kathmandu
CHINA
BANGLA-
DESH
MYANMAR
Ahmadabad
INDIEN
Varanasi
Mumbai
Sevagram
Hyderabad
Arabisches Meer
Anjuna
Hampi
Golf von
Bengalen
SRI LANKA
Karte: www.cartomedia-karlsruhe.de

Per Anhalter durch Südamerika

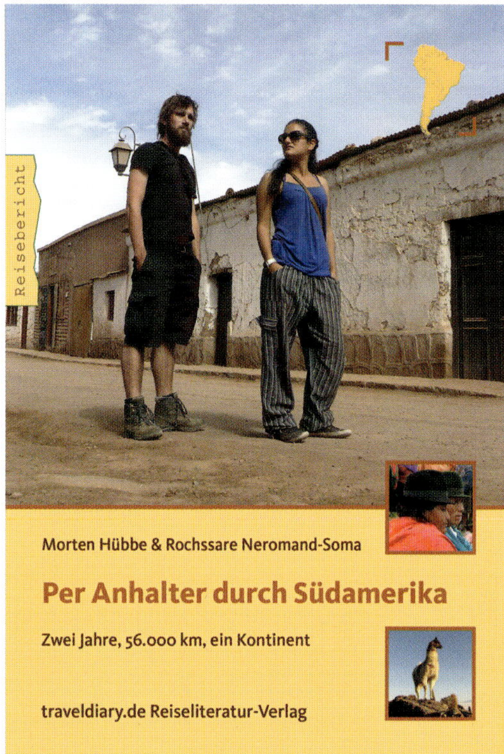

Morten und Rochssare trampen von den Gletschern Patagoniens bis an die Traumstrände Kolumbiens und Venezuelas. Sie treiben mit Marktbooten den Amazonas hinunter, klettern hinab in die Silberminen Boliviens und besuchen die Mennoniten in Paraguay. Sie couchsurfen durch Studenten-WGs, teilen das Landleben der einfachen Bevölkerung und den Luxus in bewachten Wohnvierteln der Metropolen.

Erst nach zwei Jahren, 246 Mitfahrgelegenheiten und mehr als einem Dutzend Einreisestempeln in ihren Pässen können sie sich wieder von diesem fernen Kontinent lösen.

Erhältlich im Buchhandel und auf http://shop.traveldiary.de.